Dieses Buch erscheint gleichzeitig als Bd. 93 der Reihe
Publications of the Institute of Germanic Studies
(Institute of Germanic & Romance Studies
School of Advanced Study, University of London)
ISBN 978-0-85457-220-5

Andrea Hammel,
Godela Weiss-Sussex (eds.)

'Not an Essence but a Positioning'

German-Jewish Women Writers (1900–1938)

Martin Meidenbauer »

Andrea Hammel is a Research Fellow at the Centre for
German-Jewish Studies and Tutorial Fellow in
German history and culture at the University of
Sussex.
Godela Weiss-Sussex is Senior Lecturer in Modern
German Literature at the Institute of Germanic &
Romance Studies, University of London.

Bibliografische Information der Deutschen
Nationalbibliothek
Die Deutsche Nationalbibliothek verzeichnet
diese Publikation in der Deutschen
Nationalbibliografie; detaillierte
bibliografische Daten sind im Internet
über http://dnb.d-nb.de abrufbar.

© 2009 Martin Meidenbauer
Verlagsbuchhandlung, München

Umschlagabbildung:
http://commons.wikimedia.org/wiki/File:Lesser_
Ury_Frau_am_Schreibtisch_1898.jpg

Printed in Germany

Gedruckt auf chlorfrei gebleichtem,
säurefreiem und alterungsbeständigem
Papier (ISO 9706)

ISBN 978-3-89975-161-1
ISBN 978-0-85457-220-5

Verlagsverzeichnis schickt gern:
Martin Meidenbauer Verlagsbuchhandlung
Erhardtstr. 8
D-80469 München
www.m-verlag.net

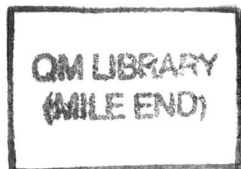

Contents

'Not an Essence but a Positioning':
German-Jewish Women Writers, 1900–1938

Introduction

Andrea Hammel and Godela Weiss-Sussex

What is a German-Jewish woman writer? Surprisingly, despite the popularity of the study of women's writing since the 1970s and Jewish Studies since the 1990s in British academia, this question remains difficult to answer. It still requires clarification of the terms used.

The discussion of German-Jewish writers does not presume the existence of a homogeneous and tightly defined body of German-Jewish literature. Such a presumption, based on biologistic premises, namely on the writers' ethnic identity, was held by the *völkisch* Germanistik movement, which used the term, especially between 1871 and 1945, to exclude Jewish writers from the field of German literature. Even where the term has been used in a philo-Semitic context, in order to trace continuities in the body of work produced by German-Jewish writers in Germany, it has been refuted, among others by Ernst Gombrich,[1] not only for its separatist content but also because it has been seen as enabling or even promoting false classifications in the case of writers who did not necessarily identify with the term 'German-Jewish'.

Therefore, if we use the term German-Jewish literature, we wish it to be understood in the non-totalizing, non-reductive sense in which Andreas Kilcher defined it in his introduction to *Metzlers Lexikon der deutsch-jüdischen Literatur* (2000). Referring to concepts developed in the early 20th century by Ludwig Geiger and Gustav Krojanker,[2] Kilcher views German-Jewish literature, indeed any literature, as 'plurale[s] diskursive[s] Feld[…], auf de[m] sich die semiotischen Systeme verschiedener Kulturen überkreuzen und verbinden'.[3] The study of German-Jewish literature must therefore be based on an exploration of the range and variety of German-Jewish writing; awareness of the openness of the term and of the multiplic-

---

[1] See Gombrich, Ernst: Jüdische Identität und jüdisches Schicksal. Eine Diskussionsbemerkung. Wien 1997.

[2] References are to: Geiger, Ludwig: Die deutsche Literatur und die Juden. Berlin 1910; Krojanker, Gustav: Die Juden in der deutschen Literatur. Berlin 1922.

[3] Kilcher, Andreas: Einleitung. In: Metzler-Lexikon der deutsch-jüdischen Literatur. Ed. by A. Kilcher. Stuttgart 2000, pp. V–XX, here p. V.

ity of its meanings is crucial. The object of this volume is to follow this open approach and to explore the many varied ways in which the German and the Jewish cultures crossed and interacted to influence and shape literary works.

Who, in this context, should be considered a German-Jewish writer? In the first instance, the answer must be: one who possesses a Jewish identity, whether this be defined on a religious or a secular basis,[4] always taking into account that the term 'German-Jewish identity' is just as multiplicitous as that of the 'German-Jewish literature'. In the period on which this volume concentrates, from the turn of the 20th century until 1938, the year of the closure of all Jewish publishing houses, the range of possible self-identification within the German-Jewish spectrum is particularly broad. While many Jewish-born Germans remained exclusively rooted in their German identity and dismissed or resisted any outside pressure to identify with any form of Jewish tradition, others were more disillusioned with the progress of acculturation. As a result, a renewed interest in Jewish cultural traditions, often combined with political, Zionist, intentions, blossomed into a 'Jewish renaissance'[5] in the years before the outbreak of the First World War. When, during and after the war, populist anti-Semitism gained momentum, the pressure grew on German Jews to question their identities and re-position themselves;[6] and when, after 1933, all Germans of Jewish descent were branded Jewish, whether or not this tallied with their self-identification, positions had to be re-considered yet again.

The need to adapt to the changing cultural and political climate meant that identities, too, evolved and changed over time. Accordingly, we consider cultural identities not as fixed, but, with Stuart Hall, as 'the unstable points of identification or suture, which are made, within the discourse of history and culture. Not an essence but a *positioning*'.[7]

---

[4] Such a definition reflects the stance taken, among others, by Gombrich (see note 1) and Claudia Prestel (Prestel, Claudia: The 'New Jewish Woman' in Weimar Germany. In: Jews in the Weimar Republic. Juden in der Weimarer Republik. Ed. by Peter Pulzer and Wolfgang Benz. Tübingen 1998, pp. 135–156).

[5] See Buber, Martin: Jüdische Renaissance. In: Ost und West 1 (1901), pp. 7–10.

[6] See Brenner, Michael: The Renaissance of Jewish Culture in Weimar Germany. New Haven 1996.

[7] Hall, Stuart: Cultural Identity and Diaspora. In: Identity. Community, Culture, Difference. Ed. by Jonathan Rutherford. London 1990, pp. 222–232, here p. 226. See also Simon, Heinrich: Zum Problem der jüdischen Identität. In: Jüdische Selbstwahrnehmung. Ed. by Hans Otto Horch and Charlotte Wardi. Tübingen 1997 (Conditio Judaica; 19), pp. 15–25.

Within this positioning process most of the authors considered in this volume saw themselves as combining elements of the German and the Jewish cultures – some doing so more actively, others letting different elements co-exist. Regina Neisser (on whom Gabriele Glasenapp's essay focuses) and the authors who published in the *Jahrbuch für jüdische Geschichte und Literatur* (considered by Florian Krobb) were staunch supporters of acculturation, while holding on to a Jewish component of their identities.

Mascha Kaléko separated a private Jewish element of her identity from a public non-Jewish image; in a similar way, Else Ury held back from reflecting her Jewish background in her bestselling children's fiction; Anna Gmeyner explored her Jewishness only as a result of the National Socialists' identification of her as Jewish. The contributions by Sigrid Bauschinger, Kerry Wallach and Andrea Hammel investigate the relationship between these authors' self-identifications and their texts.

To approach this relationship analytically means to go beyond the authors' explicit statements of self-identity, it means to analyze the writing and to reveal traditions and positions that are not necessarily communicated directly. This approach is followed, too, by Monika Shafi and Andreas Kramer, whose essays on Gertrud Kolmar and Else Lasker-Schüler underline the insecure position of these writers between belonging and an outsider existence. Christina Pareigis reveals how, in the work of Kolmar and Klara Blum, this precarious situation is expressed by the inclusion of Yiddish and Hebrew language elements in texts otherwise written in German.

Furthermore, the close study not only of individual texts, but of the developments within particular authors' œuvres leads to a recontextualization of their work and reconsideration of their identities, which can be very revealing indeed. Godela Weiss-Sussex shows, for instance, that Else Croner's book *Die moderne Jüdin* should not, as hitherto assumed, be read as part of the identity discourse carried out among German-Jewish women, but instead as part of the writer's quest to propagate a particular image of women.

Croner kept a studied distance from any self-identification as Jewish, and the question arises whether she has a place at all in a book on German-Jewish women writers. Walter Dirks, who has argued for taking the individual's self-professed sense of belonging as the sole criterion for their description as German-Jewish, would probably deny this. However, his reasoning, 'man hört auf Jude zu sein, wenn man vergessen hat, daß man in irgendeinem Sinn einer war',[8] while thoroughly sensible today, does not hold for the period on which this volume concentrates. In the face of the philo- and anti-Semitic cultural movements of the time, it was simply impossible to 'forget' one's Jewishness. 'The Jew is one whom other men consider a Jew',[9] is Sartre's brutal assessment of the facts. 'If they have a common bond [...], it is because they have in common the situation of the Jew, that is, they live in a community which takes them for Jews.'[10] This included those Germans, born into families of Jewish religion or race who did not consider themselves anything other than German citizens.

Our aim is not to brand writers with an identity they would not have recognized for themselves. Rather – on the basis of the understanding of identity as an evolving and fluctuating act of self-positioning – it is to expand our understanding of the complexities of identity construction and literary writing with which German authors were faced who were living in a society that did not recognize their explicit self-identification. The essay on Else Croner and Ursula Krechel's consideration of Ruth Landshoff-Yorck's work pursue this task.

This volume, it should also be pointed out, uses the epithet 'German-Jewish' as a cultural-linguistic term, not one referring to nationality. Bettina Spoerri and Alexander Košenina show that the same issues of identity construction and its relationship to literary writing that we encounter in the study of the German nationals, affect the works of the Austrian writer and salonière Berta Zuckerkandl-Szeps and of Veza Canetti, daughter of a Sephardic Serbian mother and a Hungarian Jewish father.

Ursula Krechel's essay, which closes this volume, provides a slightly different angle on our topic; as well as an academic study of Ruth Landshoff-Yorck's writings, it is a sensitive picture drawn by one writer of another. Like Bauschinger and Wallach earlier in the volume, Krechel goes beyond the period 1900 to 1938, providing an outlook on how the experience of exile again changed German-Jewish authors' self-identifications and writing.

Our focus in this volume is on the work of women writers. We aim to raise readers' awareness of the texts of writers who were excluded from the literary canon not on one, but on two counts: because they were Jewish and be-

---

[8] Dirks, Walter: Rasse, Volk, Religion?. In: Juden, Christen, Deutsche. Ed. by Hans Jürgen Schultz. Vol. 1. Olten 1961, p. 719.
[9] Sartre, Jean-Paul: Anti-Semite and Jew. Transl. by George J. Becker [Réflexions sur la question juive, 1946]. New York 1976, p. 69.
[10] Ibid., p. 67.

cause they were female. In doing this, we address a gap within the body of historical research in German literature. As even a cursory glance through the abstracts preceding the chapters in this volume confirms, most of the authors discussed here have so far been largely ignored in *Germanistik* research of the period 1900–1938, and even in the literary histories focusing on German-Jewish writing.[11] Recent interest in writers such as Lasker-Schüler and Kolmar[12] is very welcome. However, it is limited to a handful of outstanding authors. The purpose of this volume, by contrast, is not to elevate particular writers into the canon, but to highlight female writers' contributions to the variety of German-Jewish writing and to study the reflections of their self-identifications in their texts.

The concept of a Jewish woman writer, while still unthinkable at the turn from the 18th to the 19th century,[13] was no longer a taboo in the 20th century. Yet, limits were still set around the genres that were deemed acceptable for women writers, Jewish or not. Whereas the realms of education (Neisser, Croner) or children's literature (Ury) were seen as appropriate fields of work for female writers, and novels were just about considered to be a suitable form of expression for them, the poet Mascha Kaléko was regarded as a woman in a man's job.[14] Writing thus proved to be another area in which self-definitions were possible, and traditional boundaries could be overcome. In order to capture the variety of expression adequately in this area, the principle that governs this volume, namely to present a range of

---

[11] Klara Pomeranz Carmely (Das Identitätsproblem jüdischer Autoren im deutschen Sprachraum. Königstein 1981) for instance, includes no female writer in her study of writers' expressions of and responses to the 'tragischen Dualismus, der in dem Gefühl der Zugehörigkeit zum Deutschtum einerseits und dem Bewußtsein einer Sonderstellung andererseits seinen Ursprung hat' (p. 1); Willi Jasper (Deutsch-jüdischer Parnass. Literaturgeschichte eines Mythos. Berlin 2004) devotes more than a cursory mention to only one woman, Else Lasker-Schüler (pp. 275–281). Even Kilcher's *Lexikon der deutsch-jüdischen Literatur* includes only Blum, Kaléko, Kolmar and Lasker-Schüler; in *The Yale Companion to Jewish Writing and Thought in German Culture 1096–1996*, edited by Sander Gilman and Jack Zipes (New Haven 1997), only 18 out of 118 entries focus on women, and of the women examined in this volume, only Else Lasker-Schüler and Gertrud Kolmar are on the name register.

[12] See, for example, Bauschinger, Sigrid: Else Lasker-Schüler. Göttingen 2004; Shafi, Monika: Gertrud Kolmar. Eine Einführung in ihr Werk. Munich 1995.

[13] See Hahn, Barbara: Die Jüdin Pallas Athene. Auch eine Theorie der Moderne. Berlin 2005, p. 100: 'Frauen, die sich nicht taufen ließen, schrieben und publizierten fast nie. Schreiben und Übertritt auf der einen Seite, Jüdin bleiben und keine Stimme in die schriftliche Überlieferung einlassen auf der anderen, gehören zusammen.'

[14] Beyer, Susanne: Bänkelsängerin der Moderne. In: Der Spiegel, 14 May 2007, p. 170.

possibilities, must hold for the consideration of the textual genres included, too. Journalism, educational writing and the activities of the salonière (Zuckerkandl-Szeps) are given a place alongside the consideration of literary writing in a stricter sense of the word.

The focus on female authors' texts also helps to portray the complex situation of German-Jewish identity construction in as many of its facets as possible and to complement – and thereby amend – findings relating solely to male authors' texts.[15] For in the period under consideration, the situation of women was one of particularly fast and radical change. In the early years of the 20th century, the role of the woman in many Jewish as well as non-Jewish German households was still mainly a domestic one, she was the guardian of culture and *Bildung* in the home. As the century brought a rapid expansion of opportunities for women's emancipation, further parameters for self-identification opened up. The first decade of the century was still dominated by the dualistic theory of gender, seen in the fact that the aim of the mainstream bourgeois women's movement was the equal recognition of the separate spheres of men and women rather than the opportunity for women to enter the male spheres.[16] However, just ten years later we see the advent of the 'new woman' and the breakdown of the dualistic principle of gender. Claudia Prestel and Harriet Pass Freidenreich have recently discussed how Jewish women positioned themselves within this spectrum between the turn-of-the-century homemaker and the 'new Jewish woman' of the Weimar Republic and both have paid special attention to the question of women's adherence to Jewish traditions while constructing new roles for themselves.[17] Many of the contributions in this volume give us further insights into how this complex field of tension defined by the two axes of German-Jewishness and of womanhood could be negotiated by female German-Jewish authors – and how their writing related to this process of positioning themselves.

---

[15] In this context, it is helpful to remember Marion Kaplan's point that '[b]y ignoring women, […] historians have inadvertently overestimated both the desire of Jews to assimilate and even their capacity to do so'. Kaplan, Marion: The Making of the Jewish Middle Class. Women, Family, and Identity in Imperial Germany. New York and Oxford 1991, p. viii.

[16] See Weedon, Chris: Gender, Feminism, and Fiction in Germany, 1840–1914. New York 2006; Frevert, Ute: Women in German History: From Bourgeois Emancipation to Sexual Liberation. Oxford 1989.

[17] Prestel (see note 4); Freidenreich, Harriet Pass: Die jüdische 'Neue Frau' des frühen 20. Jahrhunderts. In: Deutsch-jüdische Geschichte als Geschlechtergeschichte: Studien zum 19. und 20. Jahrhundert. Ed. by Kirsten Heinsohn and Stefanie Schüler-Springorum. Göttingen 2006, pp. 123–132.

We would like to thank everyone who assisted with organizing the conference 'German-Jewish Women Writers, 1900–1933' which took place in May 2007 at the Institute for Germanic and Romance Studies, University of London. Special thanks are due to Jane Lewin who also helped with administrative tasks related to this volume. We would also like to thank all the conference speakers and participants who travelled from Switzerland, Britain, Ireland, Germany and the United States to contribute to the focused discussions during this conference.

We are grateful to the British Academy and the Centre for German-Jewish Studies at the University of Sussex for supporting the event as well as to the University of London's School of Advanced Study, who, through the allocation of support from the Coffin Fund, enabled Ursula Krechel to contribute to the conference and combine academic study with creative work.

Female Writers' Narratives in the *Jahrbuch für jüdische Geschichte und Literatur:* Ulla Wolff-Frank, Auguste Hauschner, Anna Goldschmidt

Florian Krobb

This paper presents an analysis of short narratives by Ulla Wolff-Frank, Auguste Hauschner and Anna Goldschmidt, published in the *Jahrbuch für jüdische Geschichte und Literatur* between 1911 and 1918. It explores how the three texts contributed to the definition of Jewishness embraced by the journal, which represented the voice of the assimilated and educated Jewish middle class. The reconciliation of tradition and modernity is shown to be central in all of the three otherwise very different texts.

I

Since the 19th century, if not earlier, two conflicting stereotypes of Jewish women can be identified, stereotypes with which their objects were forced to engage. Both acquired a heightened relevance around the turn of the century when, after the developments variously described as Jewish emancipation, assimilation or embourgeoisement, the so-called 'Jewish question' in all its manifestations entered a new phase and created new parameters for the task of Jewish self-definition and orientation, both collectively and individually. The social and cultural stereotypes attached to Jewish women have been analyzed frequently. Barbara Hahn, for example, describes the extremes between which the image of Jewesses in society fluctuated: from a non-Jewish perspective, at one end of the scale, Jewish women had to contend with a preconception that would see them as a threat to the integrity and distinctness of German society:

> Jahrzehntelang, bis hin zur Wannseekonferenz, hatte das Wort [die Jüdin] im deutschen Sprachgebrauch eine merkwürdige erotische oder sexuelle Konnotation. Es signalisierte eine "Aushöhlung deutscher Kultur"; es stand für Fremdes, Bedrohliches, Anderes.[1]

---

[1] Hahn, Barbara: Die Jüdin Pallas Athene. Ortsbestimmungen im 19. und 20. Jahrhundert. In: Von einer Welt in die andere. Jüdinnen im 19. und 20. Jahrhundert. Ed. by Jutta Dick and Barbara Hahn. Vienna 1993, pp. 9–28, here p. 11.

Even before alleged racial traits, like the supposedly predatory nature of 'Jewish sexuality', became ingredients of the Jewish stereotype and commonplaces in public discourse, the role of the Jewish woman as a potential marriage candidate for gentile men was widely debated; they were seen as influences that would bridge a divide that many wanted to preserve, or as imposters and potential seductresses – in civic, economic and cultural, as well as the more obvious erotic, respects. One only has to think of Theodor Fontane's short novel *Die Poggenpuhls* (1896), where the young son Leo's impressions of Jewesses in his Eastern garrison are expressed in deliberately erotic, orientalist terms ('Wenn nicht das bißchen Jeu wäre und die paar Judenmädchen [...]. Schöne schwarze Person, Taille so, und Augen [...], ich sage dir, Augen, die reinen Mandelaugen und eigentlich schon alles wie Harem'),[2] while the real issue facing the impoverished Poggenpuhl household is Leo's possible marriage to the daughter of a Berlin businessman whose description evokes that of Bismarck's banker Bleichröder. The daughter's manners and behaviour are bourgeois and cultured and her appearance ('hellrotblond') conceals her Jewish background.[3] It is obvious how female Jewish characters allowed writers to address the challenge posed by a Jewish presence in contemporary bourgeois society. Their reaction, as evidenced by Fontane, varies between a demonization of the strange and allegedly dangerous sexuality of the figure in question to a portrait of the normality and equality of inter-communal relations.

At the other extreme, and from an essentially Jewish point of view, there prevailed an idealization of the women as the guarantors of continuity, as the guardians of the socialization of future generations into the faith community, and as the bedrock of family and community life. This aspect is described by Barbara Hahn as follows:

> Das jüdische Weib symbolisiert [...] Tradition schlechthin; es ist ein Zeichen dafür, daß die bedrohliche Gegenwart an eine kontinuierliche Vergangenheit gebunden werden kann. Somit wird Geschichte ohne Bruch und ohne Zäsuren denkbar. Das jüdische Weib – das ist das Bild einer gewaltlosen, humanen Welt, in der den Frauen ein einzigartiger Platz der Achtung und des Respekts zugeschrieben ist.[4]

---

[2] Fontane, Theodor: Die Poggenpuhls. In: Th. Fontane: L'Adultera; Cecile; Die Poggenpuhls. Ed. by Edgar Gross. Munich 1954 (Sämtliche Werke [Nymphenburger Ausgabe]. Vol. IV), p. 30.

[3] A comprehensive discussion of Fontane's Jewish characters is provided in Krobb, Florian: Distinctiveness and Change. The Depiction of Jews in Theodor Fontane and other Bourgeois Realist Authors. In: Jewish Culture and History 6 (2003) (Special Issue: The Image of the Jew in European Liberal Culture, 1789–1914), pp. 75-95.

[4] Hahn (see note 1), p. 16.

Such an ideologically charged role ascription of continuity-ensuring virtues, one that clearly represents the expression of a male-dominated, conservative, even orthodox understanding of the female, will become contested when it falls out of synch with the self-image of those it purports to describe, when the historical realities in which it has to prevail are no longer viable or when the idealism thus expressed is not matched by reality and thus revealed as a mere construct. Arguably, literature would provide a good parameter for such signs of crisis – such chasms between pretension and reality, since phenomena only become issues when it is no longer possible to take them for granted.

Marion Kaplan has shown how, inside the changing Jewish community of the Wilhelmine era, women occupied a special place in the project of maintaining the integrity of the Jewish community against a multitude of centrifugal forces while concurrently managing its modernization according to the requirements of contemporary, civic, middle-class society. Indeed Jewish women were instrumental in the 'making of the Jewish middle class'.[5] If this was an historical reality, the question arises of how these developments were publicly debated and reflected in literature, especially literature by German-Jewish women. Did authors take issue with the stereotypes sketched above? Is it possible to discern a specifically female response towards the forces and challenges of modernization? This essay will attempt to answer these questions, in an analysis focused on a case study of narratives by three female Jewish writers, published in the *Jahrbuch für jüdische Geschichte und Literatur*.

Periodicals operated in the same way as associations and other forms of civic organization, that is they played a central part in the embourgeoisement of the Jewish community in Central Europe. These organizations were the main instruments of the Jewish middle-classes that structured the Jewish community analogous to that of mainstream society.[6] Jewish associations, while often growing out of traditional community structures like burial societies and other charitable organizations, were tantamount to the project of modernization in various respects: They provided a forum for internal discussion and self-assertion; they provided a sanctuary of cohesion and

---

[5] To cite the title of Marion Kaplan's study, The Making of the Jewish Middle Class: Women, Family and Identity in Imperial Germany. New York 1991; German version: Jüdisches Bürgertum. Frau, Familie und Identität im Kaiserreich. Transl. by Ingrid Strobl. Hamburg 1997.

[6] Cf. Volkov, Shulamit: Jüdisches Leben und Antisemitismus im 19. und 20. Jahrhundert. Munich 1990, p. 123.

community while at the same time complying with social conventions essential to bourgeois society; they provided spaces where bourgeois values and attitudes could be played out without being scrutinized by gentile begrudgers, spaces where *Bildung* was cherished and *Besitz* could both be flaunted and put to a use that would benefit the community. By the end of the 19th century, the Jewish *Vereinswesen* had become immensely varied and differentiated, and so had the publications of these associations, catering for all kinds of orientations from the new Orthodoxy to the emergent Zionism. Many of these associations incorporated into their activities ideas derived from the *Wissenschaft des Judentums*, thereby legitimizing their causes with recourse to historical and other 'scientific' methodology. The Verband der Vereine für jüdische Geschichte und Literatur, founded in 1893, and its periodical, the *Jahrbuch für jüdische Geschichte und Literatur*, established in 1898 and edited by Gustav Karpeles (who, as editor of the *Allgemeine Zeitung des Judentums*, was also in charge of the most influential organ of the liberal Jewish community), are typical of this tendency. The Verband was the umbrella organization for countless regional associations concerned with Jewish affairs in a cultural, secularized way. By necessity, it formed a broad church; its pronouncements consequently had to strike a balance and find common ground acceptable to the mainstream of middle-class Jewry; it had to remain inoffensive to various Jewish orientations, demonstrate bourgeois respectability and compliance with the general norms of Wilhelmine society, but it also had to uphold the integrity of the Jewish community. The main activities of the associations were devoted to history, following the general spirit of *Wissenschaft des Judentums* in all its facets from Biblical studies to modern history, mostly of the European Jewish communities.[7] Literature also played a major part – not only scholarly literature, but also *belles letters*. From the beginning, the *Jahrbuch* carried a *Literarischer Jahresrückblick* as a regular feature, a review of all publications of 'Jewish interest' during the preceding year. Another standard feature was the inclusion of at least one item of original literary fiction, mostly a narrative of some fifty to seventy pages, complemented occasionally by poems and dramatic sketches.

Given the character of the organization and the yearbook that formed its mouthpiece, it can be assumed that the literary texts included were deemed as broadly representative of the tastes, interests and attitudes of the membership of the associations and the readership of the yearbooks: educated,

---

[7] Cf. Borut, Jacob: Vereine für jüdische Geschichte und Literatur at the End of the Nineteenth Century. In: Leo Baeck Institute Yearbook 41 (1996), pp. 89–114.

assimilated main-stream middle-class Jewry of German-speaking central Europe. Indeed, it is difficult to find in the literary pages of the *Jahrbuch* any aesthetically radical, politically controversial or thematically very challenging material. The texts, however, can be regarded as representing German-Jewish literature in its most exemplary form, in that they all reflect Jewish interests, Jewish themes. They constitute *milieu* literature, literature stemming from and specifically geared towards the sub-culture in question. This type of literature could be defined as single-issue literature; its function, in its social and cultural context, must be regarded as essentially affirmative.

New authors were brought to the reading public's attention and actively supported (for example Ulrich Frank = Ulla Wolff-Frank[-furter]); established authors seem to have paid reference to the importance of the Verein and its *Jahrbuch* by producing special original contributions (for example Auguste Hauschner). Georg Hermann (1871–1943), who after the success of *Jettchen Gebert* (1906) and *Henriette Jacoby* (1908) had arguably become the foremost writer of the middle-class Jewish milieu in Germany (with appeal far beyond it), contributed to the 1926 yearbook a very personal autobiographical sketch entitled 'Also – ein Jubiläum' in which he recalls a young boy's first night of fasting. This short text marks the fiftieth anniversary of Hermann's own first conscious participation in Yom Kippur at the age of five and so describes a stage in his socialization into the Jewish faith community. The humorous description of the young boy's eagerness to do like the adults, their gentle teasing that he might die of starvation, his precautionary measure of filling his pockets with provisions before departing for the synagogue, the entire evocation of family, community, youthful wonder and magic – all this epitomizes the affirmative nature of this kind of Jewish literature that aims at creating a sense of belonging and solidarity. This in turn bestows upon readers an onus to respect the legacy of Jewish history and tradition, even though implicitly the historical change between then and now is clearly noted, here for example in the description of 'bebartete Männer, wie man sie heute nicht mehr sieht' as visitors to the synagogue.[8] The potential chasm between Jewish past and present, and the continuities that ensure integrity within change, thus become discernible as possibly the most important concerns of texts like this.

As regards the female contributors to the *Jahrbuch*, the question is if they also engage in this effort to instill in readers a sense of continuity; if

---

[8] Hermann, Georg: Also – ein Jubiläum. In: Jahrbuch für Jüdische Geschichte und Literatur 27 (1926), pp. 162–170, here p. 168. References to the *Jahrbuch für jüdische Geschichte und Literatur* from now on in the text (JJGL + vol. + page).

their gender perspective brings specific concerns to the fore, if, especially, their contributions aim at discussing the role of the Jewish woman in the middle-class cosmos between continuity and change.

II

Ulla Wolff-Frankfurter (1848 or 1850–1924),[9] who originally wrote under the pen name Ulrich Frank and later, revealing her gender, as Ulla Wolff-Frank, enjoyed the status of a favoured protégé of Gustav Karpeles. He published eleven of her texts in the *Jahrbuch*, as Gabriele von Glasenapp has revealed in the only recent contribution on this author. Linking her firmly to her Upper-Silesian home, Glasenapp, following Karpeles's and other contemporary critics' views, locates Wolff-Frank in the literary tradition of ghetto fiction, but also acknowledges that the genre, in her hands, is used to negotiate contemporary tensions between tradition and modernization, with the Jewish family providing the site for the investigation into potential internal rifts and the possibilities for a united future of the Jewish community as a whole.[10] This is indeed obvious in the story 'Die Eisenbergers' (JJGL 18 [1915], pp. 192–260), a family saga which chronicles the career of the title family over three generations against the background of economic progress and industrialization in Silesia and in Germany as a whole. The story reads more like a pamphlet than a real narrative; the link to the genre of ghetto fiction is provided through the image of the eldest generation carefully and proudly maintaining their traditional life style.

The middle generation is cast here as the truly ascendant and assimilatory one; they have become rich, they have promoted the economic and industrial progress of Wilhelmine Germany, they have bought mansions in Berlin and landed estates in the countryside, they embody 'Unternehmungsgeist' (JJGL 18, p. 230); but they are also the ones upon whom the responsibility falls to blend in and to win the respect of gentile society. For them, assimilation is a necessity, as Wolff-Frank firmly acknowledges in her characteristically pontificating voice: 'die kluge Formel der Juden, die in der wirklich großen Welt leben: Sich nicht hervorzutun und aus den Grenzlinien dort geltender und akzeptierter Umgangsformen nicht

---

[9] Basic bio-bibliographical details available in: Lexikon deutsch-jüdischer Autoren. Ed. by Archiv Bibliographia Judaica, dir. by Renate Heuer. Vol. VII. Munich 1999, pp. 291–296. The *Lexikon* has 1848, Glasenapp (next note) has 1850 as the year of Wolff's birth.

[10] von Glasenapp, Gabriele: Annäherung an Preußens östliche Kulturlandschaften. Oberschlesien und die Provinz Posen im Werk von Ulla Frankfurter-Wolff und Isaak Herzberg. In: Jüdische Autoren Ostmitteleuropas im 20. Jahrhundert. Ed. by Hans Hennig Hahn and Jens Stüben. Berne 2000, pp. 7–60, cf. esp. pp. 29–38.

hervorzutreten' (JJGL 18, p. 253). The mansion of the representatives of this second generation epitomizes the proud hybridity of its inhabitants' orientations: it is decorated with bronzes of 'figurale Gestalten' in the monumental historicist style of Wilhelmine Germany, interspersed with stylistic references to Michelangelo's David, but depicting scenes 'des Alten Testamentes [...]: die ährenlesende Ruth, Esther vor Ahasver und Barkochbah in heldischer Begeisterung' (JJGL 18, p. 240). For their taste and integrity, as well as for their business ethics and success, the middle generation is rewarded with the praise of their Christian counterparts, which is heaped upon them in hyperbolic generosity. When a member of the third generation brings a young and refined nobleman back to his grandparent's home for a visit ('der Großstadtmensch sehnt sich [...] aus allem ihn umgebenden Snobismus in die Einfachheit eines Lebens, wie Ihr es führt ...'; JJGL 18, p. 215), a climax of mutual flattery and idealized equality is reached: 'Der Aristokrat und der Judensprößling' (JJGL 18, p. 233) appreciate the manners and the physiognomy of the grandparents as worthy of 'Angehörige ältesten Uradels' (JJGL 18, p. 225), and while at the outset the potential for conflict in the face of rapid and radical change is acknowledged ('die alte und die neue Zeit stießen hier zum ersten Male hart aufeinander'; JJGL 18, p. 213), the personal behaviour and mutual respect of all involved ensure that conflict never gets the chance to erupt: 'Ausgeglichen schienen die Gegensätze zwischen alter und neuer Zeit' (JJGL 18, p. 227). *Ausgleich* is generally a key concept of this text and others: defusion of possible tensions, neutralization of conflicting tendencies, settlement of differences without losing the binding sense of 'Volkheit'. The sentiment of the story thus provides a model for the Jewish community and society at large and an uplifting appeal to the readers of the *Jahrbuch für jüdische Geschichte und Literatur*.

All generations, in their own characteristic way and according to their station, demonstrate the fruitful relationship between 'Christen und Juden' (JJGL 18, p. 192) without, on the Jewish part, compromising their Jewish integrity: 'Judentaufen sind verächtlich', is the credo of the middle generation (JJGL 18, p. 253). The frame, the spotlight on the oldest, preassimilatory generation who inhabit their 'freiwillige Judengasse' (JJGL 18, p. 237) with 'Würde und Selbstgefühl' (JJGL 18, p. 257), conveys the text's essential message: amongst all their achievements and accepting the necessity of adapting to the conventions of majority society, the younger generation must never forget their origins or waver in their respect for their ancestors since this lineage ensures the integrity of the community as a whole, the sense of 'Volkheit', as she calls it elsewhere (JJGL 15, p. 279).

This connection and connectedness is Ulla Wolff-Frank's concern in other stories, too, and she explores it with similar reference to the succession of the generations. In 'Der Mischpocherentner' (JJGL 15 [1912], pp. 212–279), the focus is upon a slightly different milieu, namely that of *Bildung* and respectability in the professional middle class as opposed to high echelons of aristocracy and *haute bourgeoisie* or *haute finance*. This story, too, reads like a treatise with anecdotes thrown in; only a very loose plot holds the story together; centre pieces of the narrative are the conversations about traditional and modern Jewishness between a Rabbi and a medical doctor, both characteristically with doctoral titles and with the most un-Jewish family names. The community of 'Gleichgesinnte' (JJGL, p. 245) to which the narratives try to appeal (and which they help to create), is conceived as inclusive and thus also comprises women. Wolff-Frank does not adopt a female perspective – she narrates from a strict third-person point of view that does not allow identification with any of the characters, only identification with the issues. Yet the female characters convey a strong concern for the role of women in the modernizing Jewish community. The use of quotation marks whilst introducing the character of an old woman who has fallen on hard times and depends on the charity of others, indicates that the Jewish woman is viewed here against the background of certain stereotypical expectations: 'Sie selbst aber nahm diese traurige Abhängigkeit auf sich, mit der Geduld und Demut des "jüdischen Weibes" aus jenen Tagen.' (JJGL 15, p. 236)

The quotation marks, however, also signal that these expectations cannot be taken for granted any more, that lately the expectations regarding the 'jüdisches Weib' have become the subject of debate and controversy. The role of the Jewish woman in the house, as the bedrock of family and community, is very much at the core of Wolff's thinking; but it seems as if it needs to be reaffirmed, newly defined for a new period. She does so with blatant sentimentality when she attributes to her central female figure the following characterization:

> An all diesen Lebensnöten kleiner Mittelmäßigkeit waren sie [the couple] ungefährdet vorüber gekommen, und das lag daran, daß Jetti Eisenstädter im Geheimen ihrem Manne einen sehr großen Schatz mitgebracht hatte. Der bestand aus seltenem Edelgestein: Güte, Klugheit, einfachem Sinn und einer Herzensfröhlichkeit, die über alle Schatten und Sorgen, die helleuchtende, lachende Sonne ihres ewig heiteren Temperamentes ausbreitete. (JJGL 15, p. 259)

This characterization privileges personal quality over material possession, a stance directed against materialist tendencies in modern society that Wolff-

Frank perceives as dangers to a true Jewish spirit. Instead, she emphasizes the qualities that, in her view, enable community in a middle-class sense: Jetti Eisenstätter is said to have achieved their bourgeois-Jewish equilibrium 'in Achtbarkeit und Würde, in Bescheidenheit und Zufriedenheit, mit aller Geduld und Ausdauer':

> Treu und mutig, mit einem glücklichen Frohsinn begabt, stand sie ihrem Manne tapfer zur Seite im Daseinskampfe und wußte über den einfachen Haushalt immer einen Schimmer von Behagen, Freudigkeit und Heiterkeit auszubreiten. (JJGL 15, p. 216)

The creation of blissful domesticity is a role assigned to the Jewish wife, complementary to the male's *vita activa* in the outside world as doctor, businessman or preacher. As facilitator and sustainer of a bourgeois lifestyle she participates in the collective self-definition of the Jewish middle class in the Wilhelmine era; she, rather than her male counterpart, is ascribed the central virtues listed above.

The theme suggested by the story's title is the alleged traditional Jewish mentality of sponging off the community, a laziness facilitated by the Jewish obligation to charity. The elderly relative who earns the title of 'Mischpocherentner' is a case in question. The discussions in the story between the doctor and the learned rabbi revolve around the necessity of transforming this attitude into a modern concept of mutuality, of community support based on the solidarity and the voluntary participation of all involved. The marriage and the practical and cheerful nature of Jetti Eisenstätter are the exemplifications of this proposition. However, as enacted by Jetti, this concept cannot be pursued successfully if all links with the past are severed; and in the spirit of this insight, it is Jetti who unites the extended family in providing the pension for their relative. This way, the extended family 'maintains' its own living link to the past. The contrast with the old, unreflected, parasitical charitable practices is rooted in the fact that Jetti does it voluntarily, she reflects upon and willingly embraces the role that she is playing anyway; she actually defines it as a condition of the redefinition of *Jüdischkeit* in a modern, middle-class sense, as complementary to the pursuits of theoretical *Bildung* in which the men are engaged. Hers is the moral and spiritual *Bildung* that must enjoy parity of esteem with the intellectual reasoning and the outreaching activity of the men, Wolff decrees. Here, too, the aim of this type of literature is clear: to allocate and defend a place of the observant, serving female as the backbone of the Jewish family within an atmosphere of rapid and threatening change, in a world with its 'gewaltigen Strömungen, Entwicklungsphasen, Fortschritten, Neuerungen, Ereignissen, Problemen' (JJGL 15, p. 251); to define a role that does not constitute a radical break with the norms and the lifestyle of the past, but that preserves an internal Jewish space or sanctuary within 'die neue Zeit' (JJGL 15, p. 260).

III

Auguste Hauschner (1850–1924) is well-known as the author of the novels *Die Familie Lowositz* (1908) and *Ludwig and Camilla* (1910).[11] In these books she addresses Jewish concerns around the turn of the century. In terms of style, genre and tendency, though, her œuvre represents a decisive departure from ghetto fiction; it can best be understood as belonging to the genre of social fiction or *Zeitroman*.[12] 'Versöhnungstag' (JJGL 14 [1911], pp. 209–259), the title of her only contribution to the *Jahrbuch für jüdische Geschichte und Literatur*, indicates that this contribution marked a deliberate reference to the spirit and orientation of this periodical in that it overtly announces a religious emphasis when the books that had made her name address social and cultural issues pertaining to modern Jewish life more than questions of observance and piety.[13] If indeed the thematic focus, as announced by the title, is firmly rooted in Judaism, the text in its formal appearance has a much more modern, even radical character, at least when compared to Ulla Wolff-Frank's work.

The action is highly concentrated; it is condensed into less than twenty-four hours, the duration, that is, of the ritual Yom Kippur fast. The literary devices include strict perspectivization. In the first half of the story, the reader is only privy to the woman's version of events and to her thoughts,

---

[11] For bio-bibliographic information, cf. Lexikon deutsch-jüdischer Autoren. Ed. by Archiv Bibliographia Judaica, dir. by Renate Heuer. Vol. X. Munich 2003, pp. 248–262. Hella-Sabrina Lange's study 'Wir stehen alle wie zwischen zwei Zeiten'. Zum Werk der Schriftstellerin Auguste Hauschner (1850–1924). Essen 2006, is rather disappointing, offering little of substance to initiate a rediscovery of Hauschner. However, the book marks the most comprehensive study on Hauschner to date and contains the most up-to-date (though by no means complete) bibliographical listings.

[12] On the three main narrative genres of German-Jewish literature cf. Krobb, Florian: Selbstdarstellungen. Untersuchungen zur deutsch-jüdischen Erzählliteratur im neunzehnten Jahrhundert. Würzburg 2000; on the *Zeitroman* in particular, cf. Krobb, Florian: Der Weg ins Freie im Kontext des deutsch-jüdischen Zeitromans. In: Arthur Schnitzler: Zeitgenossenschaften / Contemporaneities. Ed. by Ian Foster and Florian Krobb. Berne 2002, pp. 199–216.

[13] The text was later published separately one more time in Leipzig by Hermann Hilger in 1919.

and the dominant technique is that of inner monologue. In the second half, the perspective shifts to that of the husband. The action is mainly located in a contemporary bourgeois household which reveals all the trappings of affluence and respectability from fine tablecloths to a well-stocked pantry, but without much reference to the Jewishness of the household's inhabitants – right down to their names: Berta and Alexander are the names of the couple, Felix, Anna and Alfred those of their children. The story revolves around the eldest son's liaison with a Christian girl which caused him to be banned from the house by the husband. When the son falls ill, Berta experiences a conflict of loyalty between adherence to the father's will and her concern for her son's well-being.

The conflict is clearly gendered; Berta is labelled 'eine Überspannte' (JJGL 14, p. 221) with 'ihrer unvernünftigen Romantik' (p. 222) – a terminology borrowed from the hysteria discourse that denied women's capacity to think logically and functioned as a tool to discipline women. Her decision, 'Die Ausübung ihrer Mutterpflicht war die beste Art, Gott zu dienen' (JJGL 14, p. 234), then, amounts to a rebellion against the patriarchal ways in her family and against the obligations imposed by conventional gender roles. With her decision to look after her son and to defy the orders of her husband she claims the right to define her 'duties' herself, to cast off the shackles imposed by the coercive hysteria discourse. The act of self-acceptance amounts to an act of emancipation against prevailing social structures and moral doctrines, as snippets from her inner monologue illustrate: 'Konnte sie noch bei ihrem Manne bleiben, wenn seine Güte in diesem Augenblick versagte?' (JJGL 14, p. 226). And: 'War sie eine Sklavin? War sie ein Ding, das man nach Belieben einschließt, das gefühllos, stumm und ohne Rechte ist?' (JJGL 14, p. 223). In the end, the son is readmitted into the family home and cared for there. The husband's change of heart is influenced by a 'new preacher' who, in his German sermon, interprets Jewish religious law as a manual of practical, compassionate morality, not of lifeless prescription. This amounts to a theological justification of the spontaneous actions of the wife, whose formerly rebellious stance is thus reintegrated into a (modernized, redefined) Judaism.

In a very different way to that proposed by Wolff-Frank, Hauschner's text is thus also about reconciliation: between the male and the female stances, between strictness and compassion, and between a stabilizing, uniting message and the centrifugal tendencies that at first seemed irreconcilable. The thematic harmony is mirrored on a formal level: a cathartic crisis clears the way for the story's affirmative message which supercedes literary devices that, initially, mirrored rupture rather than harmony. The inner-worldly reconciliation between the family members is presented and ideologized as a manifestation of the harmony between Jewish commandments – in a traditional and rigid sense – and the requirements of human relationships which – since cast as a 'modern' conflict – represent the requirements of the modern world in general.[14]

IV

In her story 'Dichterruhm' (JJGL 21 [1918], pp. 125–179) Anna Goldschmidt[15] goes one step further still in placing her story in the concrete present. It is set during the First World War. But even 'jetzt sogar im Kriege' the issue under discussion remains the same, namely a woman's place in society: 'man wußte, wo man hingehörte, man hatte ein Zuhause, man war eine – verheiratete Frau' (JJGL 21, p. 125). The story chronicles the attempts of a young woman to cope with the demands put on her by her new status and to adapt to life in the family of a small-town clothes-shop owner. Her general acceptance of her lot is put into sharp focus through the contrast with her neighbour who has also married into the Jewish commercial middle class of the country town but refuses to settle in and instead continues to belittle her new environment. The milieu in the story appears strangely suspended between the traditional and the modern. On the modern side stands the fact that the shop remains open on Saturdays, that Friedel Böhm's husband is a war invalid, and that there seems to be no real sense of a Jewish community: at the funeral of her neighbour's husband – whose train was bombarded even before the troops reached the front – the new arrival is surprised at how many Jews live in the place. (The references to Jewish casualties, by the way, convey an important political point in a climate marred by the infamous *Judenzählung* of 1916.) The traditional aspect is indicated by very stern family structures within the household, conservative attitudes on the old woman's part and a business philosophy on the old man's part that, in its presentation in the form of anecdotes and in

---

[14] A side-motif, namely the family's youngest son's eagerness to join the Yom Kippur fast, the concession that he may skip one of the four regular holiday meals (the 'Gabelfrühstück' in good Fontanean terminology), his later succumbing to the temptation of food, the parents' humourous and understanding handling of his youthful ambition – all of these features somehow foreshadow Georg Hermann's take on the subject mentioned earlier.

[15] No information could be found about the author; she does not have an entry in the *Lexikon deutsch-jüdischer Autoren*; neither could it be established whether Anna Goldschmidt was indeed the author's real name, or perhaps a pseudonym.

its fatalistic message, is reminiscent of a ghetto world evoked in Ulla Wolff-Frank's 'Der Mischpocherentner'.

The conflict is again triggered by an act of self-assertion by the young woman. The fragile truce is disturbed when it emerges that she has secretly submitted a short story to a local newspaper which indeed subsequently appears in print. Her mother-in-law's reaction illustrates that, again, the conflict between tradition and modernization, between a rigid and a human concept of Judaism, and the woman's position within this context, are at stake:

> Ob sich eine nu hinstellt un de Beine in de Luft schmeißt oder ob sen Theater vormacht oder andere Stuß, ne orntliche Frau hat ihren Haushalt un ihren Mann, for was Andres darf se gar keine Zeit haben, und die sich vor andre zeigen, die taugen alle nischt. (JJGL 21, p. 162)

The assertion of self-determination ('Selbstbestimmungsrecht'; p. 165) against the dependency on husband and family – 'Dann sind es doch *meine* Kräfte, und über die kann ich doch allein verfügen' (JJGL 21, p. 166, emphasis in original) – drives the plot:

> Sie hatte daheim und hier ihre Pflicht getan, immer an der Stelle, an die man sie stellte, hatte anderen gehorcht, früher dem Chef, nun den Schwiegereltern und Max; jetzt erst ging die innere eigentliche Wandlung vor sich, die Menschwerdung. (JJGL 21, p. 154)

While the positions seem irreconcilable at first, the turning-point arrives when she starts to entertain her bed-ridden father-in-law with her own stories:

> Als gälte es, hier in dem engen Krankenstübchen allen Dichterruhm zu erringen, so sann sie mit Kopf und Herz und allem Formensinn, den ihr die Natur verliehen, darauf, dem Kranken das zu sagen, was er gerne hören wollte und was ihn aufheitern mußte. (JJGL 21, p. 167)

In the end, her creative and emancipatory urges are not denied or suppressed, but channeled; the compromise is an intra-familial solution when the old father-in-law signals his understanding for her literary activity not out of any notion of understanding for the modern desires for self-realization, but out of the tolerance for the quirks and idiosyncrasies of his fellow-humans. This reconciliation of old and new tendencies in the spirit of tolerance and forgiveness is the lasting message of the story; the woman's counter-gesture to the old man's understanding is that she forfeits her 'Dichterruhm' in the outside world for peace and harmony inside her family, as sentimentally formulated in the story's very last words: 'Sie war mit den Ihren im Frieden. [...] Ich kann gar nicht anders. Das Schreiben kann ich nicht lassen, und die Meinen muß ich lieb haben' (JJGL 21, p. 179). An appeal for intra-Jewish unity surely, and also a definition of a very specific gender role: she continues to write, but not to publish; her talent is allowed to unfold only in a defined space, and her 'Menschwerdung' is denied a value in itself and only accepted in the service of a larger goal. The message is thus very much in line with the ideological leanings of the stories discussed above. The descriptions, though, reflect a world that has changed considerably.

The circumstances from which Friedel had escaped in Berlin show many decidedly modern sociological features. The accelerating effect that the First World War had on women's independence, on their access to paid employment outside the home, on their opportunities for educational and professional development, on their political involvement and on their sexual self-determination, is well known. In 'Dichterruhm', this is alluded to in the image of Friedel and her three sisters living on their own in what amounts to a *Wohngemeinschaft*, constantly under threat from predatory tradespeople and landlords, leading a life that is anything but conforming to traditional Jewish gender expectations. Dismissed by the older woman using the vocabulary familiar from Hauschner's 'Versöhnungstag' ('Was tuste mit de hehere Techterbildung, un alle die iwerspannten Ideen von so ne Großstadtpflanze?'; JJGL 21, p. 155), the references to the altered circumstances in which Jewish orientation needs to be redefined, maintain a strong and positive presence in the story. All of the sisters work outside the house; all of their lives are ruled by public transport and office hours, one of them holds an 'aufreibenden Posten in der Diskonto-Bank, den vor ihr noch nie ein Weib innegehabt' (JJGL 21, p. 126); and yet they maintain a spirit that Friedel often looks back upon with nostalgia. In this story, Friedel's personal nostalgia about a lifestyle that marks a radical departure from traditional Jewish values clearly conflicts with forms of collective nostalgia as celebrated in ghetto fiction. It could be argued that in this story the alternative modern lifestyle is treated neutrally and without prejudice, that the modern is granted its rightful place as long as it is inhabited by good people. However, as a female coming-of-age story that ends with the self-restriction and good-humoured acceptance of her lot, as a story of a socialization in which the wisdom of the old generation and their tolerance facilitate the accommodation, this text too does not move beyond what would be deemed acceptable to the readership of the *Jahrbuch*.

There are many well-described observations about the psychological mechanisms that shape the young woman's character in the text; here the author cautiously employs inner monologue and other modernist devices; the character of Friedel Böhm is painted with genuine humour and empathy; and overall Anna Goldschmidt avoids too much sentimentalizing and moralizing. The finale, though, delivers a message of acceptance and self-confinement, of the enduring validity of personal qualities like wisdom, tolerance and humility – and the message that these qualities can and must blossom even in the most restrictive circumstances, because renunciation guarantees true freedom and the Jewish milieu of family solidarity provides more space for talent to blossom than any metropolitan *Wohngemeinschaft* ever could. In this respect, the most contemporary and most lively of the texts discussed here betrays the same ideological premises and goals as the other examples.

V

The four contributions by female authors to the *Jahrbuch für jüdische Geschichte und Literatur* from the second decade of the twentieth century reflect a fundamental trajectory in the cultural and social history of Jewish women from the evocation of 'altjüdische Zeiten' to very contemporary concerns. The potential conflict between tradition and modernization informs all literary contributions and their views on the woman's role in the Jewish community and family. Modernization from this perspective means the influx of tendencies which cannot easily be accommodated in the time-honoured Jewish social and cultural cosmos, and which ultimately could herald the disintegration and dissolution of the Jewish community as a whole. The texts thematize modern challenges, however, without fundamentally questioning certain basic assumptions, namely that the conscious embrace of the Jewish past and of traditional Jewish ways is the best defence against centrifugal forces, that this embrace can be sustained and reconciled in the modern environment of late Wilhelmine Germany, and that the middle-class orientations demanded by contemporary society are the same that determined Jewish life all along: *Bildung* defined as *Herzensbildung* and moral fibre, *Besitz* as bestowing responsibility. In this context, the role of the Jewish woman remains firmly restricted to the domestic domain of household and family – even if the stories reflect an increasing self-confidence and demand for participation in wider society. Women's role as complementary partners of their husbands and as guardians of the compromise between integrity and modernity is affirmed and lauded in many different variations.

The message of these texts can thus be understood as always subordinated to a certain ideology, however broad and inclusive; the texts themselves offer variations of this message in defined parameters. In this way, the female contributions to the *Jahrbuch für jüdische Geschichte und Literatur* are representative of a reductive literary system and the normative power of this system. They arise out of, are integrated into and affirm a collective system, here the assimilated and acculturated middle-class Jewish sub-culture in Wilhelmine Germany. They thus fulfill many of the criteria that define so-called schematic literature, *Schemaliteratur*. While, for example, the writings of Socialist Realism and Christian literature have been discussed as *Schemaliteratur*,[16] the concept has as yet not been applied to German-Jewish milieu literature. As secularized *Erbauungsliteratur* with its edifying and uplifting, conciliatory and affirmative character, as literature that does not deny tension but always seeks to overcome rupture, this kind of literature can, it could be argued, very productively be re-evaluated as *Schemaliteratur*. The conciliatory and harmonizing tendency of the female contributions to the *Jahrbuch für jüdische Geschichte und Literatur* is not an anachronism; on the contrary, the vagaries of modern life are identified very clearly even in Wolff's pamphleteering ghetto fiction, and they are accepted as a reality that needs to be dealt with. Within literature, however, this reality can be contained or kept at bay through the creation and defence of sanctuaries, of enclaves of harmony that can be retrieved and restored after a process of trial and tribulation. As an important part of the cultural scene of educated middle-class Jewry in the late Wilhelmine Empire, the study of this material allows more illuminating insights into the mentality of the inconspicuous majority than the focus on exceptional figures like Otto Weininger or Walther Rathenau. The study of this material also provides representative insights into the literary tastes of the majority community and their female members, who, in matters of literature and culture, would surely be of more consequence than men. It could be argued, conversely, that the achievements of more radical and innovative writers like for example Else Lasker-Schüler, can be appreciated more clearly against the backdrop of the main-stream to which the texts discussed here certainly belong.

The woman's role is internal to the system; while individually interacting with members of the non-Jewish community, the concern of this kind of female milieu literature is entirely geared towards the assimilated but

---

[16] Zimmermann, Hans Dieter: Schema-Literatur: Ästhetische Norm und literarisches System. Stuttgart 1979, esp. pp. 59f.

observant Jewish community itself. The imposed outsider's image of the Jewish woman as seductress and potential intruder into the Christian community is thus completely omitted from the literary debates; the sole focus is on the second dimension outlined above with the help of Ulla Hahn's definitions. The maintenance of a delicate balance, the containment of possible conflict is at the core of the affirmative nature of this kind of writing. It is emphasized time and time again: 'So trat der innere Zwiespalt dieser grundverschiedenen Welten nie in die Erscheinung' (JJGL 15, p. 263). It needs to be emphasized so strongly because in the non-literary real world, 'innerer Zwiespalt' was everywhere – between Zionists and assimilationists, between traditionalists and modernizers, and between Jews and gentiles in the face of ever-increasing anti-Semitism.

„Was sollen unsere Töchter lesen?"
Die jüdische Journalistin und Literaturpädagogin Regina Neisser

Gabriele von Glasenapp

Im Zentrum dieses Beitrages steht die Biographie sowie das Werk der jüdischen Publizistin, Literaturpädagogin und Biographin Regina Neisser (1848–1923), deren Leben und Werk als exemplarisch für das Wirken jüdischer Autorinnen an der Wende vom 19. zum 20. Jahrhundert erachtet werden. Sowohl von den einschlägigen Literaturlexika wie auch von den Forschungen über die jüdische Frauenbewegung nahezu unbeachtet, hat Neisser dennoch ein beachtliches literarisches Œuvre vorzuweisen, das neben literaturpädagogischen Beiträgen, Erzählungen, Artikel über die liberale jüdische Frauenbewegung vor allem biographische Texte über jüdische wie nichtjüdische Persönlichkeiten und vorrangig über Frauen umfasst. Neisser, die sich selbst im Umfeld des konservativen Breslauer Judentums verortete, nutzte die publizistischen Plattformen, die ihr vor allem in unterschiedlichen jüdischen wie nichtjüdischen Periodika eröffnet wurden, um in ihren Veröffentlichungen für eine bedingungslose Akkulturation des deutschen Judentums an die nichtjüdische, deutsche Mehrheitsgesellschaft einzutreten. Diese Akkulturation bildet damit zugleich den Parameter, den Neisser an das Leben aller von ihr biographierten Persönlichkeiten, an die Aktivitäten der jüdischen Frauenbewegung, an ihr Konzept einer an Mädchen adressierten jüdischen Literaturpädagogik sowie zuletzt auch an ihr eigenes publizistisches Wirken anlegte, über das sie Zeit ihres Lebens in autobiographisch basierten Artikeln immer wieder Rechenschaft ablegte.

Die deutsch-jüdische Literaturgeschichte ist geprägt von vielfältigen Schwellenepochen; das gilt auch für das jüdische Schreiben von Frauen an der Wende vom 19. zum 20. Jahrhundert. Zwar waren bereits im 19. Jahrhundert in verstärktem Maße auch jüdische Autorinnen mit ihren Werken an die Öffentlichkeit getreten, und die Forschung hat dies mittlerweile – wenigstens in Ansätzen – auch zur Kenntnis genommen, so dass von einer Vernachlässigung oder gar „historiographischen

Marginalisierung"[1] dieser Autorinnen im eigentlichen Sinne nicht mehr die Rede sein kann. Besonders ist in diesem Zusammenhang die Bedeutung der Epochenwende vom 19. zum 20. Jahrhundert betont und auf den Topos der jüdischen ‚neuen Frau' verwiesen worden.[2] Beschrieben wurde damit ein Typ von Frau, der sich vielen der im konservativen jüdischen Bürgertum des ausgehenden 19. Jahrhunderts „vorgeschriebenen geschlechtsspezifischen Regeln weiblichen Verhaltens hinsichtlich von Auftreten und Lebensstil widersetzt".[3]

Bislang kaum ins Blickfeld der Forschung geraten ist hingegen die Tatsache, dass das Auftreten der jüdischen ‚neuen Frau' einherging mit neuen Formen weiblichen Schreibens, Formen, die bislang auch im Handlungssystem deutsch-jüdischer Literatur vornehmlich männlichen Autoren vorbehalten waren. Darunter fielen alle Ausprägungen fak-tualer Texte, darunter alle Formen historischen, journalistischen oder pädagogischen Schreibens, die u.a. im Kontext der jüdischen Frau-enbewegung oder der jüdischen Jugendschriftenbewegung immer mehr an Bedeutung gewannen. Während das Schaffen jüdischer Autorinnen, die vorrangig als Verfasserinnen fiktionaler, erzählender Texte in Erscheinung getreten sind, mittlerweile sogar in Lexika niedergelegt und damit erinnert wird,[4] wurde das Schreiben jener jüdischen Autorinnen, die in erster Linie als Journalistinnen bzw. als Verfasserinnen faktualer Texte tätig waren, von der Forschung bislang kaum wahrgenommen: Es bildet sozusagen noch einen weißen Fleck auf der Landkarte des Schreibens jüdischer Frauen.

Der vorliegende Beitrag wird sich mit der Breslauer Journalistin, Literaturpädagogin und Schriftstellerin Regina Neisser (1848–1923) auseinandersetzen, denn Neissers Biographie, ihr literarisches Œuvre, ihre deutsch-jüdische Identität und nicht zuletzt das Erinnern bzw. Nicht-Erinnern an diese Frau können als exemplarisch für den oben skizzierten Typus von ‚neuer Frau' angesehen werden. Aus diesem Grund werden die

---

[1] Lässig, Simone: Religiöse Modernisierung, Geschlechterdiskurs und kulturelle Verbürgerlichung. Das deutsche Judentum im 19. Jahrhundert. In: Deutsch-jüdische Geschichte als Geschlechtergeschichte. Studien zum 19. und 20. Jahrhundert. Hrsg. von Kirsten Heinsohn und Stefanie Schüler-Springorum. Göttingen 2006 (Hamburger Beiträge zur Geschichte der deutschen Juden; 28), S. 46–84, hier S. 48.
[2] Vgl. zu dem Begriff: Freidenreich, Harriet Pass: Die jüdische ‚Neue Frau' des frühen 20. Jahrhunderts. In: Deutsch-jüdische Geschichte als Geschlechtergeschichte (wie Anmerkung 1), S. 123–132.
[3] Ebd., S. 125.
[4] Vgl. Jüdische Frauen im 19. und 20. Jahrhundert. Lexikon zu Leben und Werk. Hrsg. von Jutta Dick und Martina Sassenberg. Reinbek 1993.

Ausführungen zwar *eine* historische Persönlichkeit ins Zentrum stellen, dabei jedoch immer versuchen, die Erkenntnisse in einem allgemeinen kulturellen Kontext zu verorten, in dem jüdische Frauen neue Formen des Lebens und Schreibens für sich eroberten.

Begonnen werden soll mit Neissers Biographie, die – eine erste Auffälligkeit – allenfalls in Bruchstücken rekonstruierbar ist, ein, wie es scheint, nicht untypischer Wesenszug der Biographien jener Autorinnen, deren Werk nicht dem literarischen Kanon zuzurechnen ist. Es ist weiterhin bezeichnend, dass die Publizistin Neisser, obwohl durch ihre Heirat mit einer der bedeutendsten jüdischen Familien Breslaus verwandtschaftlich verbunden, in keinem der älteren oder neueren Standardwerke über die jüdische Gemeinde Breslaus und ihrer Persönlichkeiten verzeichnet ist.[5] Auch in Untersuchungen über die jüdischen Akteure in der deutschen Frauenbewegung,[6] für deren Ziele sich Neisser in ihren Veröffentlichungen immer wieder einsetzte, sucht man ihren Namen vergebens bzw. findet ihn lediglich als Verfasserin von Biographien über die jüdischen Frauenrechtlerinnen Henriette Goldschmidt und Lina Morgenstern.[7]

Dennoch ist Neissers Biographie der Nachwelt bewahrt worden, zum einen in Speziallexika über jüdische[8] bzw. über weibliche Per-

---

[5] Vgl. u.a. Łagiewski, Maciej: Breslauer Juden 1850–1944. Wroclaw 1996, besonders S. 159–166 über Mitglieder der Familie Neisser, die als Ärzte, Kunstliebhaber und als Politiker im Breslauer Stadtrat vertreten waren; Ziątkowski, Leszek: Die Geschichte der Juden in Breslau. Wroclaw 2000, besonders S. 84–85 über die Familie Neisser, etwa das Ehepaar Albert und Toni Neisser, die als berühmte Kunstsammler in Breslau einen Salon unterhielten. Vgl. auch In Breslau zu Hause? Juden in einer mitteleuropäischen Metropole der Neuzeit. Hrsg. von Manfred Hettling, Andreas Reinke und Norbert Conrads. Hamburg 2003 (Studien zur jüdischen Geschichte; 9).

[6] Vgl. u.a. Kaplan, Marion: Die jüdische Frauenbewegung in Deutschland. Organisation und Ziele des Jüdischen Frauenbundes 1904–1938. Hamburg 1981 (Hamburger Beiträge zur Geschichte der deutschen Juden; 7); Wobbe, Theresa: Das Wagnis der Öffentlichkeit: Jüdinnen in der deutschen Frauenbewegung [1993]. In: Lektüren und Brüche: Jüdische Frauen in Kultur, Politik und Wissenschaft. Hrsg. von Mechtild M. Jansen und Ingeborg Nordmann. Königstein 2000, S. 148–177; Fassmann, Irmgard Maya: Jüdinnen in der deutschen Frauenbewegung 1865–1919. Hildesheim 1996 (Haskala; 6); Geschlecht, Religion und Engagement. Die jüdischen Frauenbewegungen im deutschsprachigen Raum. Hrsg. von Margarete Grandner und Edith Saurer. Wien 2005 (L'Homme Schriften; 9).

[7] Fassmann (wie Anmerkung 6), S. 347 sowie S. 353.

[8] Heppner, A[ron]; I[saak] Herzberg: Aus Vergangenheit und Gegenwart der Juden und der jüdischen Gemeinden in den Posener Landen. Koschmin 1909, S. 612–613; Heppner, A[ron]: Jüdische Persönlichkeiten in und aus Breslau. Breslau [1931], S. 32–33.

sönlichkeiten,[9] zum anderen in zahlreichen Selbstzeugnissen, die aus einer Vielzahl von Leserbriefen sowie vor allem aus einer längeren, in mehreren Fortsetzungen erschienenen Kindheitsautobiographie bestehen. Der umfangreichste und zugleich wichtigste Eintrag über Leben und Werk von Regina Neisser, auf den auch die zeitgenössischen Autorenlexika bis heute zurückgreifen,[10] findet sich – bei aller Lückenhaftigkeit – in den 1920er Jahren in Salomon Winingers mehrbändigem biographischen Nachschlagewerk.[11] Nach Winingers Ausführungen wurde Neisser als Regina Löwenthal am 10. Juli 1848 in der Stadt Lissa, in den Posener Landen geboren. Nach eigenen Angaben entstammte sie einer akkulturierten jüdischen Familie; in einem Leserbrief berichtet sie davon, dass der noch im 18. Jahrhundert geborene Großvater väterlicherseits dem Sohn, Neissers Vater also, ein deutsches Konversationslexikon vermacht habe.[12] Es ist bezeichnend, dass hier im Kontext einer Familiengeschichte auf eine spezifisch deutsche, nicht etwa polnische Akkulturation verwiesen wird. Neisser unterstrich diese Tatsache auch in ihren Erinnerungen, indem sie ihre Heimatstadt Lissa explizit als eine „Pflanzstätte reichen jüdischen Wissens wie hoher deutscher Bildung" bezeichnete.[13]

Wininger macht in seinen Angaben einen großen Sprung von Neissers Geburt hin zu ihrem Tätigkeitsfeld; sie sei vor allem als Publizistin von Feuilletons, biographischen wie pädagogischen Aufsätzen, von Rezensionen sowie von (Jugend-)Erzählungen in Erscheinung getreten und habe zudem als Mitarbeiterin zahlreicher jüdischer wie nichtjüdischer Periodika fungiert.

Da auf Wininger alle weiteren Autorinnenlexika zurückgriffen, variieren auch die Angaben der einzelnen Lexika nur unwesentlich – jedes trans-

---

[9] Vgl. u.a. Lexikon deutscher Frauen der Feder. Hrsg. von Sophie Pataky. Band II. Berlin 1898, S. 83.

[10] Vgl. u.a. Deutsches Literatur-Lexikon. Biographisch-Bibliographisches Handbuch. Dritte, völlig neu bearbeitete Auflage. Hrsg. von Heinz Rupp und Carl Ludwig Lang. Band XI. Bern 1988, Sp. 107.

[11] Wininger, Salomon: Große jüdische National-Biographie. Mit mehr als 8000 Lebensbeschreibungen namhafter jüdischer Männer und Frauen aller Zeiten und Länder. Ein Nachschlagewerk für das jüdische Volk und seine Freunde. Band IV. Czernowitz 1929, S. 512.

[12] „Mein Großvater väterlicherseits, geboren 1792, beherrschte die deutsche Sprache [...] meisterhaft in Wort und Schrift und vererbte meinem Vater ein Konversationslexikon aus dem Jahre 1834." (Allgemeine Zeitung des Judentums 78 (1914), S. 456).

[13] [o. Vf.]: Lebens-Erinnerungen einer alten Frau. In: Jüdisch-liberale Zeitung 1 (1921), Nr. 29, S. 3.

portiert die Lücken der Vorgänger weiter. So gibt es bis heute keinen Hinweis auf die Gründe, die die Zweiundvierzigjährige zu Beginn der 1890er Jahre erstmals zur Feder greifen ließ. Einer Zeitungsnotiz zu Neissers siebzigstem Geburtstag lässt sich entnehmen, dass sie Ende der 1860er Jahre den Kaufmann Adolf Neisser, einen Angehörigen der weitverzweigten Breslauer Familie Neisser, heiratete, der als Soldat am 1870er Krieg gegen Frankreich teilnahm und nach der Jahrhundertwende mit einer langwierigen Krankheit zu kämpfen hatte, an der er schließlich noch vor Ausbruch des Ersten Weltkrieges starb.[14] Der Ehe entstammten eine früh verstorbene Tochter sowie ein Sohn, Emil, der später Arzt in Breslau wurde.

Die Vielzahl der nachgewiesenen Texte von Neisser legt die Vermutung nahe, dass sie sich dem Schreiben nicht aus reiner Neigung zugewendet hat, sondern sich möglicherweise aus finanziellen Gründen dazu veranlasst sah. Dafür könnte auch die Tatsache sprechen, dass vor allem in den ersten Jahren ihres Schaffens ihre Artikel vielfach auch unter Pseudonymen erschienen;[15] es ist allerdings aus der Geschichte weiblicher Autorschaft bekannt, dass viele Autorinnen zu Pseudonymen griffen, da sie von ihren Familien dazu genötigt wurden; auch im jüdischen Bürgertum des ausgehenden 19. Jahrhunderts galten Autorinnen, wie überhaupt Frauen, die einer Berufstätigkeit nachgingen, als existenzgefährdend für die bürgerliche Kultur, d.h. sie gefährdeten durch diese Berufstätigkeit die Institution Familie und dadurch den Staat in seiner Gesamtheit.[16]

In ihrem Nachruf auf den Kulturkritiker und langjährigen Herausgeber der wichtigsten jüdischen Zeitschrift des 19. Jahrhunderts, der *Allgemeinen Zeitung des Judentums*, Gustav Karpeles, erklärt Neisser, er sei es gewesen, der sie dazu angeregt habe, erste Beiträge gerade an diese Zeitschrift einzusenden.[17] Tatsächlich war Karpeles, der die Herausgeberschaft der *Allgemeinen Zeitung des Judentums* im Jahr 1890, nach dem Tode ihres Begründers Ludwig Philippson, übernommen hatte, offensichtlich von

---

[14] Vgl. Dr. Bloch's Wochenschrift 35 (1918), S. 601; vgl. auch Heppner, Jüdische Persönlichkeiten (wie Anmerkung 8), S. 33.

[15] Verwendet wurden u.a. die Kürzel R.N., R. Thal, Fr. Thal, R - r. Nicht einheitlich gestalten sich zudem die Schreibweisen des Nachnamens, der wechselweise „Neisser" oder „Neißer" geschrieben wurde. Bei den bibliographischen Nachweisen wird daher der jeweiligen Schreibweise in der Vorlage gefolgt.

[16] Vgl. dazu Kord, Susanne: Sich einen Namen machen. Anonymität und weibliche Autorschaft 1700–1900. Stuttgart 1996 (Ergebnisse der Frauenforschung; 41), S. 81.

[17] Neisser, Regina: Erinnerungen an Gustav Karpeles. In: Allgemeine Zeitung des Judentums 73 (1909), S. 370–371, hier S. 370.

Beginn an bestrebt, auch jüdische Frauen als Mitarbeiterinnen zu gewinnen. Jedenfalls zeigt ein Blick in die Inhaltsverzeichnisse der Jahrgänge nach 1890, dass ab diesem Zeitpunkt die Anzahl weiblicher Mitarbeiter erkennbar anstieg. Auch die Schriftstellerin Ulla Frankfurter-Wolff konnte Karpeles u.a. als Mitarbeiterin gewinnen.[18] (In diesem Zusammenhang sei daran erinnert, dass eine Geschichte jüdischer Journalistinnen in Deutschland ebenso wenig existiert, wie es eine Untersuchung darüber gibt, in welchen jüdischen wie nichtjüdischen Periodika diese jüdischen Journalistinnen publiziert haben und über welche Themen – auch dies ist noch ein Desiderat der Forschung). Die Zusammenarbeit mit Gustav Karpeles markiert den Ausgangspunkt von Neissers journalistischer ,Karriere‘, die über drei Jahrzehnte währen sollte. Neisser starb im Juli 1923, dem Krisenjahr der Weimarer Republik. Nachrufe über sie oder gar ein Foto von ihr konnten bislang nicht ausfindig gemacht werden.[19]

Am Anfang von Neissers journalistischen Arbeiten stehen Rezensionen über die Werke von jüdischen Autorinnen bzw. von Autorinnen, die über jüdische Themen schreiben; in der *Allgemeinen Zeitung des Judentums* lassen sich ihre Beiträge ab 1893 regelmäßig nachweisen. Zeitgleich erweiterte sie ihr Tätigkeitsfeld jedoch auch auf andere, nichtjüdische Periodika; zunächst waren es mehrheitlich Zeitschriften, deren Inhalte an weibliche Leser adressiert sind, die *Kölner Frauen-Zeitung*, die *Deutsche Hausfrauen-Zeitung*, die *Wiener Mode*, das *Töchter-Album*, später finden sich ihre Arbeiten auch in der von Paul Lindau begründeten Kulturzeitschrift *Nord und Süd*, in der lokalen Presse, u.a. in der Monatszeitschrift *Aus dem Posener Lande. Monatsblätter für Heimatkunde* sowie in pädagogischen Zeitschriften. Zu den wichtigsten jüdischen Periodika, in denen sie ihre Artikel veröffentlichte, zählen neben der *Allgemeinen Zeitung des Judentums*, *Dr. Bloch's (Österreichische)*

---

[18] Vgl. dazu von Glasenapp, Gabriele: Annäherung an Preußens östliche Kulturlandschaften. Oberschlesien und die Provinz Posen im Werk von Ulla Frankfurter-Wolff und Isaak Herzberg. In: Jüdische Autoren Ostmitteleuropas im 20. Jahrhundert. Hrsg. von Hans Henning Hahn und Jens Stüben. Frankfurt am Main 2000, S. 7–60, hier S. 28–29 sowie den Beitrag von Florian Krobb in diesem Band. Die hier verwendete Form des Namens (Frankfurter-Wolff) ist eine weitere von der Autorin gebrauchte Variante (vgl. Krobbs Verwendung der Namensformen Ulla Wolff-Frank und Ulrich Frank)[die Herausgeber].

[19] Die wirtschaftspolitische Krise der Republik schlug sich auch in der jüdischen wie nichtjüdischen Presse nieder: Eine Vielzahl der Periodika, für die Neisser publiziert hatte, etwa die *Allgemeine Zeitung des Judentums* oder die *Österreichische Wochenschrift* hatten ihr Erscheinen eingestellt, andere Zeitungen – darunter die *Jüdisch-liberale Zeitung* – erschienen in einem so reduzierten Umfang, dass offensichtlich kein Raum für Nachrufe mehr gegeben war.

Wochenzeitschrift, die anfangs noch in Breslau erscheinende *Jüdisch-liberale Zeitschrift*, der *Wiener Jüdische Volkskalender*, das *Israelitische Familienblatt Hamburg* sowie *Im deutschen Reich*, das Organ des Centralvereins deutscher Staatsbürger jüdischen Glaubens. Weiterhin lassen sich biographische Artikel Neissers in der seit 1901 in den USA erschienenen *Jewish Encyclopedia* nachweisen, u.a. über die jüdische Ärztin Lydia Rabinowitsch Kempner. Wie die Verbindungen zu den Redakteuren bzw. Herausgebern im Einzelfall zustande kamen, zumal beispielsweise Köln und Wien nicht gerade in unmittelbarer Nähe zu Breslau lagen, lässt sich heute nicht mehr eruieren, auch dies eine der zahlreichen Lücken in Neissers Biographie.

Im Rahmen von Neissers geographisch großem Wirkungskreis ist vor allem das im Umfeld von Breslau gesponnene Netzwerk der Publizistin kaum zu übersehen. Nicht nur schrieb Neisser mit Vorliebe über Persönlichkeiten, die entweder aus Breslau stammten oder dort ihr Wirkungsfeld hatten, auch die Verbindung zu einzelnen Publikationsorganen, die in Breslau ihren Sitz hatten, wie etwa zur *Jüdisch-liberalen Zeitung*, wird hier besonders manifest. Die Bekanntschaft mit Gustav Karpeles kam, wie Neisser schrieb, anlässlich eines Vortrages zustande, den dieser in Breslau gehalten hatte.[20] Es kann also davon ausgegangen werden, dass Neisser zum einen durch die Hilfe von Karpeles, der für eine Vielzahl von jüdischen wie nichtjüdischen Periodika tätig war, darunter in den Jahren zwischen 1872 und 1877 auch in Breslau,[21] Kontakte zu anderen Redakteuren knüpfen, sie sich zum anderen aber in zunehmendem Maße auch ihres eigenen Breslauer ‚Netzwerkes‘ bedienen konnte.

Dass Neisser, ähnlich wie Frankfurter-Wolff, ohne Zweifel eine gewisse Förderung von Seiten des von ihr verehrten Gustav Karpeles erfuhr, manifestiert sich nicht zuletzt in Neissers Engagement für den von Karpeles in den 1890er Jahren mitbegründeten Verband der Vereine für jüdische Geschichte und Literatur. Bereits um die Jahrhundertwende waren hier über 200 Ortsvereine zusammengeschlossen, deren Ziel vor dem Hintergrund des zunehmenden Antisemitismus darin bestand, ihre Mitglieder sowie Interessierte der nichtjüdischen Mehrheitsgesellschaft mit der Geschichte

---

[20] Neisser, Erinnerungen an Gustav Karpeles (wie Anmerkung 17), S. 370.
[21] Vgl. Gelber, Nathan M.: Gustav Karpeles. In: Encyclopaedia Judaica. Das Judentum in Geschichte und Gegenwart. Band IX. Berlin 1932, Sp. 1009. Da Karpeles zudem an der Breslauer Universität studiert und das dortige Jüdisch-Theologische Seminar besucht hatte, ist davon auszugehen, dass er über gute Kontakte in der Stadt sowie in der jüdischen Gemeinde verfügte.

und Literatur des Judentums bekannt zu machen.[22] Ab 1900 traten zunehmend auch Frauen als Vortragsredner in Erscheinung, unter ihnen Neisser, die zwischen 1900 und 1917 im Durchschnitt zwei Vorträge pro Jahr hielt. Es war offenbar üblich, dass die RednerInnen für diese Vorträge von Gemeinde zu Gemeinde reisten, und Neissers Wirkungsfeld erstreckte sich vor allem auf die Posener Lande, d.h. zunächst u.a. auf ihre Heimatstadt Lissa sowie Graetz, Neisse, Hirschberg, Thorn und Hohensalza, dann aber trat sie als Vortragsrednerin auch in Nord- und Ostdeutschland und schließlich sogar in Westfalen in Erscheinung.[23]

Es ist bekannt, dass weibliche Autorschaft bereits im Verlauf des 19. Jahrhunderts nicht selten verbunden war mit einer zunehmenden Mobilität von Frauen,[24] das traf offenbar auch auf Neisser zu, die nach dem Ersten Weltkrieg sogar mehrfach nach Wien zu Vorträgen eingeladen wurde.[25] Auch bei diesen Aktivitäten lässt sich nicht mehr rekonstruieren, ob und inwieweit sie Neissers eigenem Engagement für jüdische Angelegenheiten entsprangen oder ob Neisser sich genötigt sah, auch auf diese Weise zum Lebensunterhalt ihrer Familie beizutragen. Wie wenig dieses Feld erforscht ist, wird u.a. auch anschaulich durch die Tatsache manifestiert, dass nicht einmal Erkenntnisse darüber vorliegen, ob der Verband der Vereine für jüdische Geschichte und Literatur ein Budget für diese Vorträge unterhielt, d.h. ob diese Vorträge in der heute üblichen Weise honoriert wurden oder ob Mitglieder sich ehrenamtlich dafür zur Verfügung stellten.

Neissers Vorträge liegen nicht in schriftlicher Form vor, aber die Titel verweisen bereits auf einige der Schwerpunkte ihres Schaffens, d.h. auch ihres Schreibens. Dazu zählten von Beginn an biographische Texte, so finden sich u.a. Vorträge über Wilhelm von Humboldt und seine Beziehungen zum Judentum, über Moses Mendelssohn und über Berthold Auerbach, den Begründer der deutschen Dorfgeschichte; vor allem aber referierte Neisser über die Biographien bedeutender jüdischer Frauen des

---

[22] Vgl. von Glasenapp, Annäherung (wie Anmerkung 18), S. 29–30.

[23] Aufzählungen der Vorträge Neissers sowie aller anderen für den Verein tätigen Vortragenden finden sich in den *Mitteilungen aus dem Verband der Vereine für jüdische Geschichte und Literatur in Deutschland*, die dem Verbandsorgan, dem *Jahrbuch für jüdische Geschichte und Literatur*, beigebunden waren.

[24] Vgl. dazu Volkmann-Valkysers, Petra: Die Autorin atypischer Mädchenliteratur – Versuch einer Profilierung. In: Mädchenliteratur der Kaiserzeit. Zwischen weiblicher Identifizierung und Grenzüberschreitung. Hrsg. von Gisela Wilkending. Stuttgart 2003, S. 75–93, hier S. 88–90.

[25] Vgl. Dr. Bloch's Wochenschrift 24 (1907), S. 48 sowie Dr. Bloch's Wochenschrift 35 (1918), S. 601.

19. Jahrhunderts – ein Thema, das in unterschiedlichen Varianten am häufigsten in der langen Liste ihrer Vorträge auftaucht. Damit ist zugleich ein zweiter Schwerpunkt ihrer Arbeiten benannt: die Beschäftigung mit der Geschichte von Frauen. In den letzten Jahren ihrer Tätigkeit für den Verband der Vereine für jüdische Geschichte und Literatur, d.h. während des Ersten Weltkrieges, wird an den Vortragstiteln allerdings deutlich, dass sich ihre Beschäftigung mit frauenspezifischen Themen keineswegs ausschließlich auf Biographien und keineswegs auf die Vergangenheit beschränkte, denn nun lauteten die Titel der Vorträge u.a. „Die jüdischen Frauen und der Krieg" – und damit ist zugleich ein dritter Fokus ihres Schaffens benannt: die Auseinandersetzung mit frauenspezifischen Fragestellungen der Gegenwart.

Im Unterschied zu Neissers Vorträgen lassen sich ihre Beiträge für die verschiedenen Zeitschriften wenigstens zum Teil durchaus rekonstruieren. Auf inhaltlicher Ebene können zum einen unschwer die bereits genannten Schwerpunktsetzungen ausgemacht werden, zugleich jedoch ist das thematische Spektrum deutlich erweitert: Es finden sich zahlreiche Abhandlungen über die Lektüren jüdischer wie nichtjüdischer Mädchen,[26] weiterhin einzelne Erzählungen, die sich teilweise, aber nicht durchgängig mit jüdischen Stoffen und Themen beschäftigten,[27] Würdigungen herausragender jüdischer Literaten vor allem des 19. Jahrhunderts, darunter der englischen Autorin Grace Aguilar,[28] Julius Rodenbergs[29] sowie immer wieder Berthold Auerbachs.[30] Ergänzt werden diese Würdigungen deutschjüdischer Autoren und Autorinnen durch zahlreiche Rezensionen ihrer

---

[26] Vgl. dazu den letzten Abschnitt des vorliegenden Aufsatzes.

[27] Vgl. u.a. Neisser, Regina: Nur ein Mädchen. In: Töchter-Album 43 (1897), S. 227–242; Neisser, Regina: Treu bis in den Tod. Historisch-biographische Erzählung. In: Kölner Frauen Zeitung 4 (1898), Nr. 29–40; Neisser, Regina: Sieg der Liebe. Novelette. In: Allgemeine Zeitung des Judentums 74 (1910), Nr. 9–10.

[28] Neißer, Regina: Dem Andenken einer Frühvollendeten: Grace Aguilar. Zur 100. Wiederkehr ihres Geburtstages den 2. Juni 1916. In: Allgemeine Zeitung des Judentums 89 (1916), S. 271–272.

[29] Vgl. u.a. Neisser, Regina: Julius Rodenberg [zum 70. Geburtstag]. In: Allgemeine Zeitung des Judentums 65 (1901), S. 296–298; Neisser, Regina: Julius Rodenberg. Zu seinem 75. Geburtstag am 28. Juni 1906. In: Israelitisches Familienblatt Hamburg 9 (1906), Nr. 27, S. 6; Neisser, Regina: Kindheitserinnerungen [Rezension von Julius Rodenbergs Kindheitsautobiographie *Aus der Kindheit*]. In: Allgemeine Zeitung des Judentums 71 (1907), S. 236.

[30] Neißer, Regina: Berthold Auerbach. Ein Gedenkblatt. In: Allgemeine Zeitung des Judentums 86 (1922), S. 80–81.

Werke; zu nennen wären hier die Briefe der Rahel Varnhagen,[31] sowie die Ghettoerzählungen von Karl Emil Franzos[32] und Ulla Frankfurter-Wolff, die diese unter dem Pseudonym Ulrich Frank verfasst hatte.[33] Von Bedeutung sind ebenfalls einige autobiographisch basierte Artikel, möglicherweise Vorstudien für eine größere Autobiographie, die aber nicht (mehr?) ausgeführt wurde.[34] Vor allem aber war die Publizistin Neisser Rezensentin: Im Laufe ihres dreißigjährigen Schaffens hat sie für unterschiedliche Zeitschriften Hunderte von Rezensionen verfasst, in denen sich ihre Interessen erneut in auffälliger Weise abbilden.

> Goethe hat einmal den Ausspruch getan: ‚Man wird nicht müde, Biographien zu lesen, so wenig als Reisebeschreibungen, denn man lebt mit Lebendigen.‘ Immer mehr ist auch in den letzten Jahrzehnten die Vorliebe für biographische Lektüre, Memoirenwerke und Briefsammlungen gewachsen.[35]

Mit diesen programmatischen Sätzen leitet Neisser ihre nicht minder programmatische Rezension über die Kindheitsautobiographie der späteren Schriftstellerin Hedwig von Olfers (1799–1891) ein. Aus mehreren Gründen kann dieser umfangreichen Rezension innerhalb von Neissers publizistischem Werk nicht nur eine programmatische, sondern auch eine paradigmatische Bedeutung zugewiesen werden. Zunächst auf der Gattungsebene: Wie bereits erwähnt, markieren biographische Abhandlungen, Essays, Artikel und Betrachtungen einen zentralen Bestandteil innerhalb von Neissers publizistischem Werk. Neisser selbst maß gerade dieser Literaturgattung eine so zentrale Bedeutung zu, dass sie für biographisches Schreiben sogar eine weitere Textsorte usurpierte: die Rezension. Ein Großteil von Neissers Rezensionen haben Erinnerungsliteratur

---

[31] Neisser, Regina: Rahel Varnhagen. Ein Frauenleben in Briefen [Rezension]. In: Allgemeine Zeitung des Judentums 84 (1920), S. 167–168.

[32] Vgl. u.a. Neisser, Regina: Karl Emil Franzos [Nachruf]. In: Dr. Bloch's Wochenschrift 21 (1904), S. 85.

[33] Vgl. Neissers Rezensionen von Franks Erzählbänden *Simon Eichelkatz und Anderes* (in: Dr. Bloch's Wochenschrift 20 (1903), S. 583) und *Beim Patriarchen. Die Todten* (ebd., S. 807–808).

[34] Vgl. die Artikelserie „Aus den Lebenserinnerungen einer alten Frau", die ohne Nennung der Verfasserin in unregelmäßigen Abständen in den ersten beiden Jahrgängen der *Jüdisch-liberalen Zeitung* abgedruckt wurden. Insgesamt erschienen sechzehn Folgen der Erinnerungen, die sich jedoch ausschließlich auf Kindheit und Jugend von Neisser konzentrieren.

[35] Neißer, Regina: Aus vergangenen Tagen. In: Allgemeine Zeitung des Judentums 73 (1909), S. 476–478, hier S. 476.

(Biographien, Memoiren, Autobiographien) zum Gegenstand, die die Verfasserin vielfach dazu nutzte, den Biographierten bzw. den Verfasser der Autobiographien ihrerseits noch einmal zu biographieren. Das Werk selbst erfährt dabei nicht selten kaum noch Beachtung, es verbleibt bei einer bibliographischen Notiz in den Fußnoten. Wie auch im Falle Hedwig von Olfers', sind es in der überwiegenden Mehrheit Frauen, die von Neisser biographiert und deren Lebensgeschichten auf diese Weise erinnert werden.

Es ist anzunehmen, dass sich Neisser neben ihrer eigenen Vorliebe für die Textsorte Biographie von zwei innerhalb der jüdischen Geschichtsforschung bedeutenden Publikationen anregen ließ, zum einen von Meyer Kayserlings 1879 erschienener Monographie *Die jüdischen Frauen in der Geschichte, Literatur und Kunst*, einem Werk, das Neisser selbst mit einer ausführlichen Würdigung bedacht hatte,[36] sowie von Gustav Karpeles' zehn Jahre später erschienener Abhandlung *Die Frauen in der jüdischen Literatur*. Das Spektrum von Neissers Biographien gestaltet sich jedoch weitaus breiter als jenes ihrer Vorgänger. Zum einen biographierte Neisser keineswegs ausschließlich kanonisierte Frauengestalten, d.h. aus der Bibel sowie aus der jüdischen Geschichte, sondern in ebensolchem Maße auch zeitgenössische Persönlichkeiten, zum anderen auch keineswegs ausschließlich jüdische Frauen. Im Gegenteil, wahrscheinlich finden sich unter ihren Texten die Lebensbeschreibungen von ebenso vielen jüdischen wie nichtjüdischen Frauen.

Es kann nicht mehr rekonstruiert werden, ob Neisser eine Strategie verfolgte, gerade diese Frauen zu biographieren, ob es sich um Auftragsarbeiten oder um eigene Interessen handelte, die biographischen Arbeiten erlaubten Neisser jedoch, sich selbst sehr deutlich hinsichtlich ihrer eigenen Position als jüdische Publizistin zu positionieren. Und in diesem Kontext lässt sich durchaus eine gewisse Strategie, ein Muster rekonstruieren. Neisser selbst hat sich in ihren spärlichen autobiographischen Äußerungen immer explizit als Anhängerin eines liberalen Judentums bezeichnet, d.h. als Anhängerin jener innerjüdischen Richtung, deren Akkulturationsbestrebungen, deren Selbstverständnis als *deutsche* Juden stärker ausgeprägt war als dies innerhalb des Reform-, des konservativen und des neo-orthodoxen Judentums der Fall war. So schrieb sie im ersten Jahrgang der Zeitschrift *Liberales Judentum*:

---

[36] Neisser, Regina: Das Jubiläum eines Buches. In: Allgemeine Zeitung des Judentums 68 (1904), S. 440.

‚Liberales Judentum!' Für mein Ohr war diese Bezeichnung Musik! Für mein Herz ein Jubelruf! Gehöre ich doch selbst seit einem halben Jahrhundert, ja noch länger, dem ‚liberalen Judentum' durch Vererbung und Ueberlieferung, durch eigene Sympathie seitdem ich denken kann, an. [...] In das Paradies meiner Kindheit fielen zwar sehr friedlich auch schon die Gegensätze von ‚orthodox' und ‚liberal', die meine beiden Großväter, gesegneten Andenkens, jeder in seiner Art gleich fromm, gleich verehrungswürdig, verkörperten. ‚Liberales Judentum'! Wie ein rot-goldener Faden zieht sich dieser Begriff durch mein langes, ernstes, aber auch reiches Leben! Was Wunder, daß ich die Bewegung, die seit kurzem durch die Judenheit geht, mit höchstem Interesse begleite! Und wohin mein Blick fällt, wohin mein Ohr hört, überall, in den Reihen all derer, die ‚liberale', aber doch ‚treue' Juden sind, findet dieser frische, kräftige Hauch begeistert Anklang![37]

Es ist davon auszugehen, dass Neisser gerade in dieser Hinsicht durch ihr Leben in Breslau in entscheidender Weise geprägt worden ist. Im Unterschied zu vielen anderen jüdischen Gemeinden in Deutschland hatte die Gemeinde in Breslau trotz z.T. heftiger innerreligiöser Auseinandersetzungen zu Beginn des 19. Jahrhunderts ihren Status als Einheitsgemeinde bewahren können, d.h. sie zerfiel nicht in einander verfeindete reformorientierte bzw. neo-orthodoxe Lager, die eine entsprechende Parteinahme hätten notwendig werden lassen. So pflegte Neisser, trotz ihres eindeutigen Bekenntnisses zu einem reformorientierten Judentum gute Beziehungen zu dem in Breslau ansässigen, eher konservativ orientierten Jüdisch-Theologischen Seminar.[38]

In ihren Biographien konnte Neisser – und auch in dieser Hinsicht müssen ihre Ausführungen über Hedwig von Olfers als paradigmatisch bezeichnet werden – dieser Haltung explizit Ausdruck verleihen. Trotz aller Unterschiede der biographierten Frauen kristallisiert sich bei genauer Analyse doch ein gemeinsames Muster heraus: Immer geht es um das Verhältnis zwischen deutscher Mehrheitsgesellschaft und deutsch-jüdischer Minderheit. Dabei wird in den Biographien nichtjüdischer Personen deren Verhältnis zum Judentum analysiert – und ausschließlich positiv bewertet, während in den Biographien jüdischer Frauen deren ebenfalls uneingeschränkt positives Verhältnis zur nichtjüdischen Mehrheitsgesellschaft fokussiert wird. Für diese explizite Akzentuierung ließ sich Neisser nicht nur auf komplexe, sondern mitunter auch auf verschlungene Argumentationsgänge ein. So auch im Falle der Autobiographie Hedwig

---

[37] Neißer, Regina: Liberales Judentum und moderne Mädchenerziehung. In: Liberales Judentum. Monatsschrift für die religiösen Interessen des Judentums 1 (1908/09), S. 313–314.

[38] Vgl. Dr. Bloch's Wochenschrift 35 (1918), S. 601 in einem nicht gezeichneten Artikel anlässlich von Neissers 70. Geburtstag.

von Olfers'. Im Zentrum von Neissers Ausführungen steht nämlich nicht die Biographie Hedwigs, sondern die ihres „trefflichen Elternpaare[s]"[39] und hier vor allem ein Abschnitt aus dem Leben ihres Vaters, Friedrich August Freiherr von Staegemann, der als enger Mitarbeiter der preußischen Reformer Stein und Hardenberg in die Geschichte eingegangen ist. 1814 nahm er als Mitarbeiter der preußischen Gesandtschaft am Wiener Kongress teil und kam in diesem Zusammenhang in engen Kontakt mit den bedeutenden jüdischen Familien der Stadt, vor allem mit den Familien Eskeles und Pereira-Arnstein, in deren Salons er bald ein- und ausging. Neisser konzentrierte sich in ihrer Darstellung vorrangig auf diese Begegnung zwischen preußischem Beamtentum und den kulturtragenden jüdischen Familien – eine Begegnung, bei der die erfolgreichen Akkulturationsbestrebungen der jüdischen Minderheit ebenso her-ausgestrichen werden wie die uneingeschränkte Anerkennung und Akzeptanz, die diesen Bestrebungen von nichtjüdischer Seite – aus Neissers Perspektive – zuteil wird. Einen Höhepunkt in der literarischen Vergegenwärtigung geglückter Akkulturationsbestrebungen markieren jene biographischen Artikel Neissers über bekannte nichtjüdische Persönlichkeiten, wie etwa die Schriftstellerin Malwida von Meysenbug oder die Pianistin Clara Schumann, die ausschließlich deren Beziehungen zum Judentum fokussieren und dies auch bereits in ihrer Überschrift unmissverständlich signalisieren.[40]

Auf diese Weise dienten Neissers Biographien einem doppelten Zweck: Sie erinnern die Geschichte bzw. das aktuelle Wirken jüdischer wie nichtjüdischer Frauen, und – möglicherweise wichtiger noch – sie erzählen die Geschichte eines geglückten Akkulturationsprozesses in Geschichte und Gegenwart, d.h. die Biographien sollten vor allem jüdischen Lesern immer wieder der eigenen Selbstvergewisserung und Positionsbestimmung dienen. Nicht ohne Grund legte Neisser ihren jüdischen LeserInnen immer wieder gerade die Biographien nichtjüdischer Frauen in besonderer Weise ans Herz: „[...] als ein Frauenbuch besonderer Güte sei dieses ausgezeichnete Werk insbesondere der Frauenwelt jüdischen Glaubens warm empfohlen".[41]

Es soll an dieser Stelle nicht unerwähnt bleiben, dass von Neisser dieses Darstellungsmuster, die Fokussierung auf einen erfolgreichen Akkulturationsprozess, dem von nichtjüdischer Seite auch stets die

---

[39] Neisser, Aus vergangenen Tagen (wie Anmerkung 35), S. 476.
[40] Vgl. u.a. Dr. Bloch's Wochenschrift 33 (1916), S. 708–710 sowie Allgemeine Zeitung des Judentums 83 (1919), S. 419–420.
[41] Neisser, Aus vergangenen Tagen (wie Anmerkung 35), S. 478.

gebührende Anerkennung zuteil wurde, auch in nichtbiographischen Artikeln, z.B. über die Leistungen und den Patriotismus jüdischer Soldaten während der von den deutschen Staaten geführten Kriegen wiederholt aufgerufen wurde.[42] Es muss aber ebenfalls hervorgehoben werden, dass sich dieses Darstellungsmuster ausschließlich in den Arbeiten Neissers findet, die in jüdischen Periodika erschienen. Artikel, die in nichtjüdischen Zeitschriften veröffentlicht wurden – selbst wenn sie über dieselbe Persönlichkeit handelten – weisen diese Bezüge zum Judentum nicht (mehr) auf. Inwieweit in diesen Fällen explizite Vorgaben der jeweils zuständigen Redakteure zum Tragen kamen, konnte nicht ermittelt werden.

Eine besondere Stellung kommt Neissers Biographien – gleichgültig in welcher literarischen Form – über jüdische Frauenrechtlerinnen zu und hier insbesondere den Biographien über Lina Morgenstern und Henriette Goldschmidt. Vor allem Lina Morgenstern, die Neisser in den 1880er Jahren in Breslau kennen gelernt hatte, und für deren 1874 begründete *Deutsche Hausfrauen Zeitung* sie zahlreiche Beiträge verfasste, fühlte sie sich offensichtlich eng verbunden. Morgenstern und ihre Mitstreiterinnen hatten sich bereits Mitte der 1860er Jahre im Zuge der Gründung des Allgemeinen Deutschen Frauenvereins, der auch von jüdischen Organisationen unterstützt wurde, explizit für die Berufstätigkeit von Frauen eingesetzt. 1894 schlossen sich die bürgerlichen Frauenverbände schließlich zum Bund deutscher Frauenvereine zusammen, dem ebenfalls zahlreiche jüdische Organisationen angehörten. Im Juni 1904 kam es dann im Kontext eines Internationalen Frauenkongresses zur Gründung des Jüdischen Frauenbundes – die Bezeichnung „Bund" sollte auf die Nähe und gemeinsamen Ziele des Bundes deutscher Frauenvereine verweisen, deren erste Vorsitzende bekanntermaßen Bertha Pappenheim war.[43]

Neisser hatte die einzelnen Stadien dieser ersten Zusammenschlüsse nichtjüdischer wie jüdischer Frauen mit großem Interesse verfolgt und versuchte ganz offensichtlich durch ihre Artikel den Zielen der bürgerlichen Frauenbewegung, nämlich Berufsausbildung für Mädchen, Stärkung des sozialen Netzes für Frauen, Bekämpfung des Mädchenhandels, auch eine publizistische Plattform zu verschaffen. Sie war zudem seit 1908 Mitglied im Vorstand der Breslauer Ortsgruppe des

---

[42] Vgl. u.a. Neisser, Regina: Zum Kapitel „Jüdische Soldaten". In: Allgemeine Zeitung des Judentums 69 (1905), S. 156.

[43] Vgl. dazu die Ausführungen von Kaplan (wie Anmerkung 6).

Jüdischen Frauenbundes, eine Position, die sie erst kurz vor ihrem Tode aufgrund ihres angegriffenen gesundheitlichen Zustandes wieder aufgab.[44]

Neissers publizistische Arbeiten im Kontext der deutsch-jüdischen Frauenbewegung zeichnen sich im Wesentlichen durch drei Schwerpunktsetzungen aus:

Wie erwähnt, veröffentlichte sie zahlreiche Biographien über Leben und Wirken der Protagonistinnen der jüdischen Frauenbewegung, wobei hier allerdings deutliche Akzentsetzungen zu konstatieren sind: Es finden sich wiederholt Artikel vor allem über die Fröbel-Anhängerinnen Lina Morgenstern und Henriette Goldschmidt,[45] keine Auseinandersetzung hingegen mit dem Wirken und der Person Bertha Pappenheims, wiewohl ihr Name mehrfach in Neissers Berichten über die Aktivitäten der einzelnen Ortsgruppen erwähnt wird und sie auch bereits als Rezensentin von Pappenheims literarischem Werk in Erscheinung getreten war.[46]

Neben den biographischen Arbeiten setzte sich Neisser in zahlreichen Artikeln mit den Zielen der allgemeinen wie der jüdischen Frauenbewegung auseinander,[47] wobei sie sich argumentativ eng an den Darlegungen von Morgenstern und Goldschmidt orientierte. Eindeutig war es hier nicht Neissers Intention, sich als eine Vordenkerin der Frauenbewegung zu präsentieren, sondern deren Zielen durch ständige publizistische Wiederholung einen großen Bekanntheitsgrad und damit eine möglichst breite Plattform zu verschaffen. Im Unterschied zu den Vertreterinnen der bürgerlichen Frauenbewegung fokussierte Neisser ihre Ausführungen bis auf wenige Ausnahmen allerdings vorrangig auf das Thema der Berufsbildung von Mädchen und jungen Frauen, die von ihr

---

[44] Vgl. dazu eine entsprechende, nicht gezeichnete Notiz in: Israelitisches Familienblatt Hamburg 26 (1923), Nr. 17, S. 3.

[45] Vgl. u.a. Neisser, Regina: Henriette Goldschmidt. In: Wegweiser für die Jugendliteratur 5 (1909), S. 35–38; Neisser, Regina: Aus Henriette Goldschmidts jungen und alten Tagen. In: Allgemeine Zeitung des Judentums 79 (1915), S. 559–561; dies.: Henriette Goldschmidt [Nachruf]. In: Allgemeine Zeitung des Judentums 84 (1920), S. 48; Neisser, Regina: Zwei Geburtstagskinder. Eine Spätherbstbetrachtung [zum 80. Geburtstag von Henriette Goldschmidt und zum 75. Geburtstag von Lina Morgenstern]. In: Allgemeine Zeitung des Judentums 69 (1905), S. 561–562.

[46] Vgl. u.a. Neissers Rezension von Pappenheims Erzählband *Kämpfe. Sechs Erzählungen.* In: Dr. Bloch's Wochenschrift 34 (1917), S. 372.

[47] Vgl. u.a. Neisser, Regina: Die Frauenfrage an der Wende des Jahrhunderts. In: Allgemeine Zeitung des Judentums 64 (1900), S. 9–10; Neisser, Regina: Zur Frauenfrage. In: ebd., S. 268–269; Neisser, Regina: Die Eröffnung der Hochschule für Frauen in Leipzig. In: Allgemeine Zeitung des Judentums 75 (1911), S. 547–548; Neisser, Regina: Zum fünfzigjährigen Jubiläum der deutschen Frauenbewegung. In: Allgemeine Zeitung des Judentums 79 (1915), S. 115–116.

immer wieder eingefordert wurde. Fragen des Wahlrechts für Frauen, der sozialen Problematik, des Mädchenhandels, wurden hingegen von ihr nicht aufgegriffen. Sowohl die Biographien über die Frauenrechtlerinnen als auch die Artikel über die Ziele der bürgerlichen allgemeinen wie jüdischen Frauenbewegung veröffentlichte Neisser seit den 1890er Jahren in jüdischen wie nichtjüdischen Periodika, wobei in jüdischen Periodika der jüdische Kontext der Frauenbewegung naturgemäß stärker hervorgehoben wird, in nichtjüdischen Zeitschriften hingegen zwar mitunter fast bis in den Wortlaut hinein die gleiche Argumentation verfolgt wird, mehrheitlich jedoch auch hier unter fast völliger Aussparung bzw. unter Ersetzung des Adjektivs „jüdisch" durch das Adjektiv „deutsch". Auch in diesen Fällen lässt sich nicht mehr rekonstruieren, inwieweit dies auf Maßgaben der jeweiligen Redakteure zurückgeht, es kann aber festgehalten werden, dass das in den Biographien inszenierte Akkulturationsideal in Neissers Veröffentlichungen über die Frauenbewegung nunmehr einer völligen Dichotomie bzw. einem fast beziehungslosen Nebeneinander von jüdischer und nichtjüdischer Frauenbewegung gewichen ist.

Die fast dichotomische Anwendung der Begriffe „deutsch" und „jüdisch" lässt sich auch in jenen Artikeln Neissers nachweisen, die dem dritten Themenbereich im Kontext ihrer Auseinandersetzung mit der Frauenbewegung zuzuordnen sind – den zahlreichen Arbeiten über die Lektüre von heranwachsenden Mädchen, ein Thema, mit dem sich Neisser seit Beginn ihres Schreibens in den 1890er Jahren immer wieder beschäftigt hatte.[48] Da im Zentrum dieser Ausführungen jedoch das Schreiben einer *jüdischen* Autorin steht, sollen hier nur jene Äußerungen Neissers Berücksichtigung finden, die für die jüdischen Aspekte ihrer Lektürepädagogik von Relevanz sind.

Es gilt festzuhalten, dass Neisser mit der Hinwendung zu literaturpädagogischen Fragestellungen sich erstmals einem Feld zuwandte, mit dem sich bislang weder die deutsche noch die jüdische Frauenbewegung befasst hatte: der Fragestellung nämlich, welche Lektüre für ein ‚modernes' (jüdisches) Mädchen zu empfehlen sei.[49] Mit dem

---

[48] Vgl. u.a. Neisser, Regina: Was sollen unsere Töchter lesen? In: Allgemeine Zeitung des Judentums 57 (1893), S. 451–453; der gleiche Artikel erschien unter derselben Überschrift, aber ohne die jüdischen Bezüge zwei Jahre später in: Kölner Frauen-Zeitung 1 (1894/95), Nr. 37 und 39; Neisser, Regina: Jugendlektüre. Ein Wort an die Mütter. In: Wegweiser für die Jugendliteratur 1 (1905), S. 25–26; Neisser, Regina: Mädchenlektüre. In: Israelitisches Familienblatt Hamburg 9 (1906), Nr. 38 und 39.

[49] Zur jüdischen Mädchenliteratur vgl. Völpel, Annegret: Deutschsprachige jüdische Mädchenliteratur als Medium jüdischer und weiblicher Emanzipation. In: Inszenierung

Aufgreifen gerade dieser Fragestellung forderte Neisser implizit einen – bislang unterbliebenen – Schulterschluss zwischen jüdischer Frauenbewegung und jenen pädagogischen Kräften, die sich die Förderung jüdischer wie allgemeiner Jugendliteratur auf ihre Fahnen geschrieben hatten. Zugleich verwies sie mit ihrer Forderung implizit auf die Tatsache, dass sich die Frauenbewegung der Frage der Jugendlektüre gar nicht angenommen hatte, während die jüdische Literaturpädagogik in ihren Diskursen bislang nicht auf die Frage eingegangen war, ob für weibliche Leser auch eine geschlechtsspezifische Literatur zur Verfügung gestellt werden müsse.

Zugleich jedoch knüpfte Neisser mit ihrer Forderung an bereits bestehende pädagogische Diskurse über Formen und Inhalte einer modernen Jugendliteratur an.[50] Schon in den 1890er Jahren war im Kontext der sogenannten Kunsterziehungsbewegung die Jugendschriftenbewegung entstanden, in der sich vorrangig Hamburger Reformpädagogen um den Lehrer Heinrich Wolgast engagierten. In seiner berühmten Kampfschrift *Das Elend unserer Jugendliteratur* von 1896 hatte Wolgast ein Ende der den Markt beherrschenden nationalistischen, rassistischen sowie der aus seiner Sicht ästhetisch minderwertigen Jugendschriften gefordert, eine Auffassung, die in die vielfach zitierte Forderung mündete: „Die Jugendschrift in dichterischer Form muß ein Kunstwerk sein". Das hieß in letzter Konsequenz eine Ablehnung jeglicher spezifischer Jugendliteratur, stattdessen sollte nun jeder ästhetisch hochwertigen Schrift die Eigenschaft zugesprochen werden können, eine potenzielle Jugendlektüre zu sein.

Diese Auffassung hatten sich in expliziter Übernahme der Wolgast'schen Maxime auch die jüdischen Lehrerverbände zu eigen gemacht[51] und propagierten sie in den jüdisch-pädagogischen Zeitschriften, darunter in dem *Wegweiser für die Jugendliteratur* sowie in den in Hamburg erschienenen *Blätter[n] für Erziehung und Unterricht*, der

---

von Weiblichkeit. Weibliche Kindheit und Adoleszenz in der Literatur des 20. Jahrhunderts. Hrsg. von Gertrud Lehnert. Köln 1996, S. 235–255; Völpel, Annegret: Deutsch-jüdische Mädchenliteratur zwischen Kulturwahrung und Emanzipation. In: Jüdisches Kinderleben im Spiegel jüdischer Kinderbücher. Hrsg. von Helge-Ulrike Hyams. Oldenburg 2005, S. 205–214.

[50] Zu diesen Debatten vgl. Ewers, Hans-Heino: Eine folgenreiche, aber fragwürdige Verurteilung aller „spezifischen Jugendliteratur". Anmerkungen zu Heinrich Wolgasts Schrift *Das Elend unserer Jugendliteratur* von 1896. In: Theorien der Jugendlektüre. Beiträge zur Kinder- und Jugendliteraturkritik seit Heinrich Wolgast. Hrsg. von Bernd Dolle-Weinkauff und Hans-Heino Ewers. Weinheim 1996, S. 9–25.

[51] Vgl. von Glasenapp, Gabriele; Michael Nagel: Das Jüdische Jugendbuch. Von der Aufklärung bis zum Dritten Reich. Stuttgart 1996, S. 98ff.

pädagogischen Beilage des *Israelitischen Familienblattes Hamburg*, Periodika, in denen Neisser bereits seit der Jahrhundertwende regelmäßig Beiträge u.a. auch zu literaturpädagogischen Fragestellungen publiziert hatte. Dabei lassen sich in ihren Ausführungen durchgängig drei zentrale Argumentationsmuster erkennen:

Erstens sei es unabdingbar, dass weiblichen Heranwachsenden in Zeiten, denen eine Berufsausbildung für Frauen eine nicht mehr verhandelbare Notwendigkeit ist, auch eine geeignete Lektüre zur Verfügung gestellt werden müsse. Das gelte insbesondere für Mädchen jüdischer Herkunft.

Zweitens sollten auch und gerade jüdische Mädchen nicht zu ästhetisch minderwertigen Lektüren greifen. Da aber die Mehrheit der spezifischen Jugendschriften die ästhetischen Qualitätskriterien nicht erfülle, könnten diese Schriften – in Anlehnung an die Maxime Wolgasts – keine geeignete Lektüre darstellen und seien daher abzulehnen. Es gelte aus der bereits vorhandenen allgemeinen Literatur geeignete Werke für weibliche Jugendliche auszuwählen und sie den Leserinnen zugänglich zu machen.

Drittens sei gerade bei jüdischen Mädchen eine besondere Aufmerksamkeit seitens der Pädagogen gefordert, da sie oftmals zu der sehr populären nichtjüdischen Mädchenlektüre griffen, in der vielfach nicht nur nicht-jüdische, sondern mitunter auch explizit christliche oder antijüdische Inhalte transportiert würden.

Neisser forderte nun, heranwachsenden jüdischen Mädchen die gleiche Literatur in die Hand zu geben wie männlichen Heranwachsenden. Und das hieß: Texte aus der allgemeinen Literatur, Texte von jüdischen Autoren mit jüdischen Inhalten, und zwar sowohl erzählende, d.h. unterhaltende als auch belehrende Literatur sowie Sachschriften. Eine besondere Rolle spricht Neisser in diesem Kontext der geschichtserzählenden Literatur zu, durch die die jugendlichen LeserInnen Kenntnisse von der jüdischen Vergangenheit erhalten sollten, um auf diese Weise ihre Identität zu stärken und sich den Aufgaben der Gegenwart zu stellen. Wie sehr Neisser in diesem Kontext von dem Konzept einer Literatur mit primär didaktischer Zielsetzung überzeugt war, manifestiert sich auch in ihrem zweiten Argumentationsstrang, wonach die Lektüre von Biographien und zwar von Biographien jüdischer Vorbildgestalten besonders zu befürworten sei, eine Forderung, die allerdings bereits zu diesem Zeitpunkt unter jüdischen Pädagogen nicht mehr unumstritten war.[52]

Setzt man jedoch Neissers Ausführungen über jüdische Mädchenlektüre in Beziehung zu ihren autobiographischen Aufzeichnungen, so ist auffällig,

---

[52] Glasenapp/Nagel (wie Anmerkung 51), S. 105ff.

wie sehr Neisser auf ihre eigene Lektürebiographie als Heranwachsende rekurriert. Denn folgt man den Ausführungen in ihren Erinnerungen, so entstammte sie einer Familie, in der beide Elternteile begeisterte Leser waren:

> Mein Vater war für die damalige Zeit sehr gebildet [...] und blieb für sein ganzes [Leben] von geistigen Interessen und für alle die Welt bewegenden Zeitfragen erfüllt, wie er unentwegt viel und gerne las. Meine Mutter [...] las ebenfalls viel und gern.[53]

Vor allem aber sich selbst inszeniert Neisser in ihrer Kindheit als begeisterte Leserin: Bei der Aufzählung der von ihr ‚verschlungenen' Romane fällt auf, dass es sich dabei um Werke sowohl jüdischer wie nichtjüdischer Autoren handelte, darunter auch um sogenannte atypische Mädchenlektüre[54] – und dass Neisser bereits als Heranwachsende genau jene Werke gelesen hatte, die sie sechzig Jahre später ihrerseits als Lektüre für jüdische Mädchen empfahl.

> Mit meiner Lesewut wuchs meine Vorliebe für Geschichte und Litteratur [!], auch Mythologie war mir sympathisch; ich las die Romane *Jakob Tirado, Sepphoris und Rom* und das Lebensbild der kurz zuvor 1858 heimgegangenen großen französischen Tragödin Rachel, Schriften, die das Institut zur Förderung der israelitischen Literatur herausgegeben hatte, daneben alle Romane, die die Mutter las, namentlich die historischen der Mühlbach, *Prinz Louis Ferdinand* von Fanny Lewald, was die Mutter seufzend und nunmehr schweigend, da sie nicht dagegen ankämpfen konnte, duldete [...].[55]

So ist es kein Zufall, dass Neisser mit ihren Vorstellungen auf Konzepte zurückgriff, die von jüdischen Pädagogen bereits im 19. Jahrhundert entworfen worden waren, nämlich auf die Orientierung an der jüdischen Vergangenheit, um den Herausforderungen der Gegenwart gewachsen zu sein. Nur so könne Literatur ihre primäre Aufgabe, nämlich als ein Medium

---

[53] [o. Vf.]: Lebens-Erinnerungen einer alten Frau. In: Jüdisch-liberale Zeitung 1 (1921); Nr. 27, S. 3.

[54] Vor allem historische Romane galten noch bis ins ausgehende 19. Jahrhundert als sogenannte atypische Mädchenliteratur, ungeachtet der Tatsache, dass Mädchen nachweislich gerade zu diesem Genre griffen. Vgl. zur Begrifflichkeit: Wilkending, Gisela: Abenteuerroman, Reiseerzählung, Biographie, historischer Roman und Kriegserzählung. Atypische Literatur für junge Leserinnen. In: Lesesozialisation in der Mediengesellschaft. Hrsg. von Norbert Groeben. Tübingen 1999 (IASL Sonderheft; 10), S. 161–174.

[55] [o. Vf.]: Lebens-Erinnerungen einer alten Frau. In: Jüdisch-liberale Zeitung 1 (1921), Nr. 31, S. 3. Über weitere Lektüren vgl. ebd., Nr. 32, S. 3.

der Identitätsvergewisserung zu dienen, wahrnehmen. Zugleich jedoch beschritt Neisser mit diesen Konzepten pädagogisches Neuland, wenn sie forderte, die Lektüre jüdischer Mädchen nach den selben Maßgaben wie jene von männlichen Jugendlichen zu beurteilen.

Dass die Forderungen Neissers in naher Zukunft auch Rückwirkungen auf die *Produktion* von jüdischer Literatur haben würden, liegt auf der Hand. Sehr bald schon wurden Forderungen laut nach einer spezifischen und nunmehr auch gegenwartsorientierten Lektüre für jüdische Mädchen, Forderungen, die jedoch erst nach Ende des Ersten Weltkrieges, in den 1920er Jahren, umgesetzt werden konnten. Es ist daher bezeichnend, dass die Epoche der Weimarer Republik als eine Blütezeit der modernen jüdischen Kinder- und Jugendliteratur in die Literaturgeschichte eingegangen ist:

> Die erzählende Mädchenliteratur des deutschen Judentums entwickelte im frühen 20. Jahrhundert ein breit ausdifferenziertes Textspektrum, das von jugendliterarischen Anleihen bei der Frauenliteratur über Adoleszenzromane und Pensionsgeschichten bis zu neuartigen kinderliterarischen Entwürfen einer jüdischweiblichen Kindheit reicht. In dieser Mädchenliteraturgruppe wurden Weiblichkeitsvorstellungen intensiv, kontrovers und in Verbindung mit Emanzipationsstreben erörtert. Rezeptionsgeschichtlich wurde mit diesen Lesestoffen unwiderruflich ein säkulares und extensives Lektüreverhalten für jüdische Mädchen durchgesetzt.[56]

Zusammenfassend lässt sich festhalten, dass die Journalistin und Literaturpädagogin Regina Neisser mit ihrem umfangreichen publizistischen Œuvre in hohem Maße geprägt war von dem durch die erstarkende bürgerliche Frauenbewegung erwachenden Bewusstsein über das Vorhandensein einer auch von weiblichen Persönlichkeiten geprägten Geschichte, eine Tatsache, die sich vor allem in Neissers Vorliebe für die Textsorte Biographie manifestiert. Es ist vorrangig diese Textsorte, die es ihr erlaubte, die aus der Perspektive des liberalen deutschen Judentums gelungene Akkulturation der jüdischen Minderheit in die deutsche Mehrheitsgesellschaft als einen die Vergangenheit und die Gegenwart verbindenden, gelungenen Prozess zu inszenieren und zu erinnern. Im Feld der Literaturpädagogik hingegen postulierte Neisser in Anlehnung an bereits vorhandene, genuin nichtjüdische pädagogische Modelle das Konzept einer spezifisch jüdischen Erziehung und Lektüre für Mädchen,

---

[56] Völpel, Deutsch-jüdische Mädchenliteratur (wie Anmerkung 49), S. 210.

das wiederum die Vergangenheit zum Lehrmeister für die Gegenwart erhob.

Trotz dieses in letzter Konsequenz konservativen Modells muss Neissers vielfältiges publizistisches Œuvre – das zum einen als Reflex auf die aktuellen gesellschaftspolitischen Diskurse gelten kann, diese Diskurse aber zum anderen, vor allem in den Arbeiten über die Frauenbewegung sowie über die literarische Erziehung jüdischer Mädchen, auch versuchte voranzutreiben – als paradigmatisch gelten für das Schreiben jüdischer Frauen im ausgehenden 19. und beginnenden 20. Jahrhundert.

Else Croner und die „moderne Jüdin"[1]

Godela Weiss-Sussex

Im Gegensatz zu früheren Forschungsansätzen, die Croners Abhandlung *Die moderne Jüdin* von 1913 als Beitrag zu dem unter jüdischen Frauen geführten Diskurs über Identitätsmodelle der deutschen Jüdin betrachtet haben, schlägt der vorliegende Aufsatz eine Lesart des Buches vor, die sich auf seine Kontextualisierung im Rahmen von Else Croners Gesamtwerk stützt, in dem es – außer in dieser einen Schrift – nie um Fragen deutsch-jüdischer Identität geht. Die Kontinuität zwischen den anderen Werken Croners und dem Buch über die moderne Jüdin wird nachgewiesen, und Croner stellt sich als hoch-akkulturierte christliche Autorin jüdischer Herkunft dar, für die nicht die Diskussion spezifisch *jüdischer* Weiblichkeit, sondern der Einsatz für die Rückkehr zu einem traditionellen Weiblichkeitsbild an sich zentral war.

Ich beginne mit vier Zitaten aus Else Croners Werk:

1. Eine „Jüdin' bedeutet [...] eine besondere Note im Orchester der Weltschöpfung. [...] [Sie] gleicht [...] den unvergänglichen leuchtenden Fixsternen, von denen jeder einzelne eine Zentralsonne repräsentiert. (*Die moderne Jüdin*, 1913, S. 26)

2. Die Jüdin steht als Kulturträgerin, als Sprosse einer der ältesten Kulturen des Erdballs, ungleich höher als die übrigen Europäerinnen. (Ebd., S. 147)

3. Es gilt, das völkische und rassische Empfinden der jungen Mädchen, das bis zum Nahen des Dritten Reiches fast völlig verschüttet war, neu zu wecken und zu pflegen. (*Die Psyche der weiblichen Jugend*, 1935, S. 29)

---

[1] Ich danke der British Academy, die mir durch die Bereitstellung eines Small Research Grant die Recherchen für diesen Beitrag in Berlin und Marbach ermöglicht hat. Ebenso danke ich den Mitarbeitern des Archivs Bibliographia Judaica in Frankfurt für ihre Hilfe bei der Informationssammlung.

4. Wie das deutsche junge Mädchen einst als Frau ihr Leben gestaltet, ob sie zu Opfer und Hingabe bereit ist und sich zu heldischer Lebensauffassung bekennt, davon hängt die Zukunft Deutschlands ab. (Ebd., S. 105)

Vier Äußerungen, die unvereinbare Einstellungen und Standpunkte zu bezeichnen scheinen – hier das Lob, ja, die Verehrung der Jüdin und dort eine engagierte Grundlagenbestimmung der Aufgabe der deutschen Frau im Nationalsozialismus – und doch stammen alle vier aus Veröffentlichungen Else Croners. Wie der Zusammenhang zwischen diesen Äußerungen beschaffen ist und was für eine Position die Autorin im Spektrum der möglichen Selbstdefinitionen als deutsch-jüdische Schriftstellerin bezieht, wird hier nicht ein für alle Male zu klären sein, aber unter Berücksichtigung von Croners Gesamtwerk möchte ich Vorschläge machen und auf Ansätze zur Beantwortung dieser Frage hinweisen.

Unser biographisches Wissen über Else Croner ist lückenhaft. Aus den Dokumenten des Archivs Bibliographia Judaica geht hervor, dass sie am 4. Mai 1878 in Beuthen in Oberschlesien, dem heutigen polnischen Bytom, als Tochter des jüdischen Geheimen Justiz- und Landgerichtsrats Jakob Wollstein geboren wurde. Als sie vier Jahre alt war, übersiedelte die Familie nach Breslau, wo Else eine Höhere Töchterschule und danach das Lehrerinnenseminar absolvierte. Nach Abschluss des Lehrerinnenexamens 1896 studierte sie sechs Semester Literaturgeschichte, Germanistik und Philosophie, unter anderem bei Hermann Ebbinghaus, an der Breslauer Universität. 1901 heiratete sie Johannes Croner, den volkswirtschaftlichen Syndikus der Ältesten der Kaufmannschaft von Berlin, und zog mit ihm nach Berlin. Sie veröffentlichte eine Reihe von Romanen, Erzählungen und Märchen, sowie eine Studie über Fontanes Frauengestalten und mehrere populärwissenschaftliche Sachtexte zu pädagogischen und psychologischen Themen. Pressestimmen aus den Jahren 1916 bis 1933 zufolge war sie zunächst als Romanschriftstellerin und später vor allem als Pädagogin und Psychologin bekannt.[2] Aus ihren Schriften geht weiterhin hervor, dass sie

---

[2] Wird sie 1916 als „renommierte Schriftstellerin [...], die zugleich Amateur-Pädagogin edlen Rangs ist" apostrophiert, so heißt es 1928, sie habe einen „Dienst von besonderem Werte" für die Pädagogik geleistet, auch wenn ihr Werk nicht „wissenschaftlich[...]', im strengen Sinne des Wortes" sei. Mit ähnlichem Tenor wird sie 1930 als „die um die psychologische Deutung der Lebenserscheinungen verdiente Verfasserin" tituliert, bevor sie 1932 ohne jegliche Einschränkungen als „große Pädagogin" und 1933 als „representing the intuitive-historical school of psychology founded by Eduard Spranger" vorgestellt wird. Vgl. Goldschmidt, Kurt Walter: Ein Schulroman [Rezension

in der Sozialarbeit tätig war und Sprechstunden für Jugendberatung abhielt.[3] Im Oktober 1933 verließ Else Croner Berlin[4] und lebte bis Mitte 1937 in Flammersfeld im Westerwald, bevor sie, wie ein Eintrag vom 20. November 1939 in der Austrittskartei der Jüdischen Gemeinde in Berlin vermerkt, nach Berlin zurückkehrte. Ursprünglich israelitischer Konfession, konvertierte Else Croner vor 1934 zum Christentum.[5] Sie starb am 20. Dezember 1940,[6] über den Sterbeort und die Todesumstände ist jedoch nichts bekannt.

Diese spärlichen Angaben allein erhellen die Frage nach der Vereinbarkeit der oben angedeuteten Positionen nicht; nehmen wir also einen Einblick in Croners Werk. Lassen wir zunächst *Die moderne Jüdin* außen vor und fragen wir nach den Grundlagen des Denkens – und spezifisch des Weiblichkeitsbildes Else Croners, wie es sich in ihren anderen Schriften darstellt. Hier bietet es sich an, exemplarisch auf zwei Romane einzugehen – *Das Tagebuch eines Fräulein Doktor* (1908) und *Erwachen* (1918) – sowie auf die Abhandlung *Die Psyche der weiblichen Jugend*, die zuerst 1924 erschien und zwischen 1925 und 1930 fünf weitere Auflagen erreichte; die sechste, umgearbeitete und erweiterte Auflage wurde 1935 verlegt.

Das Tagebuch eines Fräulein Doktor von 1908, ein Roman, für den Croner in einem leicht zu durchschauenden Distanzierungsversuch nur als Herausgeberin zeichnet, zeigt das spannungsvolle Verhältnis zwischen dem Genuss intellektueller und persönlicher Freiheiten der Tagebuchschreiberin und ihrem Eintreten für traditionelle weibliche Lebensformen auf. Die Schreiberin – eine promovierte Germanistin, hinter der unschwer Croner selbst zu erkennen ist – arbeitet als Privatlehrerin und als Mitarbeiterin an einer akademischen Zeitschrift. Schwärmerisch lässt sie uns wissen, dass

---

zu Croners Roman *Prinzeß Irmgard*]. In: Der Tag, 19. April 1916; Seeling, Otto: Croner, Else: Die Psyche der weiblichen Jugend. 1928. 4. Aufl. In: Archiv für die gesamte Psychologie 64 (1928), S. 231–232, hier S. 231; Seibt, Robert: Else Croner: Wege zum Glück. In: Deutsche Allgemeine Zeitung, 28. August 1929; Diserens, Charles M.: Die Psyche der weiblichen Jugend. By Else Croner. In: American Journal of Psychology 45 (1933), S. 551–552, here S. 551.

[3] Vgl. Croner, Else: Die Psyche der weiblichen Jugend. Langensalza 1925 [2. Aufl.], S. 17. Im Folgenden im Text zitiert als Psyche 1925 + Seitenzahl.

[4] Vgl. Budke, Petra; Jutta Schulze: Schriftstellerinnen in Berlin 1871 bis 1945. Berlin 1995, S. 86.

[5] In Kürschners Deutschem Literatur-Kalender von 1934 heißt es, sie sei „[g]etauft, vorher isr.".

[6] Quelle dieser Angabe ist das Archiv des Internationalen Suchdienstes in Arolsen.

„das gelehrte Forschen [...] wie Sekt oder wie Frühlingsstürme" auf sie wirke: „man empfindet dabei doppelt und verzehnfacht, daß man lebt und etwas Neues schafft".[7] Die Unterstellung, Gelehrsamkeit sei unweiblich, stuft sie als „blöde[s] Unverständnis" ein (S. 144), und insgesamt erscheint die selbständige und intellektuelle junge Frau als ein durchweg positiv gezeichnetes Beispiel einer auf eigenen Füßen stehenden „neuen Frau" – ein Begriff übrigens, den Croner selbst explizit verwendet (S. 204). Zu diesem Bild passt auch die Affinität, die die Protagonistin dem Großstadtleben gegenüber empfindet. Die „Doppelstimmung des Berliner Herbstes" („hier müdes Absterben allen Lebens, dort [...] ein Wiedererwachen mit frischen Kräften, [...], überall pulsierendes Leben in schnellstem Tempo") „übt einen großen Reiz auf mich aus", schreibt sie. „Ich fühle mich schaffenskräftiger und -fähiger als je [...]."(S. 79)

Jedoch wird dieser Reiz in der zweiten Hälfte des Romans erstickt durch die Empfindung des Preisgegebenseins der unbegleiteten Frau in der großstädtischen Umgebung, ein Zustand, den Croner anschaulich als „Verzweiflung", „Grauen", „Angst" und „Schrecken" darstellt (S. 155–157). Wo am Romananfang noch der Genuss der Freiheit des großstädtischen Lebens anklang, stellt die Protagonistin später fest – und da erscheint sie stellenweise wie eine Vorläuferin des „kunstseidenen Mädchens"[8] – „man ist vogel frei, sowie man die Straße betritt" (S. 154). Von der Beschreibung dieser Erfahrung ist es nur ein kleiner Schritt zu der verallgemeinerten Feststellung, dass man „immer kämpfen muß als alleinstehende Frau" (S. 159). Und so lehnt sie schließlich auch den Lebensentwurf der unabhängigen Akademikerin ab.

Eine deutlich als Idealbild konstruierte Skizze des „wundervolle[n] Verhältnis[ses]" zwischen zwei jungen Eheleuten (vgl. S. 149–152) löst den Umschwung aus: Die junge Frau ist auf intellektuellem Gebiet ihrem Mann unterlegen, wird aber aufgrund ihrer „großen Liebe und ihrer natürlichen Begabung" zur Partnerin erhoben, die „verständig", „ohne geschulte Vorbildung", „warm aus dem Herzen", und „mit rührender Bescheidenheit" ihre Meinungen äußert. Die „leuchtende Wärme", die von diesem Paar ausgeht, lässt die Tagebuchschreiberin sich des „eisige[n] Kältegefühl[s]" um sie selbst gewahr werden. Neben dem „nagenden Hunger nach häuslichem Glück", den sie plötzlich empfindet, erscheint ihre Arbeit

---

[7] Croner, Else: Das Tagebuch eines Fräulein Doktor. Stuttgart 1908, S. 91. Hinweise im Folgenden mit Seitenangabe im Text.

[8] Vgl. Keun, Irmgard: Das kunstseidene Mädchen. München 2003, S. 103. Keun geht hier auf die Verachtung der Männer ein, die Keuns Protagonistin Doris durch die Berliner Straßen gehen sehen.

(„diese langweiligen, öden, geschäftlichen Dinge") nur noch als Surrogat und sie bezieht entschieden Position für ein traditionelles, auf Ehe und Mutterschaft ausgerichtetes Weiblichkeitsideal.

Diese Einstellung ist nicht eben ungewöhnlich; im Gegenteil, „Intellektualität und Weiblichkeit schlossen sich nach den Vorstellungen der bürgerlichen Gesellschaft aus", wie Claudia Huerkamp konstatiert.[9] Frauenrechtlerinnen und Befürworterinnen der Frauengelehrsamkeit aber hatten schon im 19. Jahrhundert argumentiert, die Weiblichkeit der Frau werde von ihrer Gelehrsamkeit nicht beeinträchtigt.[10] Nicht so Else Croner. Nicht einmal das sogar schon im 18. Jahrhundert gebräuchliche – und zur Beschwichtigung um ihren Statusvorteil besorgter Männer vorgebrachte – Argument, gelehrte Frauen seien „verständigere Gesprächspartnerinnen für die Ehemänner, qualifiziertere Erzieherinnen für die Kinder und vernünftigere Hauswirtinnen",[11] wendet sie an. Stattdessen zieht sie sich auf den traditionellen Weiblichkeitsbegriff zurück, der Gelehrsamkeit – sowie auch Berufstätigkeit – als naturgesetzlich begründete männliche Vorrechte ausschließt.[12]

Man stelle sich, so schlägt Croner vor, die männlichen Gedanken als eine Reihe glatter, schwarzer Flächen vor, die weiblichen dagegen als farbige Flächen. Ihnen fehlt das Exakte, Tiefschwarze, aber sie haben etwas Schillerndes, Bewegliches, unendliche Variation. Wolle man nun das Bunt mit Schwarz übertünchen, so könne sich daraus keine haltbare Verbindung ergeben. „Diese Flächen haben das Echte, Ursprüngliche zurückgedrängt, und nur das Angenommene, die Tünche, liegt an der Außenfläche." (S. 205) Wie unschwer zu erkennen ist, handelt es sich bei diesen ‚übertünchten' Flächen um dem Fortschritt zugewandte Frauen, die sich gerade zu Beginn des Jahrhunderts neue Freiräume erkämpften: „moderne[...] Zwitterfrauen" nach Croner (S. 205). Die Tagebuchschreiberin

---

[9] Huerkamp, Claudia: Bildungsbürgerinnen. Frauen im Studium und in akademischen Berufen, 1900–1945. Göttingen 1996, S. 68.

[10] So unter anderen Hedwig Dohm 1876 in *Der Frauen Natur und Recht*. Sie forderte, Männern und Frauen keine verschiedenen Wirkungskreise zuzuschreiben und auch Frauen die „Möglichkeit einer schrankenlosen Erweiterung der geistigen Erkenntnis" zu gewähren (Berlin 1893 [2. Aufl.], S. 127).

[11] Kord, Susanne: Die Gelehrte als Zwitterwesen in Schriften von Autorinnen des 18. und 19. Jahrhunderts. In: Querelles. Jahrbuch für Frauenforschung 1996, Band 1: Gelehrsamkeit und kulturelle Emanzipation. Hrsg. von Angelika Ebrecht et al. Stuttgart 1996, S. 158–189, hier S. 182.

[12] Vgl. ihre Überzeugung, das Betreten „männlicher Pfade" käme einer „Änderung des Naturgesetzes" gleich, die doch nie wirklich überzeugend gelingen könne, da sie die Natur verleugne (Croner, Tagebuch (wie Anmerkung 7), S. 202).

gibt sich selbst als ein solch übertünchtes „buntes Täfelchen" zu erkennen. Nicht aus freier Wahl jedoch hat sie sich die männliche Denkweise zu eigen gemacht, sondern: „Durch eine Schicksalsfügung sah ich mich veranlaßt, mir auch die schwarze Farbe zu leihen" (S. 206). Nun aber sei sie „ganz zufrieden, wenn mit jedem Tag ein Stückchen Schwarz mehr abbröckelt" (S. 207).

Die Ambivalenz des Romananfangs mit seiner erstaunlich fortschrittlichen, aber durchaus überzeugenden positiven Zeichnung des Lebensgefühls der akademisch orientierten Protagonistin – auf die ich Croners Gebrauch der Herausgeberfiktion zurückführe – wird damit negiert und in einem sehr traditionellen Weiblichkeitsentwurf aufgelöst. Explizit fasst Croner ihren Standpunkt wie folgt zusammen: „Und deshalb gefällt mir die Frauenbewegung nicht, weil sie mit dem Geist zugleich den Charakter verändert, verändern muß; ich sehe darin eine Änderung des Naturgesetzes, eine Art Kastrierung des Charakters" (S. 202).[13]

Im Besonderen sind es die als weibliche Kerneigenschaften dargestellten Charakteristika der Schüchternheit, Zartheit und des Anlehnungsbedürfnisses, die Croner bedroht sieht (vgl. S. 199). So wendet sie sich nicht nur gegen die Ausübung eines „jede[n] Brotberuf[s]", wo dies nicht aufgrund finanzieller Notwendigkeit unabwendbar ist, sondern fordert auch, dass die höhere Schulbildung und das Studium Mädchen nicht selbstverständlich offenstehen sollten. Sie erklärt dies mit der Verschiedenheit der psychologischen Entwicklung der Geschlechter: „Die Massenausbildung in den Mädchengymnasien halte ich nicht für wünschenswert; man soll Mädchen nicht, wie die Knaben, von vornherein zu Berufsmenschen stempeln, weil sich die Persönlichkeit der Mädchen erst später entwickelt" (S. 198).

In ihrem lebendig und ansprechend geschriebenen Roman *Erwachen* von 1918 über eine Mädchenschule in „Berlin-W." verfolgt Croner diese Idee der Unterschiedlichkeit der Bedürfnisse der männlichen und weiblichen Psyche weiter und begründet mit dieser ihr Eintreten für eine geschlechtsspezifische Mädchenerziehung, die auf dem Verständnis für die Eigenheiten der weiblichen Seele und für die Entwicklung junger Mädchen

---

[13] Wie Ute Frevert anhand von Zitaten aus einer 1897 publizierten Befragung „hervorragender Universitätsprofessoren, Frauenlehrer und Schriftsteller über die Befähigung der Frau zum wissenschaftlichen Studium und Berufe" eindrucksvoll belegt, reflektiert diese Haltung den gesellschaftlich mehrheitlich vertretenen Konsens. Vgl. Frevert, Ute: Women in German History: From Bourgeois Emancipation to Sexual Liberation. Oxford 1989, S. 123–124. Bei der zitierten Studie handelt es sich um *Die akademische Frau*, herausgegeben von A. Kirchhoff.

in der Pubertät aufbaut und die dafür eintritt, Grenzen zu setzen, aber auch Vertrauen zu zeigen und Mädchen als junge Erwachsene zu behandeln. Deutlich fußt Croners Erziehungsauffassung auf der Eduard Sprangers, dem sie 1933 eine eigene Monographie widmete.[14] Dabei stellt der Schuldirektor im Roman *Erwachen*, Doktor Alten, eine positive Verkörperung der Grundsätze Sprangers dar, wie dieser sie in dem Aufsatz „Die Generationen und die Bedeutung des Klassischen in der Erziehung" entwickelt hat.[15] Der „Ziellosigkeit, die das ganze ‚moderne' Dasein zerfrisst" und der „Relativität der Standpunkte [...], unter der wir heute leiden" setzt Spranger eine klare Ausrichtung an ästhetischen und ethischen Zielen entgegen und definiert die Erziehungsaufgabe der älteren Generation als Übermittler von Kultur.[16] Im Rahmen einer auf humanistischen Prinzipien aufbauenden Erziehung dienen die Werke der Klassiker als Vorbilder, als Veranschaulichungen eines „geistigen Menschentums".[17]

Interessant ist in diesem Kontext eine Episode im Roman, in der Dr. Alten versucht, einer widerspenstigen Schülerin Goethes *Iphigenie* nahezubringen, an dieser Aufgabe jedoch scheitert. Spranger schreibt: „Wie aber, wenn wider Erwarten, die innere Stimme, die zu diesen Schöpfungen ja sagt, nicht anklingt? An dieser Stelle endet nun die Liberalität, die ein echter Erziehungsgeist noch zu verantworten mag."[18] Bei Else Croner endet die Liberalität des Dr. Alten jedoch nicht. Statt auf der Goethe-Lektüre zu beharren, versucht der Direktor es mit Schiller. Croner macht deutlich, dass diese Handlung, die im Kontext der Jungenerziehung nur schwer vertretbar wäre, hier ein durchaus angemessenes Verhalten gegenüber jungen Mädchen darstellt, die eines größeren Verständnisses bedürfen.

Croner entwickelt in dem idealisierten Porträt Dr. Altens ein Gegenbild zu einer auf Äußerlichkeiten ausgerichteten Mädchenerziehung, die sie als typisch für die „Berlin-W.-Gesellschaft" kennzeichnet: „Den Berlin-W.-Mädchen, soweit ich sie als ‚höhere Töchter' kennen zu lernen das zweifelhafte Vergnügen hatte, täte Erziehung zunächst mehr not, als

---

[14] Croner, Else: Eduard Spranger. Persönlichkeit und Werk. Berlin 1933.

[15] Spranger, Eduard: Die Generationen und die Bedeutung des Klassischen in der Erziehung. In: E. Spranger: Kultur und Erziehung. Gesammelte pädagogische Aufsätze. Hrsg. von Birgit Ofenbach. Darmstadt 2002, S. 82–100. Vgl. auch Spranger, Eduard: Psychologie des Jugendalters. Leipzig 1925 [4. Aufl.]). Besonders der siebte Abschnitt, „Das Hineinwachsen des Jugendlichen in die Gesellschaft" (S. 140–165), ist hier von Interesse.

[16] Spranger, Generationen (wie Anmerkung 15), S. 83 und S. 86.

[17] Ebd., S. 87.

[18] Ebd., S. 94.

Unterricht" – so urteilt der Direktor kurz nach seinem Amtsantritt.[19] Hier geht es um die Notwendigkeit der Erziehung zu Verantwortungsbewusstsein, ethischer Reife – und zu sittlicher Weiblichkeit. Eine als Vertreterin einer freiheitlichen Erziehung und als pragmatisch denkende Außenstehende gezeichnete Romanfigur bringt dieses Anliegen auf den Punkt: „Violets Mutter", so schreibt Croner, „[...] erkannte mit seltenem Scharfblick die Gefahr der deutschen Mädchenerziehung: Die Mädchen bis zu ihrem siebzehnten oder achtzehnten Jahr als Schulmädchen zu behandeln, sie erst zu kleinen Weiberchen werden zu lassen, ehe man in ihnen die Dame weckt" (S. 89). Wenn dies auch in der Formulierung etwas altmodisch anmutet, so steckt doch ein sehr fortschrittlicher Gedanke dahinter: nämlich der, die Pubertät nicht zu ignorieren und den Mädchen damit die so dringend gesuchten Gespräche und Erklärungen zu versagen. Negativ gewandt verweist diese Kritik jedoch auf die Verurteilung eines spezifisch mit den Gesellschaftskreisen „Berlin-W."s in Verbindung gebrachten Sittenverfalls, die Croners gesamtes Werk leitmotivisch durchzieht. Auf die verbreitete Prostitution auf dem bekannten Berliner Boulevard anspielend, wirft die Autorin in diesem Kontext warnend den Begriff des „Tauentzien-girls" ein, ein Begriff, den sie 1924 in ihrer Studie *Die Psyche der weiblichen Jugend* wieder aufgreift.

In dieser – übrigens sehr erfolgreichen – Abhandlung unterscheidet Croner verschiedene Mädchen-Typen und erörtert ihnen gemäße Erziehungsansätze. Die Übereinstimmung der hier geäußerten Ansichten mit denen ihrer vorangegangenen Veröffentlichungen ist offensichtlich. Die Feststellung zum Beispiel – getroffen im Abschnitt über den intellektuellen Mädchentyp – , eine „frühreife Intellektualität [könne] leicht auf Kosten des Charakters gehen" (Psyche 1925, S. 24), spiegelt deutlich die Haltung des Tagebuch-schreibenden „Fräulein Doktor" von 1908 sowie auch die in *Erwachen* angemahnten Erziehungsratschläge.

Aber nun wird auch erkennbar, wie es möglich ist, aus diesem Material ein nationalsozialistisches Traktat zu machen, wie es uns 1935 in der 6. umgearbeiteten und erweiterten Auflage der *Psyche der weiblichen Jugend* begegnet. Die im Nationalsozialismus negativ belegte Vokabel vermeidend, wird in der späteren Auflage nicht mehr der „intellektuelle", sondern der „geistig betonte Typ" verhandelt. In ideologischer Verhärtung

---

[19] Croner, Else: Erwachen. Roman aus Berlin-W. Berlin 1918, S. 39. Im Folgenden im Text zitiert mit Angabe der Seitenzahl.

heißt es nun hier, „eine frühreife Intellektualität geh[e] *fast immer* auf Kosten des Charakters".[20]

In anderen Abschnitten ist die ideologische Veränderung zwischen den beiden Auflagen noch deutlicher. Hatte Croner 1925 noch die ausgeprägte Gemütssphäre und „Einfühlungsfähigkeit" als hervorragende Mädchen-Eigenschaften herausgestrichen (Psyche 1925, S. 45 und 44), so ist diese Schwerpunktsetzung 1935 dem allgemein im Nationalsozialismus propagierten Ideal des „körperlich und geistig gesunde[n], abgehärtete[n], in sich gefestigte[n], opferfähige[n] und verantwortungsbewußte[n] junge[n] Mädchen" gewichen (Psyche 1935, S. 52). Andererseits sind Verweise auf jegliche öffentliche Aktivität, sei diese politisch oder beruflich, deutlich zurückgenommen. Eine Passage der Fassung von 1925, in der der Wunsch der weiblichen Jugend ausgedrückt wird, „durch die tausend Kanäle des Staatslebens einen Einfluss auf das Königreich der Seelen auszuüben" (Psyche 1925, S. 55), wird 1935 ersatzlos gestrichen. Sind laut Croner die jungen Mädchen 1925 noch bereit, „ein neues Deutschland […] aufzubauen" (ebd.), so beschränken sie sich 1935 auf den Wunsch, dabei „mitzuhelfen" (Psyche 1935, S. 82).

Die Sprache der 1935er Ausgabe ist von faschistischem Vokabular durchzogen: Croner bezeichnet früh zur Erotik neigende Mädchen als „Schädlinge" und empfiehlt „im Interesse des Volksganzen" ihre Sterilisation (Psyche 1935, S. 20). Nun mag man einwenden, eugenisches Gedankengut sei in den 20er und 30er Jahren auch von anderen Ideologien als der nationalsozialistischen vertreten worden.[21] Doch Croners Positionierung ist eindeutig: Hatte sie in früheren Ausgaben unter anderem auf Freud verwiesen,[22] so zitiert sie nun Baldur von Schirach und Hitler.[23]

---

[20] Croner, Else: Die Psyche der weiblichen Jugend. Langensalza 1935 [6., umgearbeitete und erweiterte Aufl.], S. 26 (meine Heraushebung). Im Folgenden im Text zitiert unter der Sigle Psyche 1935 + Seitenzahl.

[21] Für einen Überblick über dieses Thema vgl. Weingart, Peter; Jürgen Kroll und Kurt Bayertz: Rasse, Blut und Gene. Geschichte der Eugenik und Rassenhygiene in Deutschland. Frankfurt am Main 1992.

[22] Vgl. Psyche 1925, S. 18: Verweis auf das *Tagebuch eines halbwüchsigen Mädchens* (1919) von Hermine von Hug-Hellmuth, dessen Vorwort einen Auszug aus einem Brief Freuds enthält; hier fälschlich als Freuds Werk und unter dem Titel *Tagebuch eines jungen Mädchens* erwähnt.

[23] Psyche 1935, S. 82 und 105. Nationalsozialistischer Ideologie folgend lobt Croner auch die staatlich verordnete Eheberatung, schützt sie doch vor „wertlosem Nachwuchs" (S. 29). Als „Hochziele" der Mädchenerziehung werden „Volk und Staat" genannt (S. 25) oder auch, in rhetorischer Wendung, „ein Ziel, ein Volk, ein einheitliches Reich" (S. 81). Vorbilder werden nun beinahe ausschließlich in der

Zu weiten Teilen jedoch decken sich Croners Standpunkte mit Beobachtungen in ihren früheren Veröffentlichungen. Feststellungen wie „Die eigentliche Geistigkeit der Frau wurzelt in der Intuition" (Psyche 1935, S. 25) und „Ein inneres Berufsbedürfnis hat nur ein kleiner Teil der Frauen" (Psyche 1935, S. 56) ließen sich – zumindest sinngemäß – auch in anderen ihrer Bücher finden. Und ihre schon im *Tagebuch eines Fräulein Doktor* geäußerte Überzeugung, das Studium solle nicht als allgemeines Frauenrecht durchgesetzt werden, hat nun im nationalsozialistischen Staat seine Verwirklichung gefunden. Wir lesen:

> Was damals [in der Kriegs- und Nachkriegszeit] intuitiv von einigen richtig gefühlt wurde, nämlich, daß die Tore der Hochschulen nur wenigen auserwählten Frauen geöffnet sein sollten, ist heute klare Erkenntnis geworden und hat ihren Niederschlag in den staatlichen Zulassungsbestimmungen gefunden. (Psyche 1935, S. 58)[24]

Ohne an dieser Stelle näher auf die Gründe eingehen zu wollen, die Croner dazu veranlasst haben mögen diese Änderungen vorzunehmen, geht es mir hier nur darum zu zeigen, dass eine Kontinuität auszumachen ist, die von Croners frühen Publikationen zu dieser sechsten Auflage der *Psyche der weiblichen Jugend* führt. In deren Vorwort betont sie selbst die Kontinuität ihres Denkens. Dort heißt es: „Auch die früheren Auflagen vertraten die Forderung einer deutschen, nationalen und religiösen, verantwortungsbewußten Mädchenerziehung, die die weibliche Eigenart und ihren Wert betonte" (Psyche 1935, S. 7).

Neben der deutlichen Betonung des Kerns ihres Anliegens ist hier der Bezug auf den religiösen Aspekt interessant. Religiosität wird nämlich nicht allgemein, auf verschiedene Konfessionen beziehbar, behandelt, sondern ist explizit auf den christlichen Glauben zugeschnitten. Croner betont – sowohl 1925 als auch 1935 – die religiösen Erlebnisse der Konfirmandinnen, „die an der Persönlichkeit Christi entzündet werden" und die „innige Seelengemeinschaft mit dem Heiland".[25]

---

germanischen Kulturtradition gefunden, z.B. in der isländischen „Lachswassertal-Saga" (S. 88).

[24] Hier bezieht sich Croner auf das im April 1933 erlassene „Gesetz gegen die Überfüllung deutscher Schulen und Hochschulen", das am 9. Februar 1935 schon wieder aufgehoben wurde und sich also nur auf den Abiturjahrgang 1934 bezog. Vgl. Matthes, Eva: Es fehlten die Vorbilder. Der steinige Weg der Frauen zur universitären Gleichberechtigung.www.presse.uni-augsburg.de/unipress/up20041/artikel_04.shtml, am 12. April 2007 eingesehen.

[25] Psyche 1925, S. 27; Psyche 1935, S. 31.

So weit haben wir uns nun ein Bild gemacht von Else Croners Haltungen. 1925 identifiziert sie sich durch den Rückgriff auf die christliche Religion eindeutig selbst als Christin, und auch in ihren früheren Veröffentlichungen deutet nichts auf eine deutsch-jüdische Identität hin, in der das Jüdische einen in irgendeiner Weise bestimmenden Anteil ausmacht. In ihren Romanen und Erzählungen geht sie auf die Situation der Jüdin nicht ein. Wichtig in diesem Kontext ist auch, dass sie nicht in der *CV-Zeitung* veröffentlicht, nicht in *Ost und West*, in der *Jüdischen Rundschau* oder im *Morgen*, sondern in der *Deutschen Romanzeitung*, einem Blatt, das – laut einer Verlagsannonce – „in jeder Weise danach [strebt], die Ideale deutschen Wesens zu nähren [...]".[26]

Wie passt nun Croners Buch über die „moderne Jüdin" in diesen Kontext? Ein Buch, in dem, wie eingangs zitiert, die Jüdin als „unvergängliche[r] leuchtende[r] Fixstern" bezeichnet wird und in dem es heißt, sie stehe „als Kulturträgerin, als Sprosse einer der ältesten Kulturen des Erdballs, ungleich höher als die übrigen Europäerinnen"?

In der Forschung hat *Die moderne Jüdin* bisher zweimal Beachtung gefunden, nämlich in je einem Aufsatz von Barbara Hahn und Sander Gilman, die beide 1993 veröffentlicht wurden. Gilman überschreibt seinen Analyseabschnitt zu Croners Text mit dem Titel „The ‚Modern Jewess' as seen by a ‚Modern Jewess'" und beschreibt das Buch als „attempt on the part of a self-identified Jewish woman to construct and thus rescue the image of the Jewish woman [...]".[27] Ähnlich stellt Hahn Croners Buch in den Diskurskontext einer Reihe von Publikationen, die zwischen 1890 und 1938 erschienen und die Hahn definiert als Überlegungen zum Identitätsmodell der deutschen Jüdin, „von jüdischen Frauen geschrieben, die sich explizit an ein weibliches jüdisches Publikum wandten".[28]

So betrachtet, stünde Croners *Die moderne Jüdin* tatsächlich im Widerspruch zu ihren anderen Schriften. Ich möchte jedoch die These aufstellen, dass diese Sichtweise uns den Zugang zu Croners Text verstellt. Betrachten wir das Buch im Kontext ihres Gesamtwerks, dann treten andere Aspekte in den Vordergrund, die, wie ich meine, sein Verständnis auf bedeutende Weise zurechtrücken.

---

[26] Die hier zitierte Verlagsannonce findet sich am Ende von Croners Roman *Erwachen* (1918). Die Autorin wird hier als Beiträgerin zu dieser „äußerst vornehm gehaltene[n] Familien Wochenschrift" aufgeführt.

[27] Gilman, Sander L.: Salome, Syphilis, Sarah Bernhardt and the „Modern Jewess". In: The German Quarterly 66 (Spring, 1993), H.2, S. 195–211, hier S. 205 und 206.

[28] Hahn, Barbara: Die Jüdin Pallas Athene. Auch eine Theorie der Moderne. Berlin 2005, S. 104.

Tatsächlich kündigt Croner im Vorwort der *modernen Jüdin* an, das Buch sei aus dem Bedürfnis geschrieben, „einen Typus Frau noch einmal mit ein paar Griffelzügen festzubannen", ehe er von Nivellierungen, Hass oder Gleichgültigkeit „verwischt wird".[29] Dieses Bedürfnis steht zweifellos der Hoffnung sehr nahe, die die zum jüdischen Glauben konvertierte Nahida Ruth Lazarus in ihrem Buch *Das jüdische Weib* schon 1891 ausgedrückt hatte, nämlich, die Jüdin möge „aus dem Sumpf der Oberflächlichkeit und der Dürre des Indifferentismus retten, was noch zu retten ist".[30] Und die zum Judentum konvertierte Lazarus war nicht allein: Immer wieder begegnet uns die Klage über den Verlust einer eigenen Kultur in Texten, die im Zuge der von Martin Buber 1901 ausgerufenen „jüdischen Renaissance" veröffentlicht wurden, einer Bewegung der „Dissimilation", der Rückbesinnung auf kulturelle Traditionen des Judentums, die aus der Suche der deutsch-jüdischen, weitgehend säkularisierten Bevölkerung nach einer Neu-Definition des Jüdischseins entsprungen war.[31]

Croner bezieht sich explizit auf diese „Renaissance"-Bewegung[32] und ihre Beschreibung des Typus der „reinen Jüdin" als „Vollblutorientalin mit der asiatisch-jüdischen Kulturbasis" (S. 148) verweist auf ähnliche zeitgenössische Darstellungen aus diesem Kreis. Denken wir zum Beispiel an Jakob Wassermanns oder Else Lasker-Schülers orientalischen, bzw. hebräischen Juden: So wie diese natürlich – um Wassermann zu zitieren – „nicht im ethnographischen, sondern im mythischen Sinne" zu verstehen

---

[29] Croner, Else: Die moderne Jüdin. Berlin 1913, S. 5. Im Folgenden wird diese Ausgabe im Text mit Angabe der Seitenzahl zitiert.

[30] Lazarus, Nahida Ruth: Das jüdische Weib. Berlin 1896 [3. Aufl.], S. 317. Vgl. auch Barbara Hahns Diskussion dieses Texts in Die Jüdin Pallas Athene (wie Anmerkung 28), S. 105–110.

[31] Vgl. Buber, Martin: Jüdische Renaissance. In: Ost und West 1 (1901), S. 7–10. Zu diesem Thema vgl. auch Brenner, Michael: Jüdische Kultur in der Weimarer Republik. München 2000; Herzog, Andreas: Zur Modernitätskritik und universalistischen Aspekten der „jüdischen Renaissance" in der deutschsprachigen Literatur zwischen Jahrhundertwende und 1918. In: Trans. Internet-Zeitschrift für Kulturwissenschaften 2 (November 1997): http://www.inst.at/trans/2Nr/herzog.htm; Bertz, Inka: Politischer Zionismus und Jüdische Renaissance in Berlin vor 1914. In: Jüdische Geschichte in Berlin. Hrsg. von Reinhard Rürup. Band 1. Berlin 1995, S. 149–180.

[32] Vgl. Croner, Die moderne Jüdin (wie Anmerkung 29), S. 146: „Während in der männlichen jüdischen Jugend eine Renaissance, eine Wiederbelebung aller edlen Stammeseigentümlichkeiten und zugleich ein Aufstieg, ein Streben nach Tüchtigkeit und Treue unverkennbar ist, lastet auf der breiten Masse der jüdischen Frauen noch eine lässige Gleichgültigkeit gegenüber den inneren Werten."

sind,[33] gehört auch Croners orientalische Jüdin in den Bereich des Märchenhaften, Unwirklichen. Daran besteht kein Zweifel, wenn wir lesen, sie zeichne sich aus durch

> [...] diesen mattgelben, reinen Elfenbeinteint, der an Wüstensand und die gelbe Sonne des Orients erinnert, die langen, dunklen Augenwimpern, die, wenn die Sonne scheint, so eigentümlich das Gesicht beschatten, diese samtweichen, etwas schwermütigen, mandelförmigen Augen, die einem Märchen aus Tausendundeiner Nacht gleichen (S. 46).

Die „reine Jüdin" ist Ideal- und Symbolfigur, konstruiert als Leitbild der Authentizität und, bei Croner ebenso wie bei Wassermann oder Lasker-Schüler, als Gegenentwurf zu einer als „modern" apostrophierten und als nivellierend abgelehnten Form der Assimilation. Die Nähe zu Wassermann ist besonders auffallend. In seinem Aufsatz „Der Jude als Orientale", der im selben Jahr erschien wie Croners Buch, hatte auch dieser die „sogenannten modernen Juden", [...] die „[i]m Grunde ihres Herzens [...] bloß an das Fremde [glauben], das Andere, das Anderssein" kontrastiert mit dem Orientalen:

> Der Jude hingegen, den ich den Orientalen nenne, – es ist natürlich eine symbolische Figur; ich könnte ihn ebensowohl den Erfüllten nennen, oder den legitimen Erben, – ist seiner selbst sicher, ist der Welt und der Menschheit sicher. Er kann sich nicht verlieren, da ihn ein edles Bewußtsein, Blutbewußtsein, an die Vergangenheit knüpft [...]. Er ist frei, und jene sind Knechte. Er ist wahr, und jene lügen. Er kennt seine Quellen, er wohnt bei den Müttern [...].[34]

Wie Wassermann für „den Juden" an sich, so fordert auch Croner im Bezug auf die jüdische Frau: „Der Typ der veredelten und kultivierten Orientalin muss zurückerrungen werden" (S. 146).

Letztlich verfolgt ihre Argumentation jedoch noch eine andere Stoßrichtung. Das Zurückgewinnen der Qualitäten der „veredelten und kultivierten" orientalischen Jüdin ist nicht das Ziel selbst, sondern nur eine Stufe auf dem Weg zum Ziel. Die eigentliche „Missionsaufgabe" (S. 148) der Jüdin ist nicht die ausschließliche – vielleicht gar national-zionistisch gewendete – Rückwendung zu einem weiblichen Judentum, sondern das

---

[33] Wassermann, Jakob: Der Literat oder Mythos und Persönlichkeit. Leipzig 1910; hier zitiert nach: Wassermann, Jakob: Der Jude als Orientale [1913]. In: Wassermann, J.: Deutscher und Jude. Reden und Schriften 1904–1933. Hrsg. von Dierk Rodewald. Heidelberg 1984, S. 29–32, hier S. 29.
[34] Wassermann, Der Jude als Orientale (wie Anmerkung 33), S. 31.

Erlangen einer „Doppelkultur" (ebd.) durch einen Prozess des Zu-sammenführens und gleichzeitigen Bewahrens der Eigenheiten der jüdischen und der deutschen Kultur. Croner beschreibt ihre Vorstellung so: „Die neue Kultur erwerben, in sich aufnehmen und organisch mit ihr verschmelzen – ohne auch nur ein Atom der älteren Kultur aufzugeben –, das ist der wahre, segenbringende und fruchttragende Assimilationsprozess, den wir erstreben müssen" (ebd.). Eine solche, nicht auf Äußerlichkeiten, sondern auf geistig-kulturelle Inhalte ausgerichtete Assimilation definiert sie als eine weitere Veredelung des Frauentyps der „reinen Jüdin": Die „Rasse", so Croner, „ist etwas so Heiliges, Echtes und Elementares, dass man es [...] erhalten, pflegen und ‚hinaufpflanzen' soll" (S. 147).

Das Vokabular mag zwar zu denken geben, wieder ist die inhaltliche Vorstellung aber mit der kulturverbindenden Haltung Wassermanns oder z.B. auch Julius Babs vergleichbar. Unter den deutsch-jüdischen Stimmen, die zur Rück-Besinnung auf jüdische Traditionen aufriefen, um sie zur Grundlage einer neuen, gestärkten Identität zu machen, befanden sich ja nicht nur solche, die die moderne westliche Kultur an sich ablehnten, nicht nur jüdische Nationalisten, Zionisten, sondern auch etliche, die Besinnung auf das Judentum und Akkulturation nicht als Gegensätze auffassten. Was jedoch all diese Autoren verband, war ein Selbstbekenntnis zu einer – wie auch immer gearteten – deutsch-jüdischen Identität.

Auffallend ist bei Croner dagegen, in welchem Maße sie Distanz hält zu ihrem Beschreibungsgegenstand: Distanz nicht nur zu dem nach sozialer und geographischer Herkunft stigmatisierten „gewöhnlichen, niedrigen polnisch-jüdischen Frauentypus" (S. 47), sondern auch zu der soziologisch abgegrenzten Gruppe der Jüdinnen, die unter dem Einfluss der „laxen Sitten und frivolen Ansichten" der gesellschaftlichen „Berlin-W.-Kreise" stehen (S. 22), und – und das ist ausschlaggebend hier – Distanz zur Jüdin überhaupt!

Gilman hat auf dieses Moment der Selbstdistanzierung in Croners Ausführungen hingewiesen, hat es jedoch auf die Negativzeichnung der Ostjüdin eingeschränkt[35] und auf ein spezifisches Charakteristikum der „modernen Jüdin": ihren Sprachgebrauch. Er bemerkt, dass Croner, in dem Moment – aber seiner Meinung nach eben nur in dem Moment –, wo sie die Sprache der „modernen Jüdin" thematisiert, diese als „object of investigation" beschreibt, als „a category which excludes the author".[36] Bei genauerem Hinsehen jedoch wird meiner Ansicht nach deutlich, dass diese

---

[35] Vgl. Gilman, Salome, Syphilis (wie Anmerkung 27), S. 207.
[36] Ebd., S. 208.

Haltung sich durchaus konsistent und konstitutiv durch das gesamte Buch zieht.

Nur ein einziger Hinweis findet sich auf den insgesamt 148 Seiten auf die jüdische Herkunft – und auch hier nicht auf die jüdische Identität (!) – der Autorin. Im Vorwort heißt es nämlich: „Die Farben, in denen [das Porträtbild der modernen Jüdin] gemalt wurde, sind zwar ‚Tempera'-Farben – gemässigte –, aber unter ihnen liegt als Grundfarbe die Farbe des Blutes" (S. 6). Abgesehen von dieser Aussage ist Croners Haltung die einer objektiven Beobachterin, einer Ethnologin, die den wissenschaftlichen Ansatz ihrer Studie betont: „Das eifrige Bestreben so vieler moderner Jüdinnen, alle Brücken, die hinter ihnen liegen, schleunigst abzubrechen [...] ist vom kulturhistorischen Standpunkt bedauerlich" stellt sie fest[37] und hebt ihr Studium der „Quellen jüdischer Eigenart und jüdische[n] Wesen[s]" hervor (S. 140).

Die Distanz ihrer Haltung wird – als Objektivität gewendet – auch von zeitgenössischen Rezensenten des Buches wiederholt hervorgehoben. Arthur Silbergleit zum Beispiel ist von der „leidenschaftslose[n], allen Parteistandpunkten entrückte[n] Stellungnahme der Verfasserin zu dem Gegenstande ihrer Betrachtung angenehm überrascht" und lobt die „Beobachtungsschärfe", und die „bemerkenswerte Einfühlungsmacht der Verfasserin in alle Vergangenheits- und Gegenwartskräfte des Judentums".[38]

Benutzt Croner die Pronomen „wir" und „unser", so beziehen sich diese durchgehend auf die Gesamtheit der deutschen Gesellschaft. So ist zum Beispiel die Rede vom Einfluss jüdischen Geistes auf „unser gesamtes Geistesleben" (S. 107) oder von einer „Erscheinungsform unseres geselligen Lebens", das „der deutschen Jüdin von Grund aus [widerstrebt]" (S. 89); an anderer Stelle spricht Croner von „unsere[m] preussischen Offiziers- und Beamtenstand" (S. 56).

Und auch das angesprochene Lesepublikum ist die gesamte deutsche Gesellschaft – oder doch zumindest ihr weiblicher Teil: Wie aus dem Vorwort zu entnehmen ist, wendet Croner sich an „Deutsche, Jüdinnen, deutsche Jüdinnen und jüdische Deutsche" (S. 6).

So fallen das Buch und seine Autorin aus dem Interpretationskontext des unter jüdischen Frauen geführten Diskurses über jüdische Identitätsmodelle hinaus. Dass dies zumindest von einzelnen Rezipienten auch zum Zeitpunkt

---

[37] Croner, Die moderne Jüdin (wie Anmerkung 29), S. 147; meine Hervorhebung.

[38] Silbergleit, Arthur: Die moderne Juedin. In: Ost und West 13.6 (1913), Spalten 441–446, hier 446. Vgl. auch: Franz, Erich: Neue Bücher. In: Die Gegenwart 45 (1913), S. 719–720. Franz unterstreicht die „kritische Sachlichkeit" der Verfasserin.

des Erscheinens der modernen Jüdin so empfunden wurde, belegt die Rezension Sidonie Werners, die im Februar 1914 in der Zeitschrift *Im Deutschen Reich* erschien. In ihrem auf der Titelseite beginnenden und sechs Seiten umfassenden Artikel greift Werner Croners „mit den Antisemiten liebäugelnde[s] Buch" aufgrund seiner „ungerechte[n] Herabsetzung der jüdischen Frauen" aufs Schärfste an.[39] Croners Distanz zu ihrem Beschreibungsobjekt wird hier also geradezu als Gegnerschaft ausgelegt.[40]

Diese Position ist allerdings extrem; und dass sie allgemein nicht geteilt wurde, ist schon daraus ersichtlich, dass sowohl *Die Zukunft* als auch das *Israelitische Familienblatt* Auszüge aus der *modernen Jüdin* abdruckten.[41] Doch belegt diese so disparate Rezeption des Buches, dass sein Tenor missverständlich und sein Inhalt widersprüchlich genug waren, um eine gewisse Befremdung auszulösen. *Die moderne Jüdin* widerlegt unseren bisher gewonnenen Eindruck von Croner als einer Autorin, die sich von ihrer jüdischen Herkunft entfremdet hat, nicht.

Wenn es aber nicht um einen innerjüdischen Diskurs der Identitätsfindung geht – worum dann? Die Antwort liegt, wie ich meine, in Croners Definition der „modernen Jüdin". Diese erscheint als die Vorreiterin alles Neuen, die Schöpferin des Zeitgeists (S. 8), ja des Begriffs „Modernität" schlechthin (S. 10). Die „moderne Jüdin" ist getrieben von Hast und fiebernder Unruhe, von Genuss- und Gefallsucht, Materialismus und Besserwisserei (vgl. S. 17–20).

All diese Eigenschaften führt Croner auf äußere Umstände und Einflüsse zurück: auf eine „missglückte[...]", nämlich nur auf Äußerlichkeiten beruhende, Assimilation (S. 53) und auf die Geschichte der Juden. Die Unruhe der Jüdin ist die Unruhe der Verfolgten, ihre gestikulierende

---

[39] Werner, Sidonie: Die moderne Jüdin. In: Im deutschen Reich. Zeitschrift des Centralvereins deutscher Staatsbürger jüdischen Glaubens 20.2 (1914), S. 49–55, hier S. 53 und 50.

[40] In mancher Hinsicht ist Croners Ton tatsächlich gefährlich assimiliert an einen deutsch- nationalistischen Sprachgebrauch, der leicht ins Antisemitische zu wenden ist. Aussagen wie diejenige, „[d]ie Provinz Posen [sei] das grosse Reservoir, aus dem sich all-jährlich, auch heute noch, ein Strom von Juden nach Berlin ergiesst" (S. 140–141), sind in dieser Hinsicht durchaus problematisch. Joachim Schlör zitiert denn auch Passagen aus der *modernen Jüdin* im Kontext einer Sammlung von Stimmen, die die bedrohliche Zuwanderung der Juden nach Berlin veranschaulichen. Vgl. Schlör, Joachim: Das Ich der Stadt. Debatten über Judentum und Urbanität, 1822–1938. Göttingen 2005, S. 230.

[41] Vgl. unter anderem Croner, Else: Die Jüdin. In: Die Zukunft, 5. Juli 1913; Croner, Else: Jüdische Geschwister. In: Israelitisches Familienblatt, 1. Oktober 1913.

Sprache ein Resultat von Unterdrückung und ihr Schauspieltalent ein Ausdruck des Anpassungszwangs der ewigen Außenseiterin.[42] All diese Eigenschaften kontrastieren mit der „Urveranlagung" der Jüdin, die im Kern „konservativ" ist (S. 10).

Mit dieser Betonung des Konservatismus scheint Croner sich auf den ersten Blick an die Definition der „idealen jüdischen Frau", wie sie in den Diskursen des Reformjudentums des späten 19. Jahrhunderts verhandelt wurde, anzuschließen. Dort treten zwei Funktionen der jüdischen Frau vor alle anderen: die der Bewahrerin der jüdischen Religion und die der Bewahrerin von Weiblichkeit und Mutterschaft.[43]

Interessanterweise setzt aber Croner ihren Begriff des Konservatismus nicht mit dem Bewahren jüdischer Traditionen gleich. Sie verweist zwar auf zentrale Schriften des Judentums – vor allem auf alttestamentarische Bibelstellen – ihre Schilderung aber von jüdischer Kultur, wo diese sich nicht ganz speziell auf die Wertschätzung der Frau als Mutter bezieht, ist sehr verschwommen. So geht es im Kapitel über die Religiosität der Jüdin zum Beispiel in erster Linie um „Andacht" und „Sittlichkeit", um „Harmonie" und „Gläubigkeit", um Begriffe also, die dem Christentum ebenso wie dem Judentum inhärent sind (S. 102).

Wenn Croner von der „Urveranlagung" der Jüdin spricht, von ihrem „Konservatismus", dann bezieht sie sich vielmehr auf eine naturgesetzlich determinierte biologische Grundlage der Geschlechtsidentität. Sie meint das „intensive[...] Weibsein" der Jüdin (S. 26), die Ausrichtung „alle[r] Impulse auf Ehe, Arterhaltung und Sinnenfreude" (S. 29) dieses „weiblichste[n] Weib[es]" (S. 73). Der Kontrast, der hier zentral verhandelt wird, ist also nicht der von Juden- und Christentum, nicht einmal der von jüdischer Tradition und „missglückter" Assimilation – beides Kontexte, die in einem Text aus dem Umfeld der „jüdischen Renaissance" zu erwarten wären. Vielmehr steht hier, losgelöst von einer wie auch immer gearteten

---

[42] Interessant ist hier wieder der Vergleich zu Wassermann, denn nun offenbart sich ein Kontrast zwischen seiner und Croners Position. Wassermann führt die sehr ähnlich gezeichneten negativen Eigenschaften des „modernen Juden" auf „die tiefe Unsicherheit seiner Position" als entwurzelter Assimilant zurück (vgl. Wassermann, Der Jude als Orientale (wie Anmerkung 33), S. 30–31). Diese allgemeine Kritik der Assimilation teilt Croner nicht, deren eigene Haltung durch eben diese Distanzierung von ihrer jüdischen Herkunft gekennzeichnet ist. So führt sie die der „modernen Jüdin" zugeschriebenen Charakterschwächen – neben der ausdrücklich als „missglückt" apostrophierten Assimilation der Berlin-W.-Jüdinnen – auf den Wunsch zurück, vergangenes Leiden kompensieren zu wollen.

[43] Vgl. Gerstenberger, Katharina: Truth to Tell. German Women's Autobiographies and Turn-of-the-Century Culture. Ann Arbor 2000, pp. 38–44.

Frage nach einer jüdischen Identität, der Gegensatz von traditionellem und modernem Weiblichkeitskonzept im Zentrum der Argumentationsführung. Wieder lässt sich, wie schon im *Tagebuch eines Fräulein Doktor*, eine gewisse Ambivalenz in Croners Haltung ausmachen, wenn es darum geht, die intellektuelle Jüdin in ihr Weltbild einzuordnen. Einerseits lobt sie die Geistesschärfe der Jüdinnen (S. 20), verleiht ihrer Bewunderung für Rahel Levin Ausdruck und behauptet, „das jüdische Frauentemperament an und für sich inkliniert für das Leben in der Großstadt" (S. 144). Ausschlaggebend bleibt jedoch – und da kommt wieder der uns nun schon bekannte Rückzieher –, dass die Jüdin „am besten in der warmen Atmosphäre des Hauses" gedeiht (S. 28). Und sie wird noch kategorischer: „Das heiße Wallen jüdischen Blutes", so Croner, „gibt nur zwei Möglichkeiten der Weibsseele: die Entfaltung der Mütterlichkeit oder die Entfaltung der Sinnlichkeit. Ein drittes gibt's nicht unter Jüdinnen" (S. 26–27).

Etwas unbeholfen versucht sie, den Gegensatz von intellektueller Frau und Mutter aufzulösen, indem sie gerade den Frauen aus den „kulturell hochstehenden jüdischen Kreisen" die Rolle der „wahren, warmen jüdischen Mütter" zuspricht; – den Frauen nämlich, die der intellektuellen Betätigung entsagen, „Opfer über Opfer" bringen und „jedes Ich-Gefühl" in sich auslöschen (S. 40).[44] Damit liegt hier, wenn auch in etwas erweiterter und komplizierterer Form, dasselbe Schema vor, das wir aus dem *Tagebuch eines Fräulein Doktor* kennen. Wieder mündet die durchaus spürbare Ambivalenz ihrer Einstellung in den Aufruf zur Hinwendung zu traditionellen Werten.

Begründet wird diese Hinwendung zur Tradition – wie sie es auch einige Jahre später wieder in *Erwachen* und in der *Psyche der weiblichen Jugend* ausführen wird – mit der Notwendigkeit, dem Begriff des Modernen zu begegnen, wobei dieser Begriff bei Croner immer untrennbar verknüpft ist mit Koketterie und Unmoral. So wie aus dem Roman *Erwachen* die Abscheu vor den oberflächlichen und koketten „Berlin-W.-Mädchen" –

---

[44] Die Betonung der Opferbereitschaft der jüdischen Frau und Mutter hat bei Croner einen bedeutenden Stellenwert; auch in der *Psyche der weiblichen Jugend* wird diese Tugend stark betont: „Das Leben der Frau ist – wenn es köstlich gewesen – heiliger Opferdienst für Familie und Volk", schreibt sie in der Fassung von 1935 (Psyche 1935, S. 12). Interessant ist in diesem Kontext Christina von Brauns Hinweis, dass „die Opfer- und Erlöserrolle, die mit der Moderne der Frau zugewiesen wurde", spezifisch aus der christlichen Religion entwickelt wurde. Vgl. von Braun, Christina: Antisemitismus und Misogynie. Vom Zusammenhang zweier Erscheinungen. In: Von einer Welt in die andere. Jüdinnen im 19. und 20. Jahrhundert. Hrsg. von Jutta Dick und Barbara Hahn. Wien 1993, S. 179–196, hier S. 187.

oder noch schlimmer – den „Tauentzien-girls" spricht, und wie in der *Psyche der weiblichen Jugend* Erziehungsmaßnahmen angemahnt, werden, um die „in den Straßen der Großstadt gezüchteten" frühreifen Mädchen auf den rechten Weg zu bringen,[45] so warnt sie auch in der *modernen Jüdin* vor der „Demi-vierge-Moral" (S. 48) und konstatiert: „In keiner anderen Epoche ist die Mütterlichkeit so sehr unterdrückt worden wie in den letzten zwanzig Jahren; und darin liegt der Kardinalfehler aller Mädchenerziehung. Sie werden statt zu künftigen Müttern zu künftigen ‚Amoureusen' erzogen" (S. 27).[46]

Der Gegensatz, der auf den ersten Blick zwischen dem Buch über die moderne Jüdin und Croners anderen Veröffentlichungen zu bestehen schien, schwindet bei genauer Lektüre des Textes mehr und mehr. Passagenweise liest sich der Band geradezu wie eine Kurzfassung ihrer Romane: Wendet sie sich mit beißender Kritik dagegen, „wie diese Berlin-W.-Mädchen oft geradezu dressiert werden, um zu gefallen" (S. 24) statt zu „‚Pflichten und Lebensernst' erzogen zu werden" (S. 25), so lässt sich darin leicht der Entwurf für den Roman *Erwachen* erkennen, den sie fünf Jahre später veröffentlichte. Beschreibt sie die „Schar der Mädchen, die ohne ‚Mitgift' sind" mitfühlend als „Mädchentypen von seltsamem Ernst", die „den Kampf mit dem Leben auch gegen das Naturell aufzunehmen" gezwungen sind (nämlich einen Beruf ausüben!) (S. 29), so sehen wir darin den Kern des Romans *Der Herr Handelskammer Syndikus*, der 1926 entstand.[47]

---

[45] Psyche 1925, S. 16. Diese Wendung aus dem Kapitel über den „erotischen" Mädchentyp ist in der Fassung von 1935 gestrichen. Statt dessen findet sich die folgende zusätzliche Bemerkung: „Gott sei Dank ist heute dieser Typ mit seinen üblen Nebenerscheinungen im Verschwinden begriffen". Dies führt Croner darauf zurück, dass die „Erotik in die richtige Bahnen gelenkt worden" sei (Psyche 1935, S. 19).

[46] Genau an dieser einseitigen und ins Negative verzerrenden Definition der „modernen" Frau nimmt Sidonie Werner den größten Anstoß. Aufbauend auf ihrer eigenen Definition des Begriffs als „im Leben stehend" kritisiert sie Croner dafür, dass sie nichts über die Tüchtigkeit der modernen Jüdin im Beruf und im öffentlichen Leben zu sagen habe (Werner (wie Anmerkung 39), S. 51 und 53). Und als „das Empörendste in dem Buche", das „auf einem solchen Niveau [stehe], daß es kaum eine Entgegnung verdient" (und das sie sich auch nicht wiederzugeben überwinden kann), betrachtet sie Croners Zitat der angeblich „feststehende[n] Redensart" „unter den Junggesellen jüdischer Rasse": „Eine Berlinerin heiraten wir nicht, bei keiner Kurfürstendamm-Blüte kann man auf ihre Unschuld schwören" (Croner, Die moderne Jüdin (wie Anmerkung 29), S. 22; vgl. Werner (wie Anmerkung 39), S. 53).

[47] Eine Neuauflage dieses zuerst 1926 von C. Reissner in Dresden verlegten Romans erfolgte 2004 durch den Verlag Waldemar Kramer, Frankfurt am Main.

Die Eingangsfrage, wie die anfangs so gegensätzlich erscheinenden Positionen aus der Feder *einer* Autorin stammen können, lässt sich zwar noch immer nicht ganz beantworten – und erst weitere gründliche biographische Nachforschungen mögen zu eindeutigeren Resultaten führen –, aber in Croners Werk lässt sich eine Entwicklung ausmachen, die uns einer Antwort zumindest näher bringt. Croner stellt sich dar als eine christliche Autorin jüdischer Herkunft, deren Einsatz für die Rückkehr zu einem traditionellen Weiblichkeitsbild im Zentrum ihres Schreibens stand. In ihren Publikationen lässt sich ein Prozess der Verfestigung ihrer Position zur Mädchenerziehung ausmachen, der als Bewegung der Verengung und des Rückzugs zu beschreiben ist, aber auch des Suchens nach einer Verortung ihrer Ideale in den kulturellen Strömungen ihrer Zeit.

Innerhalb dieser Entwicklung erscheint *Die moderne Jüdin* als ein Versuch der Verortung ihres Weiblichkeitsideals in der Gestalt der Jüdin als Bewahrerin von Tradition. Aufgrund des hohen Stellenwerts der Mutterschaft in der jüdischen Kultur liegt diese Verknüpfung für sie nahe, ohne dass ein Selbstbezug notwendig hergestellt werden muss; und sie liegt nicht nur nahe, sondern sie ist zudem im Jahr 1913 auch noch außerordentlich medienwirksam. Die damalige Welle von Publikationen, die die Rückbesinnung auf das traditionelle Judentum forderten, das Umfeld der „jüdischen Renaissance", bietet sich als Vehikel an, einem an sich nicht an jüdische, deutsche oder deutsch-jüdische Identitäten gebundenen Anliegen Ausdruck zu verleihen, nämlich dem, dem „Kardinalfehler aller Mädchenerziehung", der Unterdrückung der Mütterlichkeit, entgegenzuwirken.

Nach dem Ersten Weltkrieg ist diese Einbettung nicht mehr möglich – die Hoffnung auf die Verfestigung einer deutsch-jüdischen Doppelkultur ist enttäuscht worden. Als gleichzeitig in den Weimarer Jahren die Tendenzen zunehmen, die Croner als „modern" verurteilt – allen voran das Ideal der „neuen Frau", das sie als „egozentrischen, unfruchtbaren Ich-Kultus" verwirft (Psyche 1935, S. 104) und die Betonung der Sexualität ohne den für sie zentralen „Wille[n] zur Mutterschaft" (Psyche 1935, S. 96) –, nimmt sie mehr und mehr Abstand von ihren humanistisch-liberalen Erziehungsidealen. 1935 rechnet sie scharf ab mit dem „liberale[n] Mädchenerziehungsstil", der die „Ehrfurchtslosigkeit" gefördert, die Sexualität betont und den Gedanken „des selbstlosen Dienens" in Vergessenheit hat geraten lassen (Psyche 1935, S. 96 und 97). So wird es zumindest denkbar, wie es 1935 zu der fatalen 6. Auflage der *Psyche der weiblichen Jugend* kommen konnte. Der Anschluss an die nationalsozialistische Ideologie mit ihren Angeboten für die „geistige

Gesundung" der Frau mag in den 30er Jahren eine verführerische Zuflucht für Croner bedeutet haben, versprach er doch die Aussicht auf eine Realisierung ihrer Wünsche für die Mädchenerziehung.

Dass es für sie möglich war, sich ganz auf ihre Ziele in diesem Bereich zu konzentrieren und dass sie sich von ihrer jüdischen Herkunft so weit hat distanzieren können, dass sie sich in den Dienst eines Regimes stellen konnte, welches sich unter anderem durch seinen offenen Antisemitismus definierte, scheint heute schwer vorstellbar, ist aber angesichts der in der historischen Forschung immer wieder betonten Distanz der konvertierten jüdischen Bevölkerung zu ihrer Herkunft wiederum auch nicht ganz unmöglich.[48]

Ökonomischer Druck mag für die inzwischen verwitwete Croner auch eine Rolle gespielt haben, der veränderten 1935er Auflage der *Psyche der weiblichen Jugend* zuzustimmen. Das Angebot des Verlags H. Beyer, der auch die vorangegangenen Auflagen ihres Buches herausgebracht hatte, 1933 unter anderem aber auch den Band *Bevölkerungs- und Rassenpolitik* von Hitlers Innenminister Wilhelm Frick verlegt und sich damit politisch sehr eindeutig positioniert hatte, wird nur schwer abzulehnen gewesen sein.

Aus welchen Gründen auch immer: Croner, die sonst fast nie als Autorin zu ihren Werken Stellung bezieht, sondern darauf bedacht ist, Distanz zu wahren, bekennt sich im Vorwort zur 6. Auflage der *Psyche der weiblichen Jugend* dazu, die Veränderungen für diese Auflage „im Einklang mit dem tiefen Erleben der großen Zeit vorgenommen zu haben" (Psyche 1935, S. 99).

Die Haltung, die aus ihren Werken spricht, ließe sich als die illusorische Hoffnung beschreiben, mit der Konversion zum Christentum die Verbindung mit der jüdischen Identität nicht nur in ihrem eigenen

---

[48] Vgl. hierzu Barkai, Avraham: Jewish Life Under Persecution. In: German-Jewish History in Modern Times. Hrsg. von Michael A. Meyer. Band 4: Renewal and Destruction 1918–1945. New York 1998, S. 231–257, besonders S. 254–255; ebenso Friedländer, Saul: Nazi Germany and the Jews. Band 4: The Years of Persecution, 1933–1939. London 1997, besonders S. 15–16. Auch die Forschungsergebnisse Sander Gilmans und Shulamith Volkovs zum Phänomen des „jüdischen Selbsthasses" sind wichtig in diesem Kontext (vgl. Gilman, Sander L.: Jewish Self-Hatred: Anti-Semitism and the Hidden Language of the Jews. Baltimore 1986; Volkov, Shulamith: Selbstgefälligkeit und Selbsthaß. In: Jüdisches Leben und Antisemitismus im 19. und 20. Jahrhundert. 10 Essays. Hrsg. von S. Volkov. München 1990, S. 181–196. Schließlich sollte in diesem Zusammenhang auch auf eine Studie über Soldaten jüdischer Herkunft im deutschen Militär nach 1933 hingewiesen werden: Riggs, Bryan: Hitler's Jewish Soldiers. The Untold Story of Nazi Racial Laws and Men of Jewish Descent in the German Military. Lawrence 2002.

Bewusstsein, sondern auch in den Augen der nicht-jüdischen deutschen Bevölkerung hinter sich gelassen zu haben.[49] Diese Haltung wurde 1930 von Theodor Lessing mit einigem Zynismus als einer der drei sogenannten „Auswege" aus dem Dilemma des „jüdischen Selbsthasses" skizziert – und im Rückblick, bezogen auf das Schicksal der Juden unter national-sozialistischer Herrschaft, erschüttert uns Lessings Analyse:

> Die große Wandlung gelingt, jede ‚Mimikry' gelingt. Du wirst ‚einer von den anderen' und wirkst fabelhaft echt. Vielleicht ein wenig zu deutsch, um völlig deutsch zu sein. [...] [U]nd gerade weil dir das Christliche noch so neu ist, stellst du es etwas zu geflissentlich heraus. Aber immerhin: Nun bist du geborgen. Wirklich? Dein Leichnam ist geborgen. Du bist tot. Mit deinem Zwiespalt bist du gestorben.[50]

---

[49] Darauf, dass sie diese Verschmelzung mit der nicht-jüdischen Bevölkerung sogar schon 1913 positiv bewertete, verweist eine Passage in *Die moderne Jüdin*, in der Croner die Möglichkeit hervorhebt, dem Antisemitismus in der Großstadt Berlin durch Mimikry zu entgehen: „Wer weiß in einer Millionenstadt, ob eine ihm neu vorgestellte Persönlichkeit Christin oder Jüdin ist, vorausgesetzt, dass Name und Aussehen einigermassen indifferent sind?" (Croner, Die moderne Jüdin (wie Anmerkung 29), S. 141).

[50] Lessing, Theodor: Der jüdische Selbsthass. München 1984 [Erstausgabe: 1930], S. 50.

Else Ury – a Representative of the German-Jewish *Bürgertum*[1]

Martina Lüke

Since its first publication in 1913, Else Ury's (1877–1843) *Nesthäkchen* has been established as one of the classic and best-loved children's books for girls. By contrast, Ury's biography is still not widely known. This essay is a contribution to the re-discovery of Else Ury based on newly published documents of the Ury family and within the historical context of Ury's lifetime. Through the discussion of her life and her work, it aims to consider Else Ury's position in the spectrum of German-Jewish identities in early 20th century Germany.

With over thirty-nine books Else Ury was not only one of the most productive female writers of her time, she was also one of the most successful. The combination of an educated mind, humour and compassionate femininity made her books into bestsellers and she was highly celebrated. On her fiftieth birthday, on 1 November 1927, for instance, her publisher, Meidigers Jugendschriftenverlag, honoured her with a large reception at the famous Hotel Adlon.

Since the publication of its first volume in 1918/1919, Ury's book series *Nesthäkchen* has grown to be one of the classical children's series for girls and it continues to be passed on from female generation to female generation to this day. Ury's oldest friend Margaret (Grete) Levy was right when she wrote on Else Ury's 80th birthday: 'Ja, auch Kinder von heute lieben und verehren Dich noch, meine Else. Die "Ury" ist nicht vergessen'.[2] The ten volumes cover the life of the Berlin doctor's daughter Annemarie

---

[1] I would like to thank Godela Weiss-Sussex and Andrea Hammel for organizing the panel and their support during the editing process as well the participants of the conference for their insightful and very helpful comments. I am also grateful to Angelika Grunenberg (Cologne), Klaus Heymann (Ernest Keith Heiman, London), 'Redaktion ZeitZeichen' (WDR, Cologne), and the staff of the Leo Baeck Institute (New York) and the Institut für die Geschichte der deutschen Juden (Hamburg) for their support. I am most thankful to Reinhard and Reinhild Lüke and Inga Schimmel in Hamburg for help in retrieving important texts by Else Ury. I am also very grateful for the conceptual suggestions of the anonymous readers who read my initial submission.

[2] Levy, Margaret: In Memoriam. Else Ury. In: Association of Jewish Refugees in Great Britain Information. December 1957, p. 8.

Braun, a blond, bourgeois, quintessentially German girl, from infancy to becoming a grandparent. The books, the six-part TV series *Nesthäkchen* (1983), based on the first three volumes, as well as the new DVD edition (2005) caught the attention of millions of readers and viewers. The social and gender aspects of the *Nesthäkchen* books have influenced women and girls in Germany for over a century and this influence still continues today.

Despite the popularity of the books, however, they have been given little attention in academic or historical contexts and have been left out of important bibliographies on classic children's literature.[3] The fate of their author is not widely known, either. This might be because, apart from Ury's publications, only a small number of official documents and a few handwritten letters were left by her. However, in recent years Marianne Brentzel's biography *Nesthäkchen kommt ins KZ. Eine Annäherung an Else Ury; 1877–1943* (1992) and the updated version *Mir kann doch nichts geschehen: Das Leben der 'Nesthäkchenautorin' Else Ury* (2007) have started to bring the person and the author Else Ury to the attention of a wider audience.[4] In 2006, documents of, and interviews with, Else Ury's family and friends were published for the first time,[5] thus allowing a reconstruction of Ury's life through her works, through the eyes of her family and within the historical context. In the same year the first English translation of a book by Ury, *Nesthäkchen und der Weltkrieg* (written in 1916 and published in 1922), was published.[6] Another biography, which includes an overview of the reception of Else Ury's work appeared in 2007.[7] In addition, research

---

[3] Else Ury is, for example, not mentioned in Klassiker der Kinder- und Jugendliteratur. Ein internationales Lexikon. Ed. by Bettina Kümmerling-Meibauer. Stuttgart 2004.

[4] Brentzel, Marianne: Nesthäkchen kommt ins KZ. Eine Annäherung an Else Ury; 1877–1943. Munich 1992 [3rd ed.]; Brentzel, Marianne: Mir kann doch nichts geschehen: Das Leben der 'Nesthäkchenautorin' Else Ury. Munich 2007. Brentzel's books are problematic, however, as the author at times fails to distinguish between the fiction of the *Nesthäkchen* books, her own assumptions and factual information.

[5] Grunenberg, Angelika: Die Welt war so heil. Die Familie der Else Ury. Chronik eines jüdischen Schicksals. Berlin 2006. Hereafter cited as FU, followed by the page number.

[6] Ury, Else: Nesthäkchen and the World War. First English translation of the German Children's Classic. Translated, introduced, and annotated by Stephen Lehrer. New York 2006.

[7] Asper, Barbara; Hannelore Kempin; Bettina Münchmeyer-Schöneberg: Wiedersehen mit Nesthäkchen – Else Ury aus heutiger Sicht. Berlin 2007. This biography also summarizes the findings of Marianne Brentzel.

has been carried out into the representation of gender and the use of nostalgia in the *Nesthäkchen* books[8] and into Ury's Jewish heritage.[9]

In my analysis I would like to contribute to this re-discovery of Else Ury by showing how her social and cultural background is reflected in her writings. I aim to show that the identity of Else Ury, as shaped by her life and reflected in her work, combines patriotic German citizenship and Jewish cultural heritage, a position not untypical for the German-Jewish *Bürgertum* of the period. First, I will focus on Ury's relationship with German middle class culture and the important concepts of *Bildung* and *Heimat*. It is clear from her writing that she considered both concepts, but especially learning and education, as important for girls and women. Reflecting contemporary trends, Ury supported women entering the professions while showing that marriage and motherhood remained ultimately the most desirable goal.

I will then go on to look at her early writings which included Jewish themes and her complicated attitude towards German nationalism. The final part of this text focuses on Else Ury's exclusion from German society because of her Jewish background after 1933 and on the post-war dehistoricization of her texts.

Else Ury was born in Berlin on 1 November 1877, into a family of Jewish merchants. Her happy childhood and her life with the extended families Ury and Heymann provided the loving environment and inspiration to write her books. The prosperous bourgeois household with cook, governess, housemaid, doorman and impressive furniture which is described by Else Ury in her Nesthäkchen series or in *Studierte Mädel* (1906) is a direct reflection of her life in Berlin, particularly after moving to the Kantstraße in Charlottenburg and later on to Kaiserdamm. While her father Emil (1835–1920) became a successful merchant, her mother Franziska Ury (1847–1940) represented the German *Bildungsbürgertum*. Franziska passed her

[8] Redmann, Jennifer: Nostalgia and Optimism in Else Ury's Nesthäkchen Books for Young Girls in the Weimar Republic. In: The German Quarterly 79.4 (2006), pp. 465–483.

[9] Asper, Barbara; Theodor Brüggemann: Über eine frühe Erzählung von Else Ury: Im Trödelkeller. In: Die Mahnung 41.2 (1994), pp. 7–8; Stern, Guy: Leben, Werk und Ermordung der Else Ury. Ein Essay über die Nesthäkchen-Autorin. In: Gegenbilder und Vorurteil: Aspekte des Judentums im Werk deutschsprachiger Schriftstellerinnen. Ed. by Renate Heuer and Ralph-Rainer Wuthenow. Frankfurt 1995, pp. 217–228; Wilkending, Gisela: Spuren deutsch-jüdischer Vergangenheit in den kinder- und mädchenliterarischen Werken Else Urys. In: 'Hinauf und Zurück / in die herzhelle Zukunft.' Festschrift für Birgit Lermen. Ed. by Michael Braun, Peter J. Brenner, Hans Messelken and Gisela Wilkending. Bonn 2000, pp. 177–187.

interest in classic and modern literature, the arts and music on to her children.[10]

Sustained by these concepts of *Bildung*, Else Ury's siblings started successful middle class careers: Ludwig (1870–1963) became a lawyer, Hans (1873–1937) a medical doctor and Käthe (1881–1944), before getting married and starting a family, planned to train as a teacher. Else, however, despite attending the Lyzeum Königliche Luisenschule, chose not to pursue a profession. She started writing, under a pen name, for the *Vossische Zeitung*. In 1905 her first book, *Was das Sonntagskind erlauscht*, was published by the Globus Verlag. This collection of thirty-eight moral tales promotes pedagogical ideals such as loyalty, honesty and faithfulness. Ury's subsequent book *Goldblondchen* (1908) earned her an honorary remark by the influential *Jugendschriftenwarte* and a further five publications built on this success, until eventually the *Nesthäkchen* series was published between 1918 and 1925 and made her a famous author.

Bildung and the importance of a good education were regular topics in Ury's books, from *Baumeisters Rangen* (1910) to the *Nesthäkchen* series: in the former book the protagonists listen to Ludwig van Beethoven, Richard Wagner, Carl Maria von Weber or quote Johann Wolfgang von Goethe and Friedrich Schiller. Additionally, *Bildungsreisen*, in particular travels to Italy or to historical places and prominent architectural buildings in Germany – such as the Münster in Ulm or Heidelberg castle – are topics in almost all volumes.[11] Ury's successful series about the identical twins Bubi and Mädi, *Professors Zwillinge*, published in five volumes from 1923–1929, deals directly and indirectly with these concepts of *Bildung*, through the presentation of Italy's culture in *Professors Zwillinge in Italien* (1927) or the mention of the profession of the twins' father. *Studierte Mädel*, published in 1906, portrays women and girls who study at university, while, in reality, women only gained access to the university in Berlin in 1908. Even Nesthäkchen Annemarie Braun, despite her fun-loving mind and charming lack of orderliness, is always one of the best students. In many of her books

---

[10]See Kaplan, Marion A.: Freizeit-Arbeit. Geschlechterräume im deutsch-jüdischen Bürgertum 1870–1914. In: Bürgerinnen und Bürger. Geschlechterverhältnisse im 19. Jahrhundert. Zwölf Beiträge. With a preface by Jürgen Kocka. Ed. by Ute Frevert. Göttingen 1988, pp. 157–174; Richarz, Monika: Frauen in Familie und Öffentlichkeit. In: Deutsch-jüdische Geschichte in der Neuzeit. Vol. III: Umstrittene Integration: 1871–1918. Ed. by Michael A. Meyer. Munich 1997, pp. 69–100. The importance of music, literature, and family concerts is also described by Else Ury's nephew Klaus Heymann (FU, pp. 46–47).
[11]Else Ury loved to travel herself and visited Italy with her brother Hans around 1927 (Brentzel, Nesthäkchen kommt ins KZ (see note 4), pp. 136 and 205).

Ury portrays women who start a career: Annemarie Braun's friend Vera becomes a photographer, her other friends Ilse and Marlene work as high-school teachers and her grand-daughter Marietta opens the holiday home 'Haus Nesthäkchen' for sick children at the sea-side. Ury's concern with social questions and women's involvement in public life is also obvious in her almost unknown book *Wie einst im Mai* (1930).[12] She describes the life of Fränze, the daughter of a wealthy factory owner, who, faced with war and despair, begins to engage in social work and successfully opens a 'Volksküche' (soup kitchen).

In *Nesthäkchen und der Weltkrieg* (written in 1916 and published in 1922) the girls at the school discuss whether it would be unpatriotic to speak the enemies' languages English and French, prompting Annemarie's teacher, Professor Möbius, to explain:

> Denkt nur mal, was für Folgen sich ergeben würden, wenn die deutschen Mädchen nicht mehr Französisch und Englisch lernen würden. Keine von euch könnte einen kaufmännischen Beruf ergreifen [...]. Aber auch abgesehen vom Beruf, ihr würdet ungebildet bleiben, denn Sprachkenntnisse gehören zur Bildung. (Pp. 50–51)

Independent women in Ury's stories, however, happily leave their professions as soon as they fall in love and marry. For Ury, who never married or had children herself, conventional concepts of the woman as mother and housewife were quite clearly essential.[13] This position was shared by many middle class women writers during the late 19th and early 20th centuries, a time still dominated by dualistic theories of gender.[14] At the same time, however, women's education was considered more and more important, and as many middle class women remained unmarried, access to suitable professional jobs was an important issue for the bourgeois women's movement.[15]

---

[12] See Wilkending (see note 9), pp. 181–184.

[13] See Brentzel, Nesthäkchen kommt ins KZ (see note 4), p. 65; Redmann (see note 9), pp. 470–473.

[14] See Weedon, Chris: The struggle for emancipation: German women writers of the Jahrhundertwende. In: A History of Women's Writing in Germany, Austria and Switzerland. Ed. by Jo Catling. Cambridge 2000, p. 114.

[15] Weedon (see note 14), p. 111. Personal experiences might have provided additional inspiration for these depictions: Else Ury's closest friend, Grete Levy was the owner of a well-known dance-school in Berlin (FU, pp. 136–137) and her niece Helen Ury (1910–1993) was a highly respected business woman (FU, pp. 43–44). The travels with Grete Levy to Heidelberg inspired Else Ury to portray Nesthäkchen as a student in Tübingen in *Nesthäkchen fliegt aus dem Nest* (1923).

Similar to her collection of tales *Sonntagskind*, Ury's other books represent values of the German middle class, such as the importance of family life, punctuality, discipline, loyalty, duty and order: 'Harmlosere Kinderlektüre läßt sich nicht denken, und kaum eine, die deutscher sein könnte. Goethe und Disziplin, Ordnung und Vaterlandsliebe gehörten selbstverständlich zum Alltag dieser Bürgerfamilie', Gabriele von Arnim states.[16] Overall, the Ury family seems to have been indistinguishable from the rest of the German middle class. As Emily D. Bilsky explains:

> [...] Jews were integrated into German society not through the political system, but through their economic success as well as their interaction with German culture. The ideology of this kind of cultural integration was known as *Bildung*, the individual pursuit of humanistic culture as an ideal.[17]

Heimat is another important topic that appears in almost all of Ury's books and was an essential factor on a personal level. In *Nesthäkchen und ihre Enkel* we read: 'Wenn sie daran dachte, Deutschland, das Rosenhaus und vor allem die liebe Großmama in wenigen Wochen verlassen zu müssen, dann empfand Marietta ein Weh, dem nichts in ihrem jungen Leben gleichkam' (p. 197). Before finally returning to Germany, Nesthäkchen's grand-nephew Horst Braun admits in a letter from New York:

> Inmitten des rasendsten Geschäftstrubels, mitten in der elegantesten Geselligkeit war ich einsamer als auf unseren Dünen. Ich schäme mich, es zu gestehen, aber ich sehne mich nach unserem guten Heimatswind, nach dem kräftigen Erdgeruch unserer Scholle. (*Nesthäkchen mit weißem Haar*, p. 175)

On a biographical level, Else Ury's niece Helen remembers the author's reaction during family discussions on buying a vacation home in Switzerland or Silesia: 'Wie konnte man Deutschland verlassen! Deutschland war für sie alles! Für uns alles!' (FU, p. 79). Thus, in 1926 the 'Haus

---

[16] von Arnim, Gabriele: Tödliche Liebe. Zum 50. Todestag: eine Annäherung an Else Ury, die Erfinderin des Nesthäkchens. In: Die Zeit, 15 January 1993. Additionally, of course, it is Ury's sense of humour in these 'serious matters' that makes her so captivating. In *Nesthäkchen und ihre Küken* (1924), for instance, the grown-up and mother Annemarie unwittingly serves a sand-cake made from real sand (pp. 18–40).

[17] Bilsky, Emily D.: Introduction. In: Berlin Metropolis: Jews and the New Culture, 1890–1918. Ed. by Emily D. Bilsky. Berkeley 1999, pp. 2–13, here pp. 4–5. See also Gidal, Nachum T.: Jews in Germany. From Roman Times to the Weimar Republic. With a preface by Marion Gräfin Dönhoff. Cologne 1999, pp. 234–239; Nipperdey, Thomas: Deutsche Geschichte. 1866–1918. Vol. I: Arbeitswelt und Bürgergeist. Munich 1990, pp. 396–413.

Krummhübel', later renamed 'Haus Nesthäkchen', was bought in Krummhübel (today Karpacz) in the Riesengebirge area in Silesia. Else Ury's brother-in-law Hugo Heymann, an engineer, helped with the restoration of the house. It was his idea to write 'Haus Nesthäkchen' – in the original German *Fraktur* letters of the *Nesthäkchen* book covers – in large letters on the wall of the house. 'Haus Nesthäkchen' became a widely known attraction for Ury's readers. On many occasions young girls waited in front of the house to get a glimpse of the famous author and often Ury would let them in, signing books or inviting them for tea. Her longing for safety and serenity becomes obvious in letters to her nephew Klaus, where she often mentions 'Haus Nesthäkchen' as a refuge from the outside world. She writes for example on 10 February 1938: 'Das "Nesthäkchen" scheint wieder seine Kraft zu bewähren. Ich fühle mich hier schon bedeutend frischer' (FU, p. 97) or, on 16 July 1938, 'Hier ist es wieder so schön wie immer, trotz alledem' (FU, p. 135). She mentions the exclusion and persecution – 'das Häßliche' – of German Jews, which she calls 'our people' using an English term, in a letter from Krummhübel to her nephew, but focuses on the beauty of the landscape: 'Über alles Häßliche schweift der Blick zu den Bergen hinauf. Die Gasthäuser hier sind alle leer, viele sind zum Urlaub nach Österreich gefahren. Our people fehlen ganz' (FU, p. 135). Her rootedness in her German *Heimat* and her longing for peace seems to have led her to a certain avoidance of reality, even though she clearly felt kinship with other German Jews.

Some of her earliest writings display her closeness to her Jewish background.[18] In the story 'Im Trödelkeller' (1909), with which Ury won a contest for Jewish fairytales by the Loge B'nai B'rith, she describes Jewish tradition and rituals such as Sabbath or Yom Kippur through the voices of the material possessions of the merchant Joseph, which come to life. The silver braid of Joseph's 'Kippa', his skullcap, for example, muses:

> Ach, was für erhebende Sederabende haben wir zusammen verlebt, auf seidenen Kissen haben wir gesessen, mein Herr und ich, und im Schein der hellen Festtagskerzen flimmerte ich und glitzerte ich zur Freude aller Kinder. [...] Noch heute höre ich das fragende Stimmchen des Jüngsten, der mit Stolz die erste hebräische Leseprobe in der "Manischtanno" ablegt. (P. 103)[19]

---

[18] See Asper/Brüggemann (see note 9), pp. 7–8; FU, pp. 29–31.
[19] The reference is to *Mah Nishtanah*, the four questions sung during the Passover seder.

In this story, Judaism is portrayed as essential for the happy and successful life of a German-Jewish family. The wealthy family in the story ends in poverty after the father dies and the children abandon the Jewish religion. The family's 'Mesusah', a piece of parchment with verses from the Torah, fixed to the doorframe, explains:

> Da wuchsen sie nun auf, ohne Frömmigkeit, ohne Ehrfurcht vor den Geboten ihrer Religion. Das Schönste im Leben eines Kindes, [...] das innige jüdische Familienleben und die Weihe der Festtage, lernten sie nicht kennen. [...] Ohne Gottesauge gedeiht nichts, das sollte sich auch in diesem Hause bewahrheiten. (P. 105)

Similarly, the story 'Die erste Lüge' (1911), published in the *Wegweiser der Jugendliteratur*, deals with the 'Laubhüttenfest' while the book *Wie einst im Mai* focuses on Jewish social activist and author Lina Morgenstern (1830–1909) as an inspiration and friend for the main protagonist Fränze.[20] Additionally Ury retold twelve fairy-tales for a calendar in *Das Theater*, which was published by Berlin's leading department store Kaufhaus N. Israel in 1906.[21]

However, despite actively practicing Jewish rituals – Else Ury's grandfather Levin Elias Ury was the director of the synagogue in the Heidereutergasse in Berlin –, the family did not consider themselves to be very religious, particularly not after the death of Else's father Emil.[22] In an interview, her niece Marianne Wallenberg explains:

> Wir haben nie etwas Jüdisches von Tante Else gelesen, als wir Kinder waren. Aber es hat uns auch nicht gefehlt! Wir sind gar nicht auf die Idee gekommen, nach etwas Jüdischem bei ihr zu suchen. Wir wußten alle, wir waren jüdisch. Aber – na gut, wir hatten eben jüdischen Religionsunterricht wie andere protestantischen oder katholischen hatten. Oder islamischen. Irgendwann haben wir im Deutschunterricht Lessings "Nathan der Weise" gelesen, und die Fabel von den drei Ringen, die die drei großen Religionen symbolisieren. Das war auch unser Empfinden: egal, was einer glaubt – der Mensch zählt, ob er nun Christ oder Jude oder sonstwas ist. (FU, p. 29)

---

[20] See Wilkending (see note 9), pp. 181–185. It is possible, as Wilkending points out, that Else Ury may have been acquainted with Lina Morgenstern.

[21] The store, founded by Nathan Israel in 1815, was sold and 'aryanized' in 1938. See A Tribute to Kaufhaus N. Israel 1815–1939. Collages and Paintings. Ed. by Deborah Petroz-Abeles. Pully 2003; Gay, Ruth: The Jews of Germany: A Historical Portrait. New Haven 1992, pp. 189–194. Compare also the Israel family collection (AR 25140) at the Leo Baeck Institute New York.

[22] See Brentzel, Nesthäkchen kommt ins KZ (see note 4), pp. 31–52; FU, pp. 23–34 and 44–46.

After the Austro-Prussian War Prussia had increased its territory and extended full legal equality to Jews (1869), which, following German unification under Otto von Bismarck in 1871, was extended to the entire Imperial Germany. At the same time, assimilation was for many Jews the foundation for social success and Klaus Heymann, Else Ury's nephew, for example, describes his family: 'Es war eine heile Welt. Die Welt war so heil – für mich als Kind – daß ich nicht mal wußte, daß ich Jude war. Das kommt einem heute ziemlich seltsam vor, aber es war typisch für viele Juden des deutschen Bürgertums' (FU, p. 50).

These contrary comments raise questions: while Ury's niece states that she knew about her Jewish heritage, Ury's nephew states otherwise. Despite the fact that we know about the author's early publication on Jewish topics we cannot resolve Ury's personal perception of her identity at this time. With regard to her writing, it seems likely that the publishing success of the *Nesthäkchen* and *Professors Zwillinge* series, which were exclusively focused on non-Jewish middle class protagonists, were such that she did not wish to jeopardize it by including references to the increasingly marginalized Jewish culture.

It is interesting in this context that Heymann's perception of a 'heile' middle class world is closely linked to the lack of a Jewish heritage. This could mean that the Jewish side of the family background was seen as problematic after all. There is no doubt, however, that Ury's assimilation and her identity as a member of the German *Bildungsbürgertum* was of the greatest importance to her.[23]

World War I intensified the patriotic feelings among the bourgeoisie and the Ury household was no exception there. Else's brother Hans volunteered immediately and, as a military doctor, was brought to the front in one of the first convoys. Her brother Ludwig joined him and her brother-in-law Hugo Heymann volunteered as well and received the *Eiserne Kreuz* for his merits.[24] Ury herself stopped writing and worked as helper for East Prussian

---

[23] On Else Ury's wish for assimilation see, for example, Brentzel, Nesthäkchen kommt ins KZ (see note 4), pp. 44–46; Rogge, Silvia: Späte Erkenntnis. Das Verhältnis der jüdischen Nesthäkchen-Autorin Else Ury zu Deutschland. In: Tribüne 28 (1989), pp. 211–215.

[24] FU, p. 52. On Jewish Patriotism in World War I see Brenner, Michael: Jüdische Kultur in der Weimarer Republik. Munich 2000, pp. 42–46; Gidal (see note 19), pp. 312–315; Pulzer, Peter: Der Erste Weltkrieg. In: Deutsch-jüdische Geschichte in der Neuzeit. Vol. III: Umstrittene Integration: 1871–1918. Ed. by Michael A. Meyer. Munich 1997, pp. 356–377; Schoeps, Hans Joachim: 'Bereit für Deutschland!'. Der Patriotismus deutscher Juden und der Nationalsozialismus. Frühe Schriften 1930–1939. Eine historische Dokumentation. Berlin 1970; see also the chapter 'Aus dem Traume

refugees in Berlin.[25] Her book *Nesthäkchen und der Weltkrieg* (written in 1916 and published in 1922) reflects these experiences: Annemarie enthusiastically participates by helping refugees, knitting for soldiers and exchanging gold for ammunition, while her father and brother Hans serve at the front. Else Ury's narrative ends it with the wish: 'Mögen es bald die Friedensglocken sein, die Deutschland durchjubeln – das walte Gott!' (p. 191). Similarly, in *Wie einst im Mai* the Franco-Prussian War (1870/1871), which resulted in the political unification of German states, is perceived as a patriotic event that unified Germans regardless of their religion, political views or social background: 'Dann aber erhob sich Deutschland, Nord und Süd geeint, alle Gegensätze, aller Parteienhader der Stämme, Staaten und Bekenntnisse hinweggeschwemmt von der starken Begeisterungsbrandung deutschen Nationalgefühls'.[26]

In her controversial final publication *Jugend voraus!* (1933) Ury focused once more on middle class values and portrayed Adolf Hitler's plans for restoring order and employment in a positive light. The volume finishes with a look into the future, when unity is demonstrated and the ideal of a *Volksgemeinschaft* is praised:

> In enger Volksverbundenheit schafften die jungen Akademiker Schulter an Schulter mit Arbeitern, Handwerkern, Angestellten und Bauernsöhnen. Das kameradschaftliche Zusammenarbeiten aller Volksschichten stärkte das soziale Empfinden der jungen Leute. (P. 203)

Parallels can be seen with the historically infamous 'Tag von Potsdam' (21 March 1933), the stage-managed opening of the Reichstag in the Garnisonkirche and the show of unity by Reichspräsident von Hindenburg and Reichskanzler Hitler, representing the unity of the old and new elites. In *Jugend voraus!* Ury relates Hindenburg's speech, which emphasized the unity of youth and nation and the book closes with the words: 'Das ganze deutsche Volk – alle wollen sie geeint an der nationalen Arbeit mithelfen!' (p. 207). Similarly, only a few pages before, the heroine Renate's confirmation is accompanied with the words: 'Das Geleitwort, das Pastor Richter ihr ins Leben hinein mitgab, lautete: "Sei getreu bis in den Tod, so

---

erwacht – Vollendung und Zerstörung der Emanzipation' in *Zwei Jahrtausende deutschjüdische Geschichte* (see note 25), pp. 138–145, and the note on 'Nesthäkchen und der Nationalismus' in ibid., pp. 146–147.

[25] Brentzel, *Nesthäkchen kommt ins KZ* (see note 4), pp. 104–105.

[26] Cit. in Wilkending (see note 9), p. 182.

will ich dir die Krone des Lebens geben." Ja, sie wollte getreu sein, ihrem Glauben, ihrem Volke, ihrer Pflicht' (p. 201).

The contrast between Ury's first stories, dealing with moral tales and Jewish tradition and these nationalistic political conceptualizations is puzzling. Of course, the reference to the unity of the whole German people might be read as an unspoken reminder by Ury that Jewish Germans were part of this people; but this and other similar uncommented passages have left critics wondering whether Ury was politically naïve and seduced by Nazi propaganda.[27] Other critics argue that her publisher, to please the regime, altered the text; similarly, they attribute the facts that the girls in the last illustration of *Jugend voraus!* (p. 205) wear BDM uniforms and that two flags with a swastika are visible might have to do with the Jewish publishing house's desire to ingratiate themselves with the National Socialist regime and thus avoid being closed down.[28] Ury's nephew Klaus Heymann certainly states that his aunt was very upset about this change (FU, p. 73). While neither of these interpretations can be falsified or verified without a doubt, it is clear that Else Ury shared many of the values of her bourgeois non-Jewish compatriots when it came to issues such as patriotism and Weimar politics. Stirred up by the media at the time, they feared unrest more than anything else and longed for an orderly resolution to political and economic troubles.[29] Ury shared this longing, hence her desire for 'happy endings' in her narratives.

Ury's attempt to create peace and harmony in her texts and in her life was ultimately destroyed by the rise of National Socialism. She had to leave the Reichsschrifttumskammer in 1935, which was equivalent to a publishing ban. When the NS regime forbade Jews to participate in cultural

---

[27] Lehrer, Stephen: Introduction. In: Ury, Else: Nesthäkchen and the World War (see note 6), pp. ix–xiv, here p. xi.

[28] Brentzel, Nesthäkchen kommt ins KZ (see note 4), p. 154.

[29] On 24 June 1922, for example, German-Jewish Foreign Minister Walther Rathenau was assassinated by a group of anti-semitic extremists near Else Ury's home in Berlin-Charlottenburg. Ury's bourgeois perception of the turbulent political events, the waves of strikes and riots in the fragile Weimar Republic, are amongst others obvious in *Nesthäkchens Backfischzeit* (1923). When Nesthäkchen tries to organize a 'Schülerrat' (Student's Council) at the Gymnasium, the director comments: 'Also Revolution – Revolution in meiner Schule! Das ist ja nett! Schülerrat – – ja, schämen Sie sich denn gar nicht, mir altem Mann mit derartig aufsässigen Ideen zu kommen? Haben wir noch nicht genug an der Revolution draußen im Lande?' (p. 49). And Nesthäkchen's father, Dr. Braun, jokingly asks girls at Annemarie's birthday party: 'Na, ist das lustige halbe Dutzend wieder mal versammelt? Was gibt's denn hier für eine Revolution, Jungs!? Ich, denke wir haben genug an der draußen im Lande' (p. 13). Other chapters, such as chapters 12 and 13, describe serious problems with the electricity and coal supply as a result of strikes.

events in 1933, the Kulturbund deutscher Juden, the organization of Jewish artists, became the only cultural forum for Jews in Nazi Germany and an important part in the lives of the Ury and the Heymann families.[30] In November 1937 the Nationalsozialistischer Lehrerbund asked for the exclusion of Ury's books from school libraries. She also had to face personal tragedy when her brother Hans committed suicide in 1937.[31] Nevertheless, it seems that the family still placed their trust in the judicial system and this attitude was not affected by the growing number of restrictions for Jews as a result of the *Nürnberger Gesetze* in October 1935.[32] 'Man muß korrekt sein wegen aller möglichen Konsequenzen', Ury's sister Käthe wrote in a letter in 1938 (FU, p. 104).

While Ury's niece Lisbeth Jachmann warned her brother Klaus in May 1938 not to return from London and, instead, expressed hope that the family would leave Nazi Germany before it was too late,[33] Ury and her siblings remained sceptical of these plans. For them, life in a foreign place seemed unthinkable. In November 1938, only days before the *Reichspogromnacht*, Else Ury wrote for example: 'Was wird nur aus den vielen Leuten, die heimatlos werden?' (FU, p. 176). Their hesitation seems hard to understand with hindsight, but was by no means unique among assimilated middle class German-Jewish families. With hindsight, too, Else Ury's reaction to their passports being confiscated on 5 October 1939 seems to lack outrage. Displaying her typical Berlin idiomatic language use, she declared: 'Froh bin ich doch, daß ich London noch kennengelernt habe [Ury visited her nephew in London in April 1938]. Jetzt wäre es damit Essig' (FU, p. 175).

How did this culturally aware family deal with the burning of the books in front of the Deutsche Oper in Berlin on 10 May 1933 – the most obvious end of Germany as a *Kulturnation*? How did the family react to the boy-

---

[30] See, for example, the letters of 30 October 1938 (FU, pp. 169–171) and of 4 November 1938 (FU, pp. 174–177).

[31] Since this tragedy was not discussed in the Ury family the circumstances are not clear. Else Ury's nephew Klaus Heymann points out that his uncle suffered from depression and was afraid of losing his eyesight (FU, pp. 76–79). Cf. also Brentzel, Nesthäkchen kommt ins KZ (see note 4), pp. 172–173.

[32] On the severe restrictions see, for example, Barkai, Avraham: Etappen der Ausgrenzung und Verfolgung bis 1939. In: Deutsch-jüdische Geschichte in der Neuzeit. Vol. IV: Aufbruch und Zerstörung. 1918–1945. Ed. by Michael A. Meyer. Munich 1997, pp. 193–224 and Friedländer, Saul: Das dritte Reich und die Juden. Vol. I: Die Jahre der Verfolgung. 1933–1939. Munich 1998.

[33] FU, p. 124 . See also Liesbeth Jachmann's letters from February (FU, pp. 90–91) and April 1938 (FU, pp. 117–118).

cotts of Jewish firms and institutions, e.g. Else Ury's former employers, the Kaufhaus N. Israel or the Meidinger Jugendschriftenverlag?

In two letters, dated 29 July 1938 (FU, p. 140) and 4 November 1938 (FU, p. 173), Hugo Heymann mentions that they listened to the German news on BBC,[34] thereby indicating that they were aware of a more critical perspective on the events in Germany than the 'news' spread by the Reichspropagandaministerium provided.[35] Also, in the process of Else Ury's purchase of 'Haus Nesthäkchen', her nephew Klaus Heymann claims that his uncle urged the family to buy a house in Switzerland as early as 1926:

> Onkel Hans riet ab und sagte: "Kauft euch nicht das Haus in Schlesien, siedelt euch in der Schweiz an! Kauft das Haus in der Schweiz." Er sah ganz deutlich, daß das Leben für die Juden in Deutschland nicht mehr lange sicher bleiben würde. Aber sein Rat wurde nicht befolgt, aus dem einfachen Grund, weil die Reise für Omama zu weit gewesen wäre. (FU, p. 79)

And in 1933, immediately after the National Socialist Party's rise to power, the Heymann family hired a Miss Appelbaum for weekly English conversation.[36] Could this indicate that the family was preparing for emigration?

Some of Ury's nieces and nephews had already left Germany: Fritz Ury and Klaus Heymann lived in London, Ilse Heymann emigrated to Palestine in 1935 and Lisbeth Heymann lived in Amsterdam. Children could file a request that their parents should be allowed to come and live with them, but Ury, unmarried and without children, had no one to advance her case. In a letter, Lisbeth Heymann describes how her aunt expressed uncertainty whether she should leave, too.[37] Certainly, the flights of friends and acquaintances became an increasingly discussed topic of conversation. Ury herself wrote after a birthday celebration in November 1938: '[...] Wenn man heute gesellig in einem Kreis ist, hat man das Gefühl sich in einem Wartesaal zu befinden. Jeder hat ein fernes Ziel vor sich und spricht von Ausreise'. And she adds: 'Es fehlt der ruhende Punkt im Wirbel des Geschehens' (FU, pp. 174–175). Evidently then, even the terror of November 1938 did not change her desire for calm and peace. In Berlin the family, only days after the *Reichspogromnacht*, went for walks and a letter to

---

[34] See also FU, pp. 56–61.

[35] Since her books deal with political events and topics such as inflation (*Nesthäkchen's Backfischzeit*) and expulsion and war (*Flüchtlingskinder*, 1924, *Lieb Heimatland*, 1916 and 1919/1920, *Nesthäkchen und der Weltkrieg*) Ury was clearly interested in contemporary politics.

[36] FU, p. 116.

[37] Letter dated 21 November 1938 (FU, p. 189).

Klaus Heymann simply reports 'Mein Jungchen, wir sind gesund. Urys auch' (FU, p. 180).
Eventually, Ury decided to stay with her mother Franziska. Her view of her position in Nazi Germany is expressed in a letter dated January 1939:

> Wie lange ich mein Haus ['Haus Nesthäkchen'] noch haben werde, steht dahin. [...] Ich möchte es als wertbeständig wie möglich halten. Aber einmal werde ich es ja doch abgeben müssen und für längere Zeit hinfahren kann ich nicht mehr. Ich kann in keinem Geschäft dort mehr Lebensmittel kaufen. Schade. Auch die Trennung geht mir nahe. Ich habe immer gedacht, daß ich, und auch die Eltern [Käthe and Hugo Heymann], später mal dort wohnen könnten, und daß es immer ein Stück Heimat für euch wäre. (FU, p. 203)

As this letter shows, Ury underestimated the dangerous greed of the National Socialist regime. Also, her euphemism 'abgeben' and her reaction to the ban on buying food, 'Schade', acknowledge but curiously veil the brutal realities of the NS law which imposed harder and harder restrictions on to German Jews and forced them into total isolation.[38] This unwillingness to confront reality and her hope for (an idealized) harmony of family and *Heimat* might have convinced her to stay, a decision which led to the loss of her home very shortly afterwards. On 13 March 1939, Ury's sister Käthe wrote: 'Wahrscheinlich wird heute das Schicksal des "Nesthäkchens" besiegelt. Sie [Else Ury] verliert alles, woran sie ihr Herz hängt: Menschen, Wohnung, Haus' (FU, p. 228). Indeed, Else Ury and her mother were forced to leave the apartment on Kaiserdamm and had to move into a 'Judenhaus' in Moabit.

Nevertheless, Ury tried to make the best out of this sad and dangerous situation. In June and July/August 1939 she returned to 'Haus Nesthäkchen' to spend one last summer there. Despite her personal sorrows and her health problems, she maintained her kindness, sensitivity and optimism, as her letters show. She mentions that she has begun to learn Spanish and that she plans to continue this interest after her return to Berlin.[39] Back in Ber-

---

[38] On the difficult decision to emigrate and the systematic isolation and deportation of the Jewish population, once the war started, see Maurer, Trude: From Everyday Life to a state of Emergency: Jews in Weimar and Nazi Germany. In: Jewish Daily Life in Germany, 1618–1945. Ed. by Marion A. Kaplan. Oxford 2005, pp. 217–373, especially pp. 255–373.
[39] A possible hint that, facing the impending loss of her beloved 'Haus Nesthäkchen', she considered joining her friends and relatives into emigration to South America? At least her last three volumes of the *Nesthäkchen* series, *Nesthäkchens Jüngste* (1924), *Nesthäkchen und ihre Enkel* (1924), and *Nesthäkchen mit weißem Haar* (1925), deal with emigration to Brazil.

lin, however, the persecution of the Jews had intensified and the situation became more and more difficult. Ury, describing Jews as her 'Glaubensgenossen', declared that she had 'so viel Mut, Charakter und die feste Entschlossenheit, ihr Los zu teilen'.[40]

Because the occupation of the Netherlands interrupted her correspondence with her sister Käthe, not much is known about Ury's last months. In October 1941 the deportations began in Berlin. Toni Davidsohn-Levy, one of Else Ury's last relatives left in the capital, was informed of her own deportation and committed suicide in November 1941. Ury was left alone and her own fate possibly loomed over her. Still her letter to Toni's daughter Marianne and her son-in-law Heinz on Toni's death expressed her concern and she tried to bring solace to others, even in the darkest hours (FU, pp. 336–337). This is the last preserved letter; after this date only official documents inform us about Ury's fate.[41] One year after the *Wannseekonferenz*, sixty-five year old Else Ury had to fill out a form declaring all her possessions and was ordered to render herself at the collection point to wait for transportation on 6 January 1943. Five days later she signed a release form, confirming that she would sell all her belongings to the NS regime. The last sign of her life is a form dated 12 January 1943, indicating that Else Ury, numbered 638, was deported to Auschwitz-Birkenau.

Ury's children's books are more than simple entertainment, they are fascinating historical documents. Middle class concepts such as *Heimat*, *Bildung* and family are at the centre of her texts. Her portrayal of women reflects the spirit of the bourgeois women's movement, keen on women being admitted to the professions, but ultimately conservative in their emphasis on marriage and motherhood. Reflecting the special situation of the assimilated Jewish middle class in Berlin, specifically Jewish themes are, except for her early writings, absent in the majority of Ury's texts, although the Jewish faith was clearly part of her life. She can be seen as a representative of those members of the Jewish bourgeoisie, who considered themselves to be patriotic Germans, albeit of Jewish religion, and who saw no paradox in this definition. Ury's nationalist discourse was in Nazi Germany transformed into National Socialist discourse and it is difficult to unravel who was responsible for this change. Finally, however, she was murdered

---

[40] Cit. Brentzel, Nesthäkchen kommt ins KZ (see note 4), pp. 180–181.

[41] For copies of the documents see Brentzel, Nesthäkchen kommt ins KZ (see note 4), pp. 209–244.

for being Jewish; 'Ich bin Jüdin' are some of her last written words.[42] Jennifer Redmann points out: 'If, as evident in the Nesthäkchen books, Annemarie Braun embodies the German-Jewish dream of assimilation, then the life of Else Ury represents one of its great tragedies'.[43]

In Germany today, Ury's best-known books, the *Nesthäkchen* volumes available are de-politicized; they are heavily edited and mutilated, as all historical references to Silesia or East Prussia or topics such as flight, expulsion and forced internment are deleted from the books.[44] It is not clear why these changes were made by the publishers in the editions after World War II. Did they, for example, by avoiding these painful topics of the recent past, try to provide optimism and simple delight through Ury's books? Additionally, the typical (Berlin) dialect and references to the Kaiser and his family in Imperial Germany, are left out. Other books such as *Lieb Heimatland*, *Flüchtlingskinder* and *Jugend voraus!* are – if at all – available only in second-hand bookstores. This is different abroad: in the US the historical context seems to be emphasized, the patriotic volume *Nesthäkchen und der Weltkrieg* was published in 2006 with an introduction and historical comments.

Ury's fate, too long overshadowed by the positive and loving world the author created in her books, remains a reminder of the horrors of the Holocaust and a now extinct culture. She deserves to be remembered and her work deserves to be published in its original form.

Bibliography of Else Ury's work used for this essay:
Was das Sonntagskind erlauscht. Berlin 1905.
Studierte Mädel. Berlin and Leipzig 1906.
Im Trödelkeller. In: Sammlung preisgekrönter Märchen und Sagen. Ed. by Handschriften-Kommission des U.O. B'nai B'rith. Stuttgart 1909, pp. 99–106.
Baumeisters Rangen. Berlin 1910.

---

[42] Ury signed the form for the 'Vermögenserklärung' (Declaration of Belongings), dated 17 September 1941: 'Ich bin Jüdin, gez.: Else Sara Ury' (see document 2 in Brentzel, Nesthäkchen kommt ins KZ (see note 4), pp. 227–228).
[43] Redmann (see note 9), p. 481.
[44] In the modern *Nesthäkchen* versions the complete volume *Nesthäkchen und der Weltkrieg* is, for instance, shortened to the summary 'Kriegszeit' at the end of *Nesthäkchen im Kinderheim*. In the original *Nesthäkchen im Kinderheim* (written 1915, published 1921) there is a scene when Annemarie Braun watches a submarine. This scene is edited out of post-war editions.

Lieb Heimatland. Berlin und Leipzig: 1919/1920.
Flüchtlingskinder. Berlin 1924.
Nesthäkchen und ihre Puppen. Berlin 1921.
Nesthäkchen erstes Schuljahr. Berlin 1930.
Nesthäkchen im Kinderheim. Berlin 1921.
Nesthäkchen und der Weltkrieg. Berlin 1925?.
Nesthäkchens Backfischzeit. Berlin 1925.
Nesthäkchen fliegt aus dem Nest. Berlin 1930.
Nesthäkchen und ihre Küken. Berlin 1930.
Nesthäkchens Jüngste. Berlin 1925.
Nesthäkchen und ihre Enkel. Berlin 1924.
Nesthäkchen im weißen Haar. Berlin 1925.
Professors Zwillinge in Italien. Berlin 1927.
Jugend voraus! Berlin 1933.
Nesthäkchen and the World War. First English translation of the German
Children's Classic. Translated, introduced, and annotated by Stephen
Lehrer. New York 2006.

Idealized and Demonized: Representations of Jewish Motherhood by Anna Gmeyner and Selma Kahn

Andrea Hammel

This article explores the concept of Jewish motherhood in two novels by German-language Jewish women writers. Both *Manja* and *Der Weg ins Dritte Reich* were written in the 1930s and depict the rise to power by the National Socialists in Germany and the consequences this development had on various sections of the population. Concentrating on the Jewish characters, this analysis focuses on representations of motherhood as both a guarantor for continuity and tradition as well as a concept that contains radical potential for change.

Motherhood was a contentious issue in 1920s and 1930s Germany. The First World War had widened the gap between women's and men's lives, because they had experienced the war years so differently. During the First World War German women had entered the work place in unprecedented numbers taking up jobs that had hitherto been occupied by men. Demobilization meant that most women had to leave these positions again to make way for the returning men. This undoubtedly created tension between the genders. According to Renate Bridenthal, Atina Grossmann and Marion Kaplan, the large numbers of 'homecoming divorces' and of 'surplus' women who were being denied husbands because of the decimated numbers of eligible men, stirred a mood of impending demographic disaster.[1] Thus, policy makers, politicians and part of the women's movement itself agreed that producing the next generation of healthy Germans was vital for the proper functioning of German society.

At the same time Germany saw the emergence of a new 'Angestelltenkultur', the creation of white-collar jobs available mainly in the cities. This meant that young single women came in large numbers to work in urban areas, as shop assistants and clerical assistants. These changes helped to create the so-called 'new woman', increasingly independent with some disposable income, living away from her family, interested in fashion and leisure pursuits. As Bridenthal et al. point out 'their heightened visibility in public places, and their changing sexual and procreative options preoccu-

---

[1] Bridenthal, Renate; Atina Grossmann; Marion Kaplan: When Biology Became Destiny. Women in Weimar and Nazi Germany. New York 1984, p. 7.

pied population experts and sex reformers'.[2] It was feared that the 'new women' would not make caring mothers.[3]

The sum of these social changes meant that the concept and practice of motherhood was something that had to be renegotiated by all German women. The situation for Jewish women was in part similar to that of their non-Jewish sisters and in part different. Social changes after the First World War had affected them in a similar way to any group of women in Germany, but according to Marion Kaplan there were small differences attributed to German Jewish women, probably also due to the middle class position the majority of the German Jewry inhabited. German Jewish women were not a homogenous group:

> Die jüdischen Frauen bildeten eine sehr heterogene Gruppe – von angesehen Frauen der Mittelschicht bis zu einer winzigen, aber wahrnehmbaren Anzahl "neuer Frauen", die ein unabhängiges Leben in den pulsierenden Städten der Weimarer Republik führten. Im Vergleich zu nichtjüdischen Frauen hatten jüdische Frauen im allgemeinen kleinere Familien, waren gebildeter und besaßen eher die Möglichkeit, eine Haushaltshilfe anzustellen.[4]

What was hardly ever disputed, however, was that the first duty of married women was to look after the family and that being a mother was to be a woman's primary aim whereas men would take on most responsibilities outside the home. This dualistic view of gender was still accepted by all but the most radical during the first third of the 20th century.[5] The bourgeois women's movement in Germany shared this view of different, but equally important spheres for men and women and campaigned for better maternity services to improve the circumstances of motherhood. The members of the Jüdischer Frauenbund supported this campaign.[6]

Motherhood was seen as the guarantor of continuity and tradition in both the gentile and the Jewish communities in Germany. However, with its concept of the matrilineal passing of religious identity in Judaism, Jewish motherhood takes on an extra dimension.

---

[2] Ibid., p. 11.

[3] Beutin, Wolfgang et als.: Deutsche Literaturgeschichte. Von den Anfängen bis zur Gegenwart. Sechste überarbeitete Auflage. Stuttgart 2001, p. 403.

[4] Kaplan, Marion: Der Mut zum Überleben: Jüdische Frauen und ihre Familien in Nazideutschland. Berlin 2001, p. 24.

[5] Weedon, Chris: The struggle for emancipation. In: A History of Women's Writing in Germany, Austria and Switzerland. Ed. by Jo Catling. Cambridge 2000, pp. 111–127, here p. 114.

[6] See Kaplan, Marion: The Jewish Feminist Movement in Germany. The Campaigns of the Jüdische Frauenbund, 1904–1938. Westport, CT 1979.

Here we will discuss representations of Jewish motherhood as part of a repositioning process between regression, continuity and change in Weimar Germany. We will show how two German-speaking Jewish women writers create very different representations of motherhood in two of their novels written in the 1930s.

In Selma Kahn's *Der Weg ins Dritte Reich* the main character, Susanne Levi, is a Jewish mother and proponent of humanist values, and an idealized representative of traditional life in rural Southern Germany.[7] Anna Gmeyner's representation of Jewish motherhood in the character Lea Meirowitz in *Manja* seems to be her opposite: Lea is demonized as a woman with questionable morals and an inadequate carer for her children. On a more symbolical level, she embodies the break-up of both Jewish and German society.[8] The literary representations of the female and Jewish 'other', the female body and positive as well as negative representations of motherhood in these two novels are the focus of this article.

Both writers under consideration here were mothers themselves: Selma Kahn, née Gottlieb, married the bookbinder Joseph Kahn in 1920 and in 1921 their only child Michael was born; Anna Gmeyner married the biologist Paul Wiesner in 1924 and in 1925 their only child Eva was born. Both women came from a German-speaking Jewish background: Kahn was born on 23 October 1888 in the small Southern German town of Berlichingen into a religious Jewish family. Gmeyner was born into a Viennese Jewish family in 1902.

In what way are these biographical details relevant to our analysis of the two authors' literary production? It could be argued that this question lies at the heart of the debate considered in this volume on German-Jewish women writers, 1900–1938. Considering motherhood adds a third dimension to the identity construction of German-Jewish women's writing. Biologically inherent in the female gender is the ability to give birth and as mammals we are able to feed our young. However, as important as these aspects are, my argument will show that these are the only biologically determined features and most other aspects of mothering practice are socially and culturally determined. Considering the representation of German-Jewish mothers in the texts of two German-speaking Jewish women writers leads us into a maze of multiple identity constructions, both in the biographies of the authors considered here and in their fictional works.

---

[7] Kahn, Selma: Der Weg ins Dritte Reich. Konstanz 2002. All further references to this novel are to this edition, abbreviated WDR.

[8] Gmeyner, Anna: Manja. Mannheim 1984. All further references to this novel are to this edition, abbreviated M.

Selma Kahn wrote five novels and over two hundred poems in German, many dealing with German-Jewish topics before and after 1933. When the National Socialists came to power in 1933, communal relations in her hometown turned sour very quickly and, very unusually for a family which was not involved in public politics, the Kahns made plans to leave Germany immediately. Selma Kahn emigrated to Palestine together with her husband Josef and her son Michael in June 1934, carrying her manuscripts including an early draft of *Der Weg ins Dritte Reich* in a secret compartment of their suitcase specially constructed for the purpose. After the war the couple lived in Nairobi, before settling in a home for the elderly in Southern Germany. Selma Kahn died on 20 February 1982 in Neustadt an der Weinstraße. None of her works was ever published by a conventional publisher during her lifetime.[9]

The contrast between Kahn's provincial lower middle class background and the amateur nature of her writing on the one hand and Anna Gmeyner's middle class Viennese upbringing and her promising early career as a dramatist on the other, makes the comparison between the two writers especially interesting. Anna Gmeyner was born into a bourgeois family in Vienna, her father was a solicitor. Already interested in being a writer as a child, she studied at Vienna University, before following her husband to Scotland, and then – after their separation – settling in Berlin. The first public performance of any of her work was the performance of *Heer ohne Helden* on 27 October 1929 in Dresden. The play focuses on a miners' strike Gmeyner experienced while living in Scotland. Two more plays followed, including one dealing with the mechanization of the modern workplace, which made Gmeyner part of the left-wing theatre scene in Weimar Germany.[10] But her career as a dramatist was cut short by the National So-

---

[9] In the 1960s Selma Kahn's manuscript 'Heimatland' was accepted by the Ner-Tamid Verlag in Frankfurt for publication. Due to the sudden death of the owner of this publishing house the project was never followed through. Proofs of the typeset manuscript exist as well as publicity by the publisher announcing the imminent publication of the novel under the title 'Der Heimatvertriebene' by Selma G. Kahn (Centre for German-Jewish Studies Archive, University of Sussex, SKP/2-04 and SKP/3-01. Selma Kahn sometimes used her maiden name, Gottlieb, as a middle name.) In 1975 the Hamburger Arbeitsstelle für deutsche Exilliteratur under the leadership of Jan Hans published an excerpt of the manuscript 'Der Weg ins Dritte Reich' as well as some poems under the title 'Gedichte und Prosa aus dem Exil' (an – incomplete – copy is held by the Centre for German-Jewish Studies Archive, University of Sussex, SKP/2-10.) The year 2002 finally saw the posthumous publication of *Der Weg ins Dritte Reich*.

[10] See Werner, Birte: Illusionslos. Hoffnungsvoll. Die Zeitstücke und Exilromane Anna Gmeyners. Göttingen 2006.

cialist rise to power. She also emigrated early, having decided not to return to Germany from Paris in 1933, where she had been working on a film project. She emigrated to England together with her second husband Jascha Morduch in 1936.

Considering the development of literary criticism over the last two centuries it becomes apparent that the importance of biography is heightened when considering texts written by the 'other', those outside the dominant literary discourse, as biographical details are one of the factors in this process of 'othering'.[11] As women and Jews both Kahn and Gmeyner found themselves outside the mainstream as writers. Gmeyner's radical left-politics and Kahn's rural background distanced them even further from the norm.

Both women and Jews have inhabited this position of the 'other' in society and in literature, albeit in different ways. The non-Jewish viewpoint has ascribed 'typically Jewish' attributes to the Jewish minority in a socio-psychological process of forming a majority identity. The majority-minority dichotomy cannot function when it comes to women and men. However, in a patriarchal society the male is seen as more powerful and the norm, the female as weaker and 'the other'. Thus when it comes to creating representations of women in literature, masculine projections have been most influential, not only in texts by male authors, but also in writings by women. One dimension to be investigated are similarities and overlaps when it comes to creating images of the Jewish 'other' and the female 'other'. In both cases a bodily difference is ascribed to the 'other'. The bodily difference between men and women manifests itself most clearly in the fact that women can bear children and, as we will see later, Jewish women's ability to bear children and thus contribute to the continuity of the 'race' or social group or culture marked them out for special attention by anti-Semitic forces. We will show how the discourses of both novel reflect and attempt to subvert this 'othering process'.

The character descriptions in Anna Gmeyner's novel *Manja* are based on stereotypes; they are based on the 'othering' process by the dominant patriarchal, non-Jewish society The descriptions are especially stereotypical when it comes to the women characters and the Jewish characters. The working class woman Anna, for example, is shown as a large, not very beautiful, but reliable and supportive woman who laughs when her husband

---

[11] See Weigel, Sigrid: Frau und 'Weiblichkeit'. In: Feministische Literaturwissenschaft. Ed. by Inge Stephan und Sigrid Weigel. Berlin 1984, pp. 104–120.

informs her that he has lost his job due to voicing his left-wing political opinions:

> Eduard starrt ungläubig auf dieses Gesicht seiner Frau, das breite mondrunde Kindergesicht mit den breiten Backenknochen, das eingefasst von zwei Flügeln spärlichen braunen Haares, das um den Scheitel immer schütterer und grauer wird, und in dem […] die kleinen Augen in Fältchen des Lachens fast verschwinden. (M, p. 40)

The lower middle class woman Frieda is thin, unattractive and generally miserable (M, p. 27) and the upper class trophy wife is shown as a doll-like beauty (M, p. 33). The Polish Jewish woman Lea is beautiful, but not very refined, exuding an unrestrained sexuality: 'Das Mädchen […] hielt den gesenkten Kopf in den schmalen, nicht sehr gepflegten Händen. Ihr rotbraunes Haar fiel wie eine Mähne darüber hin' (M, p. 42). She is willing to make physical contact in public with a complete stranger, the musician David Goldstaub: 'Ohne einen Takt der Musik zu verlieren, streckte er seinen Arm so aus, daß er sie vor der Härte der Säule [...] schützte, und sie schmiegte sich hinein, wie eine Katze in ein Kissen' (M, p. 42). Gmeyner clearly uses an image of Jewish women which was common in German literature and culture in the early 20th century, as Barbara Hahn points out: 'Jahrzehntelang, bis hin zur Wannseekonferenz hatte das Wort [die schöne Jüdin] im deutschen Sprachgebrauch eine merkwürdige erotische oder sexuelle Konnotation'.[12]

The novel *Manja* is set out as a a multiperspective view of five families and five children in a town in Germany: the working class Müllers and Karl, the lower middle class Meißners and Franz, the middle class intellectuals Ernst and Hannah Heidemann and Heini, the *nouveau riche* Jewish industrialist Max Hartung, his non-Jewish wife, Hilde Hartung and their son Harry, and the poor Eastern European Jewish Meirowitz family and Manja. The position of the narrator switches from chapter to chapter; in some chapters Gmeyner employs an objectifying filmic narrative technique,[13] in others it is the dialogues and the characters' inner monologues that draw in the reader. The latter technique allows Gmeyner to show her analysis of the social and political tensions affecting the different families. One example for this technique is the chapter 'Verzauberter Wald', in

---

[12] Hahn, Barbara: Die Jüdin Pallas Athene. Ortsbestimmungen im 19. und 20. Jahrhundert. In: Von einer Welt in die andere. Jüdinnen im 19. und 20. Jahrhundert. Ed. by Jutta Dick and Barbara Hahn. Vienna 1993, pp. 9–28, here p. 11.

[13] See Werner (see note 10), pp. 211–218.

which the assimilated rich Jew Max Hartung epitomizes traits of the self-hating Jew[14] in the dialogue, while the commentary provides the explanation for the situation in which the Jewish industrialist finds himself. From the beginning of the novel Gmeyner shows how Max Hartung rejects his Jewish background; he tries to cover up his negative physical characteristics – they are associated with his Jewishness –, he keeps his father hidden from public view because he does not want to be seen as the son of an East European clockmaker, and he hates all traits he identifies as Jewish in his own son Harry. When Harry complains that he does not enjoy being a member of the 'Jungvolk', the junior wing of the Hitler Youth, Hartung rejects the attempts of the boy to identify himself and his father as Jewish:

> "Ich schäme mich Papa ... und wenn wir 'Juda verrecke' schreien, dann muß ich immer lauter schreien als alle anderen. – Wir sind doch Juden."
> Der Junge fehlte ihm noch. Ein Stein um den Hals. Zwanzig Jahre hatte er gebaut am Haus seiner Sicherheit, Assimilation hieß das Zauberwort. [...]
> "Du bist ein Viertel Jude", rief Hartung, "also drei Viertel Arier." [...]
> "Ich sehe nicht aus wie ein deutscher Junge."
> Weiß Gott, das stimmte. [...]
> "Du siehst auch nicht aus wie ein deutscher Mann", sagte [Harry] ernsthaft [...]
> "Ich bin doch dein Sohn." (M, p. 224)

But the father's position in society is under such pressure and he has internalized the racial hierarchy to such an extent that he rejects his own son: 'Nicht ähnlich sind sie, nicht aus dem gleichen Stoff. Kein Spiegel der Welt zwingt ihnen Gemeinschaft auf, eine gefährliche, kleine Karikatur, eine abscheuliche Paßphotographie' (M, p. 225).

Gmeyner's narrative is especially astute when it comes to exposing interlinked gender and racial oppression. Both Lea Meirowitz and then her daughter Manja are violated because of their gender and their racial identity. After her husband Leo leaves the family, Lea needs to work several jobs as a cleaner to feed her three children and is forced to have sex with men when in financially precarious situations. One of her abusers is the pub landlord Hammelmann, who encourages her to drink and she ends up rambling drunkenly to her daughter Manja:

> 'Fette jüdische Sau' hat er zu mir gesagt. [...] Früher war ich ihm ganz recht, er hat gar nicht genug bekommen. Und für wen tut man's, für wen läßt man es sich antun

---

[14] For a detailed discussion of the topic see Gilman, Sander L.: Jewish Self-Hatred. Antisemitism and the Hidden Language of the Jews. Baltimore 1990, especially the chapter 'The Development of the Concept of Self-hatred', pp. 286–308.

von so einem Schwein? Aber die Kinder dankens einem nicht. Nicht einmal bezahlt für die Bedienung. Die Treppe schmeiß' ich dich hinunter. (M, p. 207)

At the end of the novel Manja herself is pursued by Hammelmann's nephew Martin who rapes her leading to the destructive end of the novel: Manja's suicide. Again this is a common theme: as Florian Krobb points out, the Jewish woman is shown as a victim of violence in many German novels since the late 19th century. The fact that both mother and daughter in Gmeyner's novel are sexually abused shows the continuity of the violation and is representative of another German-Jewish topos: similar to the male eternal Jew 'hat die Jüdin keine andere Möglichkeit, als ihr Leid, ihr Stigma an andere weiterzugeben'.[15] Because of Lea's inability to be a 'proper' mother to Manja, Manja's body and mind are exposed to danger and finally destroyed; Lea has thus passed on her own suffering. In most cases Gmeyner's narrative does not portray this in a highly dramatical development or in abstract philosophical terms. It is the everyday incidents by which Gmeyner shows how small minded morality and racist ideologies intermingle and expose the intersection of gender and racial oppression. In the chapter 'Begegnung mit der Einsamkeit' Manja is accused of stealing another pupil's handbag and the anti-Semitic teacher Fräulein Hubert makes Manja get undressed in front of the class, which is doubly humiliating as Manja has started menstruating.

> Dann steht sie still, völlig ausgeliefert, fremd und von woanders her, und der rote Fleck auf ihrem Hemd scheint von der Wunde zu rühren. Fräulein Hubert starrt auf diesen Fleck und wird weiß um die Nase. Es ist nicht nur die Enttäuschung, daß der Triumph der Entdeckung vereitelt wird. Es ist ekelhaft, empörend und regt Fräulein Hubert unbegreiflich auf. Daß eine noch nicht Dreizehnjährige blutet, hat etwas Verdorbenes, Gieriges, Unsauberes, das mit dem zynisch rafferischen Element ihrer Rasse geheimnisvoll zusammenhängt.
> "Zieh dich an, Meirowitz. Wie lange sollen wir noch euren Schmutz ansehen. Es ist eine Schande." (M, p. 248)

The menstrual blood should be a cause of celebration of fertility, but due to patriarchal and racially oppressive ideologies, it is made into something dirty and undesirable. Gmeyner here exposes the National Socialist ideology surrounding 'pure Aryan blood' in a gender-specific way.

In *Manja* there is a fine line between Gmeyner uncovering these oppressive power structures and occasionally even replicating them unwittingly,

---

[15] Krobb, Florian: Die schöne Jüdin. Jüdische Frauengestalten in der deutschsprachigen Erzählliteratur. Tübingen 1993, p. 251.

as in her stereotypical description of the characters' physical attributes. This is also true when it comes to her portrayal of Lea Meirowitz as a mother. Gmeyner shows the forces that lead to Lea becoming the person she is at the end of the novel. Her desire to escape from her Polish home-town, her brief sexual encounter with the troubled David Goldstaub – who commits suicide after their night together during which Manja is conceived – and her marriage to Leo Meirowitz to secure some support for her and the unborn child are all part of this process. The development of the novel as well as narrative processes discussed above show Lea as a victim, op-pressed as a woman and as a Jew.

Thus it could be argued that Gmeyner, who did not create any Jewish main characters in her earlier dramatic work, does not create a positive alternative to sexual and racial oppression. Indeed, her failure to create strong women characters was picked up by many critics.

While Berthold Viertel called *Manja* a 'Frauenbuch' in his review in the exile journal *Die neue Weltbühne* in 1938[16] and saw the book's women characters as a successful embodiment of the complex gendered power re-lations, more recent critics have given the novel a feminist reading and have felt that it does not live up to their expectations. Both Angelika Führich and Anne Stürzer suggest that Anna Gmeyner's literary career mirrors the withdrawal of women from public life under National Socialism.[17] They argue that Anna Gmeyner's plays were more radical regarding the devel-opment of the female characters than *Manja* and her later exile novel *Café du Dôme*. In *Heer ohne Helden*, for example, Gmeyner created an equal female partner, Maggie Lee, for the male political hero. Veronica Weisskircher claims that the female characters in *Manja* only play a subordinate role and concludes: 'Eine selbständig, unabhängig handelnde Frauenfigur gibt es in diesem Buch nicht'.[18] The active characters of the novel's plot are indeed all men: the intellectual idealist Dr. Heidemann, the politically active proletarian Müller, the petit bourgeois National Socialist Meißner and the Jewish parvenu Hartung. Women come into the fore-ground only in emergencies: Hanna Heidemann procures money to

---

[16] See Viertel, Berthold: Ein Roman um fünf Kinder. In: Die Neue Weltbühne 43 (1938), pp. 1354–1359.
[17] See Stürzer, Anne: Dramatikerinnen und Zeitstücke. Ein vergessenes Kapitel der Theatergeschichte von der Weimarer Republik bis zur Nachkriegszeit. Stuttgart 1993, p. 102.
[18] Weisskircher, Veronica: Österreichische Schriftstellerinnen im Exil: Anna Gmeyner, Lili Körber, Adrienne Thomas, Alice Rühle-Gerstel. Unpublished MA dissertation, Vienna University, 1992. p. 180.

be able to afford a break for her husband at a sanatorium. Anna Müller supports the family on her own emotionally and economically when her husband is imprisoned in a concentration camp while actively lobbying for his release.

Historically, this increase in public activity reflects the situation in which many German-Jewish women found themselves after the first wave of arrests in Germany in 1933 and then later after 9 November 1938 when mainly Jewish men were imprisoned. Women had to become the main breadwinners overnight while pursuing the release of their husbands or male relatives. Often they also investigated the possibility of emigration, which links these portrayals in the novel to the new position women had to adopt in the exile situation known to Gmeyner first hand.

Weisskircher and Karin Wenger both criticize the lack of strong, independent and radically different female characters in *Manja*. All female characters are defined through their role as mothers and partners of male characters. Wenger sees Gmeyner adhering to the concepts of the bourgeois women's movement before 1933, especially the concept of 'Mütterlichkeit' which included ideas about biological motherhood ('Mutterschaft') as well as social motherhood ('soziale Mütterlichkeit').[19] As discussed before most members of the German women's movement, but especially the bourgeois groups, did not seek to destabilize the different spheres of male and female lives. They fought for a society where motherhood and other caring tasks traditionally performed by women were valued, but not for a radical transformation of society.[20] In *Manja* the mothering role is important for the positive female characters, Anna Müller and Hanna Heidemann. Manja herself personifies the concept of social motherhood through her caring and loving nature.

But is Gmeyner's novel really only capable of replicating power structures? A feminist reading of *Manja* should look for alternative discourses or at least a subversive use of traditional discourses. It has been the task of feminist literary criticism to provide the methodology to uncover different ways of writing. The French poststructuralists Hélène Cixous and Luce Iri-

---

[19] Wenger, Karin: Orte des Weiblichen in den Romanen österreichischer Exilautorinnen: Anna Gmeyner: Manja. Ein Roman um fünf Kinder. Lili Körber: Die Ehe der Ruth Gompertz. Unpublished MA dissertation, Paris Lodron University Salzburg 1989, pp. 56–60.
[20] For a more detailed discussion on the representation of women and children in *Manja*, see Hammel, Andrea: Everyday Life as Alternative Space in Exile Literature: The Novels of Anna Gmeyner, Selma Kahn, Hilde Spiel, Martina Wied and Hermynia Zur Mühlen. Oxford 2008.

garay argue for a utopian essentialist understanding of femininity: they believe that fundamental differences between men and women exist and that the submerged resources of the female body are capable of producing an alternative discourse if rediscovered.[21] It could be argued that Gmeyner's narrative is a forerunner of this 'écriture féminine' by focusing on the physicality of the women characters, emphasizing childbirth and female bodily activities such as menstruating and, as we will see later, breastfeeding. Both within and outside feminist circles this position has been accused of supporting a kind of biological essentialism and a deterministic view. Although Gmeyner occasionally tends towards building her characters on essentialist notions, the overall development of the novel goes against these views. As we will see, Gmeyner exposes mothering practices as cultural and open to radical subversion.

Considering the complicated hyphenated identities Gmeyner inhabits, as a German-speaking Jewish Austrian Marxist woman refugee writer, which is also reflected in the fictional characters we examine here, the theories of Judith Butler seem a more useful template. Butler argues for culturally constructed patterns of femininity, which can be uncovered through an analysis of the many intersections between the biographies of individual women. Butler suggests that women's identities are a result of coalitions.[22] These coalitions are an especially strong and obvious feature in the characters portrayed in *Manja* and the narrator offers the reader insight into the inner dialogues between members of different social classes such as the working class Müller and the intellectual Dr Heidemann or the lower middle class Frieda Meißner and Anna Müller. Although the dialogues remain unspoken, they show the potential for coalitions. Some are converted into real 'spoken' dialogues later in the novel. In the end, these coalitions show that a simple binary opposition between the majority or the dominant discourse and 'the other' is meaningless.

Edward Timms sees the alternative discourse of the novel originating from the intersection of Marxist, feminist and anti-racist elements.[23] It can be argued that these alternatives are especially present in some of the

---

[21] See Weber, Ingeborg: Weiblichkeit und weibliches Schreiben. Poststrukturalismus, weibliche Ästhetik, kulturelles Selbstverständnis. Darmstadt 1994, p. 27 and pp. 31–33.
[22] Butler, Judith: Gender Trouble: Feminism and the Subversion of Identity. New York 1999, pp. 18–20.
[23] Timms, Edward: Prinzipien der Hoffnung: Kindheitserlebnisse und Frauengestalten in den Romanen von Anna Gmeyner. In: Keine Klage über England? Deutsche und österreichische Exilerfahrungen in Großbritannien 1933–1945. Ed. by Charmian Brinson et als. Munich 1998, pp. 100–111, here p. 104.

novel's discourse on motherhood: the chapter set in the maternity ward of the local hospital provides a striking example. The Polish Jewish mother Lea Meirowitz has given birth to the little girl Manja after a long and difficult labour. The baby is ill and might not survive. The working class mother Anna Müller offers to breastfeed the baby:

"Herr Doktor", sagt Anna Müllers dunkle Stimme vom Bett, "ich möchte gern die Kleine mitnähren, wenn Sie es erlauben. Vielleicht hilft es. Mein Bub hat mehr als er braucht." [...]
Zum zweiten Mal in dieser Nacht ließ Heidemann die Gebräuche und Vorschriften des Spitals unbeachtet und nahm ohne Zögern das Angebot an. Während die Schwester verwundert, aber kritiklos, Vorbereitungen traf, das Kind mitten in der Nacht der fremden Mutter anzulegen, richtete Lea sich im Bett auf. [...]
"Sie sind gut. Wenn ich nur könnte, wenn ich nur Milch hätte." [...]
"Ist doch eins wie das andere", sagte Anna und hielt die Hände über dem dunklen Köpfchen wie sonst über dem hellen ihres Jungen. Dieser einfache Satz drückte die Gemeinschaft aus, die zwischen all den Frauen bestand und wie ein Strom die weißen Inseln der Betten verband. (M, p. 85)

As a number of critics such as Joan Ringelheim and Barbara Hahn have argued, Jewish women were actively persecuted by the Nazis as the potential bearer of the next generation of Jews.[1] Gmeyner subverts this ideology by transgressing the very private action of breastfeeding. Intrinsically linked with childbirth and the survival of the newborn infant, in the twentieth century breastfeeding was normally performed within the nuclear family between a mother and her own baby only. Because a woman is shown to feed a differently racialized baby, daughter of a complete stranger, a direct challenge is made to the racial ideology of National Socialism and to motherhood in the patriarchal nuclear family. The scene following the quote above shows the happiness among all the women on the ward and so proves the possibility of a community of mothers as well. With this transgressive act of breastfeeding, Anna Gmeyner offers an alternative bodily discourse, taking place in an alternative domestic space and family arrangement. What Gmeyner shows us is not the overt political resistance to Nazism, but a narrative representation of the possibilities in everyday life. Her text represents what Mary Nolan terms 'Resistenz'.[2]

---

[24] Hahn (see note 15), p. 11 and Ringelheim, Joan: Genocide and Gender: A Split Memory. In: Gender and Catastrophe. Ed. by Ronit Lentin. London 1997, pp. 14–23, here p. 14.
[25] Nolan, Mary: The Historikerstreit and Social History. In: New German Critique 44 (1988), pp. 51–80, here p. 60.

Wenger's and Weisskircher's criticism of *Manja* suffers from a lack of historical contextualization: they fail to realize that the illumination of women's oppression as well as a partially negative outlook can be read as more radically feminist than the construction of strong female characters as role models. At the same time their line of criticism fails to discuss the truly radical moments of the narrative which are located in Gmeyner's portrayal of traditional women's spheres, which she transforms into a radical space.

Classic white feminists' identifications of patriarchy as the source of women's oppression and the family as a primary site of patriarchal domination has been criticized by black feminists for their lack of attention to the intersections of race and gender. As some black feminists have suggested, a discourse using domestic metaphors and images of motherhood can create a space for resistance.[3] The black American writer Sherley Anne Williams creates a scene similar to that in *Manja* in her novel *Dessa Rose*: the white woman Rufel breastfeeds the baby of the escaped slave Dessa when the latter is too weak to do so:

> The sight of him so tiny and bloodied had pained her with almost physical hurt […]. And only when his cries were stilled and she looked down upon the sleek black head, the nutbrown face flattened against the pearly paleness of her breast, had she become conscious of what she was doing.[4]

Motherhood has not been seen as a site of political and social change because of the aforementioned identification with essentialism. But this notion of essentialism is based on a specific discourse of white Western motherhood, which is universalized for all women. By examining specific practices of motherhood it is possible to explore their transgressive possibilities. Traditionally, poorer women, in the history of the United States primarily black women, have acted as wet nurses for the infants of privileged families. This is overturned in *Dessa Rose* as well as in *Manja* as in both cases, the woman situated higher in the race hierarchy is breastfeeding the other racialized baby. The novel suggests that the daily practices of motherhood provide a space for resisting dominant normative discourse. Thus, *Manja*, as a work of fiction written with the background of National Socialist ideology prescribing a specific, restricted notion of motherhood, provides a space of resisting the prescribed ideology.

---

[26] See Collins, Patricia Hill: Black Women and Motherhood. In: Collins, P.H.: Black Feminist Thought: Knowledge, Consciousness and the Politics of Empowerment. London 1999 [2nd ed.], pp. 173–200.

[27] Williams, Sherley Anne: Dessa Rose. London 1987, p. 101.

By contrast with Gmeyner's characterization of Lea Meirowitz, Selma Kahn's depiction of a German-Jewish mother provides a very positive image. *Der Weg ins Dritte Reich* is – like *Manja* – a *Zeitroman*, depicting life at the end of the Weimar Republic and under early National Socialism. Its focus on rural Jewish life makes it a rare find, as most novels of this genre concentrate on a more urban environment. It is also unusual as Kahn has clearly managed to give her novel a strong Jewish female main character, Susanne Levi. Not only does Susanne care for her son Joachim, she is also an equal companion in family life and business to her husband Rolf. This is not because of the radical nature of the narrative regarding gender politics however. *Der Weg ins Dritte Reich* adheres to the traditional dualistic model of separate male and female spheres. Susanne's involvement in the family business is explained by her husband's health problems.

> Der Haushalt, das Geschäft, alles unterlag ihren Anordnungen. Ihr Mann Rolf überließ ihr alles. Seine Gesundheit war geschwächt durch die harten, kalten Winternächte, die er über drei Jahre lang draußen an der Westfront gegen Frankreich im Schlamm und Schmutz der Schützengräben verbracht hatte. (WDR, p. 24)

This explanation serves two functions: firstly, it shows that Rolf has served as a front soldier in the First World War, committed to his patriotic duty to his German fatherland. Public debates had started already during the war years claiming that Jewish men had somehow not served in the German military as they should. This resulted in a census in 1916, the so-called 'Judenzählung'.[5]

Secondly, Kahn's narrative upholds the traditional dualistic theory of gender and the traditional division of labour while giving Susanne a strong involvement in all aspects of business and family life. Susanne takes part in the gatherings with her husband and his male friends and is shown to voice her opinions.

Kahn shows Susanne as an exemplary housewife, business woman and Jewish woman, who organizes Jewish traditions such as the Shabbat: 'Es war Sabbatabend. Susanne sah befriedigt über den Tisch. "Alles in Ordnung", stellte sie erfreut fest' (WDR, p. 24). In *Der Weg ins Dritte Reich* Jewish rituals have a positive meaning, although Kahn does not

---

[28]Angress, Werner: The German Army's 'Judenzählung' of 1916: Genesis, Consequences, Significance. In: Leo Baeck Institute Yearbook 23 (1978), pp. 117–137.

emphasize differences between religions but is eager to show that difference does not mean disharmony. Kahn uses dialogues between the different characters to explain the past, present and future of inter-religious relationships. For example Susanne explains how the different groups of the rural population used to take part in each others' celebrations:

> "Wir nahmen an christlichen und die Christen an unseren jüdischen Festen Teil. Es gab keinen Versöhnungstag, den nicht ein Teil der christlichen Bevölkerung [...] mitfeierte. [...] Das galt auch für das spätere Laubhüttenfest, für das viele Blumen schickten als Schmuck für die Laubhütte, als Verehrung oder auch manchmal als Dank für die Mazze vom vergangenen Osterfest. Für manche Bauersfrau war ein Stück Mazze beinahe eine Reliquie, sie galt als Schutz vor dem Blitzschlag. [...] bald nach dem Laubhüttenfest sah man wiederum am Kirchweihfest, wie sich jüdischen Mädchen mit christlichen Burschen im Tanze drehten." (WDR, p. 58)

These repeated statements on the success of inter-religious harmony serves to show a previous harmonious state which is now being disrupted by the National Socialist demagogues. Kahn portrays the National Socialist rise to power as a complete rupture in German society. For the Jewish characters in *Der Weg ins Dritte Reich* change is sudden and radical and numerous dialogues are devoted to explaining these changes.

Selma Kahn uses the feminine sphere of domesticity rather than the female body to reflect these changes, showing the radical potential of traditional feminine pursuits. Her choice of the domestic life of a German-Jewish woman as one of the main frames of reference in the novel creates a discourse of everyday life, which is, on the one hand, marked by its normality, but on the other, by the threat posed by political developments in Germany, as the following incident involving a fellow Jew, Mandelbaum, shows:

> "Kreuzdonnerwetter," fluchte er zornig und warf durch rasche Bewegung seines rechten Armes den vollen Aschenbecher über das blütenweiße, mit Rosen bestickte Teetuch. "Verzeihung, Frau Suse," er versuchte die Asche durch ein Kartenblatt wieder zurück in den Aschenbecher zu bringen. Doch die grauen Flecken blieben haften. (WDR, p. 49)

Selma Kahn uses the grey stains on the tablecloth as a metaphor for the threat posed by the National Socialist movement to the formerly peaceful situation of the village. The growing hostility cannot be wiped off the political map, as the stains cannot be wiped from the cloth. Domestic detail – 'das blütenweiße, mit Rosen bestickte Teetuch' – is used to conjure up images of treasured bourgeois domesticity, which is ultimately destroyed by the increasing threat from the Nazis.

Motherhood is clearly a central concept in *Der Weg ins Dritte Reich* even though Kahn does not discuss its bodily aspect. The first chapter of the novel begins with an intimate scene between mother and son, in which the son Joachim delights in counting the presents given to him on his sixth birthday. It becomes immediately clear that the family is Jewish, as Joachim starts to talk about the new teacher he is going to meet when he enters primary school as opposed to his old teacher at synagogue school. Differently from Gmeyner's portrayal of the Jewish mother being unable to care for her children, Kahn shows Susanne Levi as a caring, maybe even overprotective mother, who has to be convinced by her son that he is capable of walking to school on his own. There is a clear foreboding, however, of bad events about to happen as Susanne prays for his safe return: 'Du lieber Gott, [...] schütze seinen ersten Gang ins Leben' (WDR, p. 22). The development of the novel soon shows that Susanne can not protect her son from the outside world and his time at school and with the other children in the village becomes marred by racial discrimination.

In *Der Weg ins Dritte Reich* motherhood is not depicted as the everyday practice as it is shown in *Manja*. Thus it cannot subvert the dominant discourse in the same way. But mothers as the upholders of tradition and family generations are shown as proof of the rootedness of the Jewish population in the rural area. Kahn uses autobiographical material to make this point. A letter of congratulation to Kahn's ancestor Hirsch Wolf Kentenberger and his wife on the occasion of their golden wedding anniversary, dated 12 May 1887 and signed by local dignitaries, is among the earliest documents of the Kahn family papers collection. Selma Kahn uses this document in her novel: Rolf Levi reads it to his wife and friends as proof of the longstanding relationship of the family with the local squire and other important figures. The wording in each case is virtually identical; the original document starts: 'Die Unterzeichneten ergreifen mit Vergnügen die Gelegenheit, dem Ehepaar Hirsch Wolf Kentenberger zu Sindolsheim am Tag seiner goldenen Hochzeit, ihre herzlichsten Glückwünsche darzubringen'.[6] In the fictional version the name Hirsch Wolf Kentenberger zu Sindolsheim is replaced by Levi, with no geographical specification, and all the names of the signatories are changed. This utilization of family documents serves to illuminate the successful integration of a German-Jewish family into the community, in

---

[29] Centre for German-Jewish Studies Archive, University of Sussex, SKP/02-03.

contrast to the demagogues in the novel, who seek to destroy this connection. Kahn leaves little space for interpretation here. Rolf offers an explanation of the letter of congratulation: 'Das hier [...] ist ein Dokument, das den lauteren, guten Namen meiner verstorbenen Großeltern widerspiegelt' (WDR, pp. 145–146).

The focus here is not on passing on the stigma or passing on suffering, but passing on esteem in the community and rootedness in the locality. There is no internalized self-hatred or internalized victimhood. Thus it could be argued that the character Susanne is the strong female figure critics were looking for without success in *Manja*. In fact, she is the strong Jewish mother absent in Gmeyner's novel, providing the reader with an alternative to the dominant racist and patriarchal discourse.

Both novels aim to portray the changes in German society at the end of the Weimar Republic and during the early years of the National Socialist regime. By insisting on a radical rupture between the the years before and after the National Socialist ascent to power *Der Weg ins Dritte Reich* remains a much more one-dimensional text than *Manja*. Although the creation of a strong Jewish mother character is a positive alternative to many other books, Kahn cannot rewrite history and the character Susanne dies at the end of the novel, marking the failure of inter-religious harmony in Germany of the time. Gmeyner's narrative is much more sophisticated, explaining this failure in her varied representations of the intersection of racial and gender oppression. Although *Manja* does not provide a positive ending, Gmeyner manages to show moments of hope in her portrayal of the resistant moments in everyday life and especially in the everyday practices of motherhood.

Both novels reflect the contested nature of motherhood of the time: they do so less in relation to the development of women's emancipation and the advent of the 'new woman' than in relation to fulfilling the role of motherhood in difficult circumstances. In both novels the difficulties of being a mother under these problematic circumstances become abundantly clear, but neither narrative is devoid of small glimmers of hope for the future.

Urban Experience and Identity in Gertrud Kolmar's
Die jüdische Mutter

Monika Shafi

This paper examines Kolmar's attitude toward modernity, focusing on her first narrative, the novel *Die jüdische Mutter*. I contend that this novel's realist, melodramatic style does not preclude an intense engagement with urban culture as well as a nuanced awareness of its challenges and promises. It takes up some of the most pertinent topics of the Weimar era, i.e. anti-Semitism, gender roles, crime and violence, addresses them within an urban setting and employs, moreover, well-known urban tropes such as the detective, the labyrinth and the crowd. My analysis examines Kolmar's representation of the city and asks what specific urban identity emerges from the novel and how it relates to Weimar discourses on urbanity and modernity.

Gertrud Kolmar (1894–1943) is a writer without an appropriate place in German literary history and culture. Her work neither fits neatly into any of the literary period rooms – such as expressionism or neo-romanticism – nor does it follow the modern design trends *en vogue* during the Weimar Republic. A reclusive poet not connected to Weimar's extensive publication business and someone who shunned, for the most part, Berlin's literary circles, Kolmar's writing appears to be at odds with Weimar modernity and the progressive literary and social discourses it generated. Murdered in Auschwitz in 1943, her work, which for several decades after the war was largely unknown, has only in the past fifteen years experienced a slow, often halting discovery.[1] Today, Kolmar's extensive œuvre, which comprises several large poetry collections, two narratives, plays as well as letters to her sister Hilde, has been published and it continues to attract scholarly attention. Despite these developments, Kolmar's place in the canon is still tentative, an acknowledged, yet odd and therefore often devalued pres-

---

[1] For a recent overview of Gertrud Kolmar's publication history, see Nörtemann, Regina: Zur Wiederentdeckung und Rezeption des Werks von Gertrud Kolmar in BRD und DDR. In: Fremdes Heimatland: Remigration und literarisches Leben nach 1945. Ed. by Irmela von der Lühe and Claus-Dieter Krohn. Göttingen 2005, pp. 199–215.

ence.[2] Her fate as a German-Jewish woman poet who perished in the most infamous concentration camp yields many, and perhaps the most important, reasons for this contested canonical status. In addition, Kolmar's uneasy and ambivalent attitude to modernity at a time when modernity in all its manifold and conflicted manifestations – social, political, cultural, literary – was a most explosive force continues to contribute, I believe, to her ongoing marginalization.

In this essay, I will focus on Kolmar's approach to urban modernity by examining her engagement with the metropolis, the *Großstadt* Berlin, in her first narrative, the novel *Die jüdische Mutter*, which was written in 1930–31 but not published until 1965.[3] The metropolis is, as many critics have pointed out, *the* key site of modernity, and much of the modernist literature of the early twentieth century perceived the city in terms of dislocation and estrangement.[4] Thematically, *Die jüdische Mutter* underwrites this focus, and the text addresses some of the most relevant and most disputed topics of the Weimar period, chief among them gender roles, sexuality, crime, and violence and it employs such well-known urban tropes as the detective, the crowd and the outsider and, most importantly, the sexually deviant woman.[5] These themes and tropes as well as its date of origin,

---

[2] David Midgley in his otherwise excellent study on literature of the Weimar Republic makes only a very brief comment on Kolmar in the context of the periodical *Die Kolonne* ; see Midgley, David: Writing Weimar: Critical Realism and German Literature 1918–1933. Oxford 2000, p. 81. Ingo Stoehr devotes a paragraph to Kolmar but does not mention her prose works; see Stoehr, Ingo: German Literature of the Twentieth Century: From Aestheticism to Postmodernism. Rochester, NY 2001, pp. 212–213.

[3] The text was first published under the title *Eine Mutter* and in 1978 republished as *Eine jüdische Mutter*. Only in 1999 was it published under the correct title following Kolmar's typoscript *Die jüdische Mutter* (Kolmar, Gertrud: Die jüdische Mutter. Frankfurt 2003). See Jäger for a detailed overview of the text's publication history; Jäger, Gudrun: Gertrud Kolmar: Publikations- und Rezeptionsgeschichte. Frankfurt 1998, pp. 150–156.

[4] See the studies by Lehan, Pike (1998, 1981), Alter, Parsons and Timms. Lehan, Richard: The City in Literature: An Intellectual and Cultural History. Berkeley 1998; Pike, Burton: The Image of the City in Modern Literature. Princeton 1981; Pike, Burton: Images of the City. In: The Cambridge Companion to the Modern German Novel. Ed. by Graham Bartram. Cambridge 2004, pp. 110–122, especially. p. 113; Alter, Robert: Imagined Cities: Urban Experience and the Language of the Novel. New Haven and London 2005; Parsons, Deborah L.: Streetwalking the Metropolis: Women, the City and Modernity. Oxford 2000, especially pp. 17–43; Timms, Edward: Introduction: Unreal city – theme and variations. In: Unreal City: Urban experience in modern European literature and art. Ed. by E. Timms and David Kelley. Manchester 1985, pp. 1–12.

[5] Kacandes lists the following topics: 'socialism; relations between Jews and Christians; women and motherhood; women and work outside the home; sexual violence; euthana-

1930–1931, allow us to place the novel alongside such canonical texts as Alfred Döblin's *Berlin Alexanderplatz: Die Geschichte vom Franz Biberkopf* (1929), Erich Kästner's *Fabian: Die Geschichte eines Moralisten* (1931), Vicki Baum's *Menschen im Hotel* (1929), and Irmgard Keun's *Das kunstseidene Mädchen* (1932), novels to which we customarily turn in order to understand urban experience and representation in the late Weimar Republic. In *Die jüdische Mutter* the dominant trope of the city novel, an individual, disoriented or confused, facing an inhospitable and hostile collectivity,[6] is explored in its gender and racial conflicts, both of which leave Martha Wolg, the novel's protagonist in the end with no place to go to. Existing scholarship on *Die jüdische Mutter* has emphasized this outsider position and the different external and internal mechanisms – anti-Semitism prime among them – that produce it.[7] While fully recognizing the importance of this perspective, I wish to emphasize Martha's *own* modernity by comprehending this figure within the context of Weimar urban-social discourse which I will then relate to some of Georg Simmel's views on urbanity and capitalism.

Beginning with some brief remarks on early 20th century urban perceptions, this essay will inquire what specific urban identity and urban consciousness emerges from Kolmar's view of Berlin in *Die jüdische Mutter* and how these connect to Weimar discourses on the metropolis and modernity. I contend that the novel's intensely lyrical and often melodramatic style does not preclude a powerful engagement with urban culture as well as a nuanced awareness of its challenges. Like many other authors, Kolmar, too, is keenly aware of the unprecedented growth of the city and the ensu-

---

sia; extramarital sexual relations; suicide. Other plot elements raise the additional issues of abortion, the death penalty, homosexuality, the role of the media, the nature of criminals, and even the effectiveness of the police'. See Kacandes, Irene: Making the Stranger the Enemy: Gertrud Kolmar's *Eine jüdische Mutter*. In: Women in German Yearbook 19 (2003). Ed. by Ruth-Ellen Boetcher Joeres and Marjorie Gelus. Lincoln 2003, pp. 99–116, here p. 101.

[6] Pike, Images of the City (see note 4), p. 113.

[7] See particularly the extensive work by Lorenz (1991, 1993), on Jewish identity and anti-Semitism as well as Kacandes's astute analysis of the novel (2003); Lorenz, Dagmar C.G.: The Unspoken Bond: Else Lasker-Schüler and Gertrud Kolmar in their Historical and Cultural Context. In: Seminar: A Journal of Germanic Studies 4 (1993), pp. 349–369, here p. 360; Lorenz, Dagmar C.G.: Jüdisches Selbstbewußtsein und die kritische Darstellung des jüdischen Selbsthasses im Werk Gertrud Kolmars. In: Begegnung mit dem 'Fremden'. Grenzen – Traditionen – Vergleiche. Akten des VIII. Internationalen Germanisten-Kongresses. Ed. by Eijiro Iwasaki and Yoshinori Shichiji. Vol. 8. Munich 1991, pp. 128–138; Kacandes (see note 5).

ing major transformations of the urban experience,[8] but she is unimpressed by technological advances and new opportunities, turning her attention instead to waste and pollution, to the abject produced by the metropolis. If Weimar culture, as David Midgley suggested in his study *Writing Weimar*, can be read as a 'contest among writers and artists [...] over the interpretation of major cultural issues',[9] then *Die jüdische Mutter* ought to be seen as an intriguing and important contribution to this debate.

For centuries, the city understood both as material reality and as image has been a core literary topic drawn on to express fundamental values as well as social and mental shifts in European societies. As the place that ideally protected human beings from the dangers luring in the wilderness outside its borders, the city also incorporated from the very beginning a deep-seated uneasiness about its own accomplishments, as well as the fear of those aspects of nature that could not be tamed and domesticated. These uncontrollable features were invariably designated as feminine and in the transition from city to metropolis they reappeared *inside* the urban space.[10] Moreover, the increasing presence of women in the city led to profound male anxieties about the impact of these social changes on their identity.[11] With the advent of industrialization in the 19th century and the attendant changes in technology, social structures and consumption patterns, the city was perceived as disordered, fragmented and unintelligible. Industrialization engendered, of course, urbanization and the forces of unprecedented urban growth, specifically in the capitals, were felt in all parts of Europe.[12] Novel forms of traffic (buses, trams, subways), speed, noise, lights as well as the continual flux inherent to large crowds translated into a massive onslaught on time-honoured sensory perceptions, turning the city into 'the focal point for an intense debate about the dynamics of technological civilization and its effects on the quality of human life'.[13] Many European male avant-garde authors responded with disdain and fear to the new urban realities. The sheer magnitude of the city, its acceleration and ambiguity as well as the disorder of crowds were seen as chief sources for the lack of com-

---

[8] Alter (see note 4), p. xi.
[9] Midgley, Writing Weimar (see note 2), p. 353.
[10] Weigel, Sigrid: Topographien der Geschlechter: Kulturgeschichtliche Studien zur Literatur. Reinbek 1990, p. 173.
[11] Parsons (see note 4), especially pp. 1–17; Rowe, Dorothy: Representing Berlin: Sexuality and the City in Imperial and Weimar Germany. Aldershot 2003, here pp. 10–18; Huyssen, Andreas: After the Great Divide. London 1986, p. 52.
[12] Timms provides a good overview of the urban changes discourse, see Timms (see note 4), pp. 1–12. Also Alter (see note 4), pp. 121–140.
[13] Timms (see note 4), p. 1.

munity and the loneliness from which modern urban man suffered. Robert Alter has summarized these fictional urban representations most poignantly: '[T]he modern metropolis seems to earn a triple A-rating for angst, alienation and anomie'.[14] While this dismal diagnosis applies to numerous novels set in Weimar Berlin, texts, specifically by women authors, also point to the exhilarating energy, freedom and new opportunities the metropolis could offer.[15]

A late-starter to metropolitan status and size, Berlin had experienced a particularly rapid development and expansion. In 1861, the city had about half a million inhabitants; this number swelled to 1.1 million in 1875 and to 1.9 million at the turn of the century. By 1920 Berlin's population had almost doubled to 3.8 million.[16] As a result of such massive demographic changes, Berlin was plagued with overcrowding, poverty, crime and prostitution. Responses to the city's hurried transformation from courtly residence to industrial and cultural metropolis ranged from awe to aversion. Yet, overall negative assessments of the capital, which manifested a specifically German valorization of *Gemeinschaft* seemed to have prevailed.[17]

The new urban phenomena of dense traffic, crowds and electrification form the backdrop to Kolmar's narrative and they also provide for movement and change of scenery. The novel's title, however, seems to promise a narrative focusing on maternity that is, moreover, defined as Jewish and thus hinting at religion, race, ethnicity, culture and presumably also engaging with the anti-Semitism of its day. Motherhood, however, is what Weimar's *neue Frau*, the wage-earning, sexually liberated, athletic and fun-loving flapper, postponed, avoided or accepted only reluctantly and it is certainly not associated with the fast-paced life of work and entertainment offered in the city. Kolmar, however, chose a protagonist in whom tradition, modernity and myth coalesced, a professional woman who is also

---

[14] Alter (see note 4), p. 103.
[15] Boa, Elizabeth: Women Writers in the 'Golden' Twenties. In: The Cambridge Companion to the Modern German Novel. Ed. by Graham Bartram. Cambridge 2004, pp. 123–137, here pp. 125–126.
[16] For a detailed history of Berlin see Exerzierfeld der Moderne: Industriekultur in Berlin im 19. Jahrhundert. Ed. by Jochen Boberg, Tilman Fichter and Eckhart Gillen. Munich 1984, here p. 6.
[17] See Rowe (see note 7), p. 18; see Midgley, David: Asphalt jungle: Brecht and German poetry of the 1920s. In: Unreal City: Urban experience in modern European literature and art. Ed. by Edward Timms and David Kelley. Manchester 1985, pp. 178–192, here p. 181.

reminiscent of Demeter and her quest for Persephone.[18] Urban writers, as Deborah Parsons pointed out, describe not only the empirical reality of the city but they also add 'other maps to the city atlas; those of social interaction but also of myth, memory, fantasy, and desire'.[19] Kolmar used all of these concepts to depict the protagonist's uneasy relationship to maternity, race, gender and sexuality which underwrite her status as an outsider as well as the failure of Jewish assimilation. Most intriguing is that the protagonist's maternity is from the very beginning closely allied with sexuality and crime, and 'deviant' sexuality fuels, similar to many novels set in Weimar Berlin, most of the plot. But how are maternity and sexuality linked to the city?

The novel centres on Martha Wolg, née Jadassohn, thirty-seven, widowed, Jewish, and a photographer with a good eye for animal portraits. Divided into three sections, the first part describes Martha's relationship with her five-year-old daughter Ursa who is soon kidnapped by an unidentified man. Unaided by the police, she herself finds the child, brutally raped, in a nearby shed and takes her to the hospital.[20] Martha is horrified to see the pain of the traumatized girl and gives her a sleeping powder in order to spare her the agony of death or life-long trauma Martha believes will be inevitable. The second part focuses on Martha's efforts to find the rapist. To this end she contacts a lawyer, an astrologist and even visits a bar for transvestites – all deeply frustrating efforts that yield no results. A few months later, she meets Albert Renkens, a friend of her deceased husband, and she takes him as her lover. In exchange, he is expected to try to locate Ursa's murderer. The final part is dedicated to the relationship. Renkens in whom Martha eventually confides her role in her daughter's death quickly tires of Martha's 'strange' personality and the odd criminal pursuit and he decides to leave her. Unable to bear the dual loss of lover and daughter, Martha drowns herself in the Spree that runs close to her house.

The two separate story lines, the crime and the failed relationship, are merged through the experience of violence. Both shape the narrative, as the

---

[18] For a discussion of the Demeter myth in *Die jüdische Mutter*; see Shafi, Monika: Gertrud Kolmar: Eine Einführung in das Werk. Munich 1995, pp. 194–195.

[19] Parsons (see note 4), p. 1.

[20] This particular crime, the horrific rape of a child, though then still a literary taboo topic, most likely reflects a series of child molesters and murderers that attracted widespread media attention in the mid-1920s. See Colwig, Anja: *Eine jüdische Mutter*: Erzähltes Berlin, deutsches Judentum und Antisemitismus in Gertrud Kolmars Roman. In: Lyrische Bildnisse: Beiträge zu Dichtung und Biographie von Gertrud Kolmar. Ed. by Chryssoula Kambas. Bielefeld 1998, pp. 89–114, here pp. 96–99.

brief plot synopsis indicated, as a kind of search quest that also incorporates elements of the detective novel. Yet this genre's features, the deed, the criminal, and the detective, are not applied to the *solution* of the crime(s) but to the *search* for the perpetrator and the anguish of the victims, Ursa and her mother. This search mode lends itself particularly well to an exploration of urban space and of urban communities, and Kolmar leads her readers through an array of places and streets, appearing both as authentic and as slightly altered locations.[21]

Streets and crossroads obviously play a major role in city narratives and many a novel begins, as Steven Winspur noted, with a character going off somewhere.[22] *Die jüdische Mutter* is no exception; the opening paragraph describes how Martha Wolg is getting off the tram at a stop somewhere in the 'Nordwesten Charlottenburgs', then walking back a few steps to take the 'ungepflasterten Weg, der zwischen das Kolonistenland und die Roßkaempfer Wirtschaft rückte'.[23] The view from the tram leading up to this point as well as the unpaved path and its surroundings are recorded in great detail, and this initial movement of Martha walking, looking and examining sites/sights is repeated many times throughout the text. Passing through different city and nature terrains constitutes, in fact, one of the text's main structuring devices, evoking not only the figures of the loner and the detective, but also highlighting that the street is, to quote Winspur again, 'a metaphor for the narrative itself'[24]. Moreover, the unpaved path, suggestive of the transition between the urban and the rural world, and the multiple dichotomies of culture versus nature, civilization versus wilderness this binary evokes, foreshadows Martha's own social position and sexuality as well as the fate of her young daughter.

The novel's opening scene, showing Martha walking from the tram stop toward her flat, located in the 'schweigsame Haus' (DJM, p. 9) hidden from view by a wall and tall trees, indicates a crossing of thresholds that will reappear numerous times, thus initiating an important leitmotif. Beginning with this first transition from work and urban liveliness to the allotment gardens and dilapidated old buildings of Martha's neighbourhood, followed by Martha's progression from mother to lover and ending with

---

[21] Colwig (see note 20), pp. 88–94.
[22] Winspur, Steven: On City Streets and Narrative Logic. In: City Images: Perspectives from Literature, Philosophy, and Film. Ed. by Mary Ann Caws. New York 1991, pp. 60–70, here p. 63.
[23] Kolmar, Gertrud: Die jüdische Mutter. Frankfurt 2003, pp. 7–8. All further references are taken from this edition, abbreviated DJM.
[24] Winspur (see note 22), p. 60.

her suicide in the Spree, Martha moves between spaces and states of minds that are for the most part disconcerting and terrifying. Often portrayed as standing at a window and looking out, Martha is staring into a space that has been made inhospitable and alien by the city and its inhabitants.

Incidentally, Döblin's *Berlin Alexanderplatz* as well as Kästner's *Fabian* also begin with the protagonist riding the tram or moving through traffic, and the film *Berlin: Symphonie einer Großstadt* similarly opens with a train approaching the city. In Kolmar's work, too, the multiple references to trams and trains and by implication to traffic, motion and expansion, literally and symbolically set the text in motion. Yet, transportation and city-scapes as well as landscapes are marked as ugly, foreboding or decrepit. Train tracks appear as 'Gleisgezücht wie eine Schlangengrube' (DJM, p. 7), a hospital resembles a fortress ('Krankenhausfestung'; DJM, p. 7) and the ramshackle pub at the end of the path spells both danger and chaos. From the very beginning, the text stresses the lack of order, of tradition and appropriateness, hinted at also in the Mediterranean-style villas that look so out of place ('lächerlich südlich'; DJM, p. 7) in this Northern location. The metropolis is spilling over and spoiling what lies in its wake, producing debris and pollution and forever altering life styles, communities, and nature.

In contrast to Kästner or Keun whose narratives evoke for the most part the metropolitan culture of work, new consumption and entertainment patterns associated with the glitzy centre, Kolmar scrutinizes the city fringes, the margins, spaces in which the urban turns rural, thus assessing the city in the making. She focuses on the urban environment, the outskirts, namely Charlottenburg which in 1920 had been integrated to form Greater Berlin, and she observes how these city frontiers, spatial, social and mental border zones, are marked by destruction and loss. To her, the mushrooming city refracts nature and destroys it in the process. Trees, shrubs and flowers which are becoming part of the urban landscape are thus turned into 'dürftige[...] Straßenbäume' (DJM, p. 7), 'schütteres Gras' (DJM, p. 8) or 'zerraufte[...] Büsche[...] lila und roter Dahlien' (DJM, p. 8). The beauty of specific birds, landscapes or flowers, frequently evoked in the text and thus suggestive of nature as the authentic, the better environment, is overpowered by the city's expansive force. This urban growth manifests itself predominantly as waste, debris and litter. Surveying the view close to her home, Martha sees

eine Welt des Werdenden, des Unfertigen, der Gegensätze: auf unwirschem Wüsten- und Steppengebiet ungeregeltes Bauen. [...] Und dort wieder fraß sich als ekles Geschwür der Schutthaufen ein, der Müll: Porzellanscherben, löchriges Kochgeschirr, Pappe, verschimmelte Lumpen. (DJM, p. 25)

Upon finding her daughter, Martha uses very similar imagery: 'Sie fiel in den Winkel hin, wo es lag, in Unrat geschmissen, zusammengeknüllt, ein Papierwisch, ein Schuhputzlumpen' (DJM, p. 47). To perceive both the child's abused body and the surrounding habitat as abject, proposes, as Amy Colin pointed out, that the dehumanizing forces work on a personal as well as on a structural level.[25]

The multiple depictions of debris and pollution signal a growth that can neither be stemmed nor ordered. By describing the transformation of rural into industrialized space as a process of destruction and waste, Kolmar bypasses the dazzling manifestations of urban building and technology – the Kurfürstendamm in the evening neither impresses nor unsettles Martha – pointing instead to modernization's concomitant ugliness. Aware of the close link between technology and junk, Kolmar highlights the capitalist duo of production and waste whose logic has become fully apparent only in the second half of the twentieth century. Moreover, urban growth produces not only new material and conceptual realities but it also subsumes relationships under the new order of rationality and efficiency.

Martha perceives her encounters with others – be they people in the neighbourhood, hospital staff, friends or family members – as overwhelmingly negative. She observes primarily distrust, indifference, torpidity and hate. On the whole, the narrative paints an almost entirely bleak picture of human interactions and social relationships. Family and marriage, such as Martha's relations to her own parents, her in-laws or her gentile husband suggest, do not allow for support and compassion. The same holds true for religious communities, independent of denomination, or state authorities. The description of a gardener and his family whom Martha, who is frantically searching for her daughter, asks about Ursa's whereabouts provides a particular revolting example: 'Die Frau und zwei erwachsene Töchter saßen weiter so flätzig, so plump und breit und brotkauend und stierten die Eindringlingin an, böse, fast knurrig, wie Hunde, die man beim Fressen stört' (DJM, p. 28). Ugly, animal-like monsters, these three women show no interest in Martha, let alone compassion for her quest. Focused solely on their own needs and survival, they display the kind of self-absorption and indifference that Georg Simmel diagnosed as typical for the modern urban mentality.

---

[25] Colin, Amy: Gertrud Kolmar: Das Dilemma einer deutsch-jüdischen Dichterin. In: Literatur in der Gesellschaft: Festschrift für Theo Buck zum 60. Geburtstag. Ed. by Frank Rutger Hausmann, Ludwig Jaeger and Bernd Witte. Tübingen 1990, pp. 249–250.

Georg Simmel (1853–1918), the renowned German sociologist and chronicler of the modern metropolis singled out indifference as one of the prime conditions of the urban subject and his life. According to Simmel indifference is a result of the modern capitalist-urban economy, and money's disregard for all traditional social markers fosters personalities and social patterns based on calculability, objectivity and self-interest. In his famous essay 'The Metropolis and Mental Life' (1903) Simmel describes the metropolis as a social and psychological space in which the constant flood of impressions and stimuli produces a high level of differentiation and detachment as well as increased nervous life. While the metropolis offers freedom and independence requiring a rational conduct, its excess threatens to undermine the subject's autonomy and coherence. Urban people respond with distance and boundaries. 'The individual has become a mere cog in an enormous organizations of things and powers which tear from his hands all progress, spirituality, and value', wrote Simmel and subsequently 'life is composed more and more of these impersonal contents and offerings which tend to displace the genuine personal colorations and incomparabilities'.[26]

Martha's own behaviour also reflects this mental pattern. Pondering her decision to trade sexual favours in exchange for Renken's investigative efforts, she argues:

> Ich liebe ihn nicht. Ich liebe sein Haupt an meiner Brust, ich will seinen Mund, die Lende. Er soll mir auch leisten, was ich gefordert, [...] den Mörder meines Kindes verderben, und dafür will ich ihm lohnen. Das ist eine glatte Rechnung ... (DJM, p. 159).

She even concludes this calculation with the thoughts, 'Er hat mir gedient. Er hat ausgedient. Was man nicht mehr braucht, fliegt zum Müll' (DJM, p. 160), which bring the logic of capitalist exchange and rationality full circle. Like objects, emotions and human relationships have limited durability and use value, and thus need to be discarded when no longer needed. Martha's harsh words also indicate, of course, the extent of her disappointment and pain because Renkens has taken another lover. Yet the fact that she articulates her sex life in commodity terms indicates aspects of a modern metropolitan mindset. This mindset is also embraced by other figures in the novel, most fully by Albert Renkens himself.

For Renkens the business-like nature of their relationship as well as Martha's 'shameless' sexual behaviour denote her as a prostitute ('Dirne';

---

[26] Simmel, Georg: The Metropolis and Mental Life. In: Classic Essays on the Culture of Cities. Ed. by Richard Sennett. Englewood Cliffs, NJ 1969, pp. 47–60, here pp. 58–59.

DJM, p. 144).[27] He also calls her a 'Vampyr' (DJM, p. 155), and the description of the couple taking a winter walk in the forest overflows with dark and dangerous nature imagery: 'In flacher Bucht lag umwuchert ein Tümpel, dick eingesackt, tintig, schwarz' (DJM, p. 145). The sequence of oddly placed adjectives emphasizes female sexuality as devouring and treacherous. Referring to Martha as 'das schamloseste Weib [...]. Und zugleich das anständigste' (DJM, p. 142) indicates that he can only come to terms with these attributions by relegating Martha to the category of prostitute, the very embodiment of commodified relationships. Throughout the novel, Martha consistently violates/transgresses the deeply entrenched bourgeois code of respectability and its rules of sexual conduct: she takes a *younger* lover, this age difference is stressed repeatedly, she initiates and passionately enjoys sex, a behaviour that had irritated her former husband, she visits a bar for transvestites, and she is willing to symbolically sacrifice motherhood in exchange for companionship and sexual pleasure.[28] All these actions align her with a modernity she professes to abhor. What Kolmar is exploring here – and this topic continues to resurface in her poetry – is autonomous female sexual pleasure. This is certainly a most modern, most metropolitan and most progressive conduct but which none of the characters, including Martha herself, can begin to conceptualize or accept. By basing her sexual desires on her Jewish identity,[29] an explanation that seemingly allies Martha with racialized discourses and Jewish self-hatred, she points, it seems to me, to that part of her identity that is inalienable. Jewishness is as innately hers as is her body and it acts as a substitute designation for desires that had no place in the bourgeois order and that Martha struggles to come to terms with.

Moreover, the fascination and fear of 'deviant' sexuality displayed by Renkens and, one could argue, also by Martha's deceased husband, corresponds to a key reaction to Weimar modernity and Berlin, to be witnessed specifically in the work of male modernist artists who often depicted sexual transgression and violence. The collapse of the social order after World War I and the attendant significant changes in gender roles, embodied in the *neue Frau*, gave rise to profound fears and anxieties regarding established gender and power regulations. Tensions of the Weimar era were of-

---

[27] Georg Simmel regards prostitution as one of the clearest forms and expressions of capitalist logic and urban behaviour; see Simmel, Georg: Philosophie des Geldes [1900]. Frankfurt 1989, p. 514.

[28] She tears up Ursa's photo in order to demonstrate to Albert her commitment to him.

[29] Asked by Renkens to identify the source of her sexual knowledge and practices, Martha responds with, 'Mein Blut' (DJM, p. 144).

ten framed in terms of gender difference and projected on to the metropolis Berlin which came to be seen as a voracious and devouring female that symbolized the city's modernity.[30] Although outwardly Martha follows more in the footsteps of a traditional woman rather than the 'new woman', who in Berlin novels of the time was often conflated with the prostitute, her behaviour corresponds, in the eyes of the male characters, to this prototype and the metropolitan space she inhabits. The multiple links between sexuality, violence and city that are so characteristic of canonical texts and art work of this period,[31] resurface also in Kolmar's novel but focused on a female protagonist who both upholds and critiques the normative codes of her times.

Uprooted, unassimilated and unprotected by any community, Martha embodies not only the Jewish woman outsider but also a figure awkwardly wedged between tradition and modernity, between past and present, convention and innovation. While she participates in her professional life in the urban world, using trams and cameras, carefully organizing her time and money, observing and evaluating these modern realities and adapting the urban mindset of calculating rationality, she also strives to create a personal realm outside and cut-off from these trends, thereby exacerbating the rift. Every encounter in the city spells disappointment, mockery, indifference or even hate, but the world of the suburbs and the fringes provides no alternative. There is no Garden of Eden, nowhere. The artistic and elitist simplicity Martha crafts for herself and her child is discredited from the beginning and the geography of destruction is ubiquitous.

In one of the few scenes taking place in Berlin's centre, for example, Martha is walking down the Kurfürstendamm when she suddenly spots a young and very pretty girl that reminds her of Ursa. She decides to follow the young woman, a pursuit that leads her to the zoological garden. The move from the city's centre to the 'wilderness' of the zoological garden, from the heart of the metropolis to exotic solitude – a transition that again enacts the urban-nature binary – highlights Martha's obliviousness to the excitement of urban modernity. In fact, she hardly notices the cars and crowds, but she pays very close attention to the animals, whose pure way of being ('so klar und so eins'; DJM, p. 107) she far prefers to the conduct of the 'zwiespältig unklaren, lärmenden Menschen' (ibid.). The juxtaposition of these polar socio-spatial arrangements and mental states vividly ex-

---

[30] See Rowe (see note 7), pp. 138–140.
[31] For an extended discussion on the depiction of sex crimes in the works of artists, see Wilson, Elizabeth: The Sphinx in the City: Urban Life, the Control of Disorder, and Women. Berkeley 1991, here pp. 90–91.

presses Martha's distance and shows her, even in the heart of the city, to retreat from its plights as well as its pleasures.

One of Martha's most important characteristics is indeed her complete disinterest in and disregard for all of modernity's manifestations. The description of Martha's home, a small apartment in an old villa in Charlottenburg, metonymically conveys her anti-modern stance:

> Jahre-jahrelang kam sie nun heim, stets wieder hingenommen von Diesem, was sie zum ersten Male betroffen, als sie die Gasse und hinter der Mauer das schweigsame Haus entdeckt, und was sie vermocht, über alle Mängel der Wohnung hinwegzuleiten. Dies war ein Klösterliches, der Friede, die Abgewandtheit, Abseitigkeit eines Stifts, etwas Träumendes, etwas Vergangnes. (DJM, p. 9)

This account obviously emphasizes Martha's need for seclusion and silence, accentuating a contemplative stance and nostalgia for the past that stands in complete contrast to the new modes of work and entertainment, to the dynamic speed and vibrancy of the city. It also evokes a specific gender regulation, the asexual space of a convent that places Martha outside the heterosexual economy and that is possibly meant to guard her against her 'wild' sexual yearnings. A secluded, perhaps even sacred refuge for mother and child, it is nevertheless surrounded by wasteland that soon encroaches and destroys this pastoral realm. Implicit in the dual reference to 'Kloster' and 'Stift' is also a strong elitist sentiment. The archaic simplicity of the house – it still lacks electricity – appears to be an entity unto itself, a select, closed community, profoundly different from the rest of the world from which it is separated by strong physical and spiritual borders. The image with its romantic overtones prominently evokes the well-known dichotomy of the solitary figure who abhors the crowd, the mass that is to be distrusted and avoided. It thus allies Kolmar with a nature-inspired anti-urbanism and anti-modernity that was deeply entrenched in German culture and letters.

In addition, Martha repeatedly voices her abhorrence of any modern pursuit, be it listening to the radio, playing sports, or going shopping. In fact, she detests everything that has come to be associated with Weimar culture or being fashionable: jazz, cinema, entertainment or the sexual counter-culture. Her disdain for modern women who dress in stylish clothes or deal with their children in an egalitarian, fun-filled manner is as pronounced as is her disinterest in technology and the new media. It seems to be no coincidence that the advent of electricity in Martha's house concurs with her decline.

Yet, Martha herself is a professional woman, a successful photographer, working in a cutting-edge medium. Her sheltered home is only a few steps away from the tram stop and the garbage heaps are visible from her back-yard, suggesting that the divisions Martha erects are at best tentative. Such defences should enable her, who like so many other protagonists of modern city novels migrated from the province to the capital, to deal with a mate-rial and perceptual reality that she regards as alien and repulsive. And yet, like her parents, lower-middle class Jews from the East who never found their bearings in the city to which they had moved when Martha was only a child, Martha continues to abide to some extent by traditional norms. Al-though these customs are no longer self-evident to her, they exercise never-theless a strong pull. This transitional position is again metonymically ex-pressed through material reality, i.e. the objects and furniture in Martha's room. Martha's small apartment is filled with a few old-fashioned belong-ings that are depicted in great detail. For example, a large mahogany bed, a plush green sofa and a tiled stove give the room 'sein altväterisches, etwas spießiges Ansehn' (DJM, p. 10). Yet the narrator adds to this inspection: 'Da war alles säuberlich eingerichtet, schön abgestäubt und ordentlich hingestellt, doch schaute dies kleinbürgerlich Geputzte so fremd auf die Frau' (ibid.). The furniture, the petit-bourgeois decorative style and the lack of modern technology such as electricity align Martha with tradition and the world of her parents while her profession, her financial independence as well as her love life ally her with the city. Martha's social dislocation is thus accentuated not only through relationships but also through material reality such as her residence or her clothing. Martha also misses what Par-sons calls 'a connective relationship of the three realms of street, private room, and workplace'[32], again highlighting the lack of coherence and be-longing in her life.

These ambiguities and tensions are present on the substantive and struc-tural as well as on the narrative and stylistic level. The shifts between in-tensely melodramatic and lyric passages and a matter-of-fact report style contribute to the novel's overall unevenness. The text's overdrawn and un-balanced features lend it an overly dramatic and emotional quality that is, however, countered by subversion and critique. These contradictions, alli-ances to traditional as well as progressive discourses, allow for a unique contribution to 20th-century urban representation. Describing extraordinary events and the routine of a metropolitan dweller, a lonely woman in the crowd, Kolmar makes the urban identity presented in *Die jüdische Mutter* emerge from geography as well as from the mostly hostile atmosphere evoked by Martha's interaction with others. In contrast to texts by Döblin,

---

[32] Parsons (see note 4), p. 110.

Kästner or Keun, the novel does not present a portrait of a specific milieu, group or profession and it is also less concerned with fragmentary sensory perceptions or cinematic narrative techniques, yet, it, too, portrays the effects of the massive economic and social transformations to be observed in the metropolis. Moving through the centre *and* the suburbs, and crossing empirical as well as imaginary realms the work explores metropolitan, domestic and natural spaces and highlights the negative effects of (sub)urban growth on material reality and human relationships. By focusing on the by-products of metropolitan growth, waste and decay, and the creation of the abject, Kolmar reveals a nuanced awareness of modernity's most profound forces and counter-forces, and she seconds the traditional verdict of the city as ugly, rootless and anonymous. Modernity is thus not admired but abhorred.

Since the text's perspective is that of an outsider – the title, *Die jüdische Mutter*, indicating the main conditions responsible for it – , the narrative emphasizes a lack of community in the city. Kolmar depicts communities, be they national, social or religious as either actively eliminating those deemed different – anti-Semitism would be the prime example – or as unable to sustain any meaningful bonds. Solitary nature and a symbiotic mother-daughter bond, portrayed in an archaic, mythic manner, are posited as alternatives; but being brutally destroyed they only offer further proof of the violence and indifference rampant in the urban environment. While this juxtaposition of urbanity with the pastoral underwrites a traditional critique of modernity, the novel's protagonist explores, at the same time, gender modes that break away from established norms. Martha's professional commitment – albeit not to be understood as emancipatory self-realization, as a conversation between herself and Renkens indicates – and especially her avowed sexual desires, though highly conflicted, align her with Weimar's progressive trends and they, too, contribute to her urban identity. Simultaneously associated with and opposed to the metropolis, Martha faces both in the city and in the suburbs an antagonistic, often aggressive and hostile environment that show the city and the modernity it represents primarily as a force of destruction. Martha's final retreat from the city and its inhabitants, prompted by external as well as internal factors, and foreshadowed throughout the novel, ultimately designates the city as inhospitable, as a wasteland of spoiled landscapes, broken relationships and communities.

Topographien von Heimat in Else Lasker-Schülers Prosa

Andreas Kramer

Dieser Beitrag untersucht Darstellungen lokaler und regionaler Heimat in Lasker-Schülers Prosa mit dem Ziel, die verschiedenen Raumordnungen zu beleuchten, die ihr Werk durchziehen. Im Gegensatz zu Lasker-Schülers Behandlung von Stadträumen und orientalischen Topographien ist ihr Umgang mit regionaler Heimat – in erster Linie bezogen auf ihren Geburtsort Elberfeld und das Land Westfalen – bisher in der Forschung noch nahezu unbeachtet geblieben. In dem Versuch, einfache binäre Gegensätze (wie Großstadt und Randgebiete) aufzulösen, konzentriert dieser Aufsatz sich auf Textstrategien der Verlagerung und schlägt vor, dass Lasker-Schülers Prosa Heimat als Modell nationaler Identität anfechtet und den Begriff stattdessen als Denkfigur einer mehrfachen Andersartigkeit konstruiert. Darüber hinaus inszeniert Lasker-Schüler in ihren Texten Heimat als eine Heterotopie, als einen ‚anderen Ort' innerhalb der bestehenden sozialen Ordnung. Der Aufsatz geht der Frage nach, auf welche Weise solche Inszenierungen von Heimat mit deutsch-jüdischer Identität und mit Lasker-Schülers Position innerhalb der deutsch-jüdischen Moderne verbunden sind. Es wird postuliert, dass Lasker-Schülers topographisches Schreiben die Erinnerung an Ausgrenzung und Exil bewahrt und sich in seiner Widersprüchlichkeit und Gebrochenheit einer nationalen oder ethnischen Festschreibung von Identität entgegenstellt.

Leben und Werk von Else Lasker-Schüler sind geprägt von einer Auseinandersetzung mit der jüdischen Tradition im sozialen, kulturellen und sprachlichen Kontext Deutschlands. Bald nach ihrem Umzug in die Reichshauptstadt Berlin brach sie mit dem jüdisch-bildungsbürgerlichen Selbstverständnis ihrer Herkunft und fand Anschluss an die literarische Bohème. Die Verarbeitung ihrer Lebenswirklichkeit in der Hauptstadt des Deutschen Reiches, wo Lasker-Schüler nahezu vierzig Jahre verbrachte, ehe sie sich als „Verscheuchte" im Exil wiederfand, steht im Zeichen von Diaspora und Heimatlosigkeit. Diese beiden Merkmale kann man als Konstanten und als Voraussetzungen ihrer avantgardistischen Schreibweise und Poetik ansehen, die auch ethische und religiöse Momente enthält.

Vor diesem Hintergrund von Diaspora und Heimatlosigkeit gilt mein Augenmerk hier Darstellungen regionaler Heimat bei Lasker-Schüler, die wie die meisten Autorinnen und Autoren der Moderne aus der Provinz nach Berlin kam. Auch unter Bezug auf aktuelle kulturwissenschaftliche Diskussionen um ‚Raum‘ und ‚Topographien‘ geht es mir um drei Fragen: 1. Inwiefern dient die Kategorie ‚Heimat‘ als Sammelpunkt avancierter topographischer Schreibweisen bei Lasker-Schüler? 2. Wie verhält sich der Beschreibungs- bzw. Imaginationsraum ‚Heimat‘ zur urbanen Poetik und zum jüdischen Selbstverständnis der Autorin? 3. Und welche Folgen hat dieses Verhältnis für den Ort Lasker-Schülers in der Moderne?

„Ich bin in Theben (Ägypten) geboren, wenn ich auch in Elberfeld zur Welt kam, im Rheinland." (WB 3.1, S. 525)[1] So beginnt Lasker-Schüler eine autobiographische Notiz, die Ende 1919 in der epochemachenden Anthologie expressionistischer Dichtung, der *Menschheitsdämmerung*, erscheint. Der Satz führt den konventionalisierten Beginn jeder Biographie, die Lokalisierung von Herkunft und Geburt, und damit den Anspruch auf Wahrheit gewissermaßen *ad absurdum*. Zugleich ist der Satz ein Beleg von vielen dafür, wie die Autorin Dichtung und Wahrheit, Kunst und Leben miteinander verschränkt. In Texten und Briefen entfaltet sich das biographische Ich in einer Reihe von Figuren, wie Tino von Bagdad, Prinz Jussuf von Theben, Abigail oder Gulliver, deren nicht-deutsche Namen Andersartigkeit signalisieren und die zudem immer wieder die Geschlechtszugehörigkeit in Frage stellen, was Lasker-Schüler auch in entsprechenden androgynen Kostümierungen vorführte. Ob als orientalischer Prinz oder heimatlose Künstlerin, als Robinson (in dem zweiten Satz der anzitierten autobiographischen Notiz), Indianerhäuptling oder wilde Jüdin, die Gebaren und Kleidung der Ostjuden annimmt – all diese Rollen kann man als Versuche Lasker-Schülers auffassen, sich einen Platz als antibürgerliche Außenseiterin am Rande der bürgerlichen, männlich dominierten Moderne zuzuschreiben. Diese Strategie der mehrfachen Selbstmarginalisierung ist zugleich hochgradig performativ. Nicht nur werden die verschiedenen Ich-Figurationen ein wichtiger Bestandteil von Lasker-Schülers Kunstpraxis.[2] In der Anzahl und Abfolge dieser Namensgebungen, Rollen und Kostümierungen scheint sich außerdem ein Verlangen auszudrücken, ‚normale‘ Kategorien kultureller Identität (die quasi-naturalisierte Zugehörigkeit zu einem Geschlecht, einem Volk, einer Nation oder Religion) performativ zu unterlaufen und

---

[1] Die Sigle WB verweist auf Lasker-Schüler, Else: Werke und Briefe: Kritische Ausgabe. Hrsg. von Norbert Oellers u.a.. Frankfurt am Main 1996–2005, gefolgt von Bandnummer und Seitenzahl.
[2] Vgl. Hallensleben, Markus: Else Lasker-Schüler: Avantgardismus und Kunstinszenierung. Tübingen 2000.

zumindest vorübergehend Unabhängigkeit von bürgerlichen Identitäts-modellen zu demonstrieren.

Performativität ist damit ein wichtiges Strukturmerkmal der Texte von Lasker-Schüler, wie es Andrew Webber vor kurzem unter der ein-prägsamen Formel „inside out" erläutert hat.[3] Außenseitertum wird in den Texten auf radikale Weise in Szene gesetzt. Stets an bestimmte, vorübergehende Schauplätze und Orte gebunden, sind solche Ins-zenierungen der Kippfigur des „inside out" unterworfen. Indem die Autorin identitätstiftende Kategorien nicht einfach internalisiert, sondern nach außen wendet, auf den Kopf und in Frage stellt, versucht sie Webber zufolge, die real erlebte eigene Fremdheit zu bewältigen. Webber bezieht diese Strategie kategorial auf die Lebensbedingungen einer deutsch-jüdischen Dichterin in der modernen Großstadt. Die Arbeiten, in denen die Autorin ihre Positionen und Rollen vorträgt, entstehen in Berlin, aber sie platzieren das sprechende Ich, performativ, in ganz anderen Räumen. Mein Vorschlag lautet nun, Performativität auf die inszenierten Räume zu beziehen – und zwar nicht mit Blick auf die urbanen und die orientalischen Räume, die bislang die meiste Beachtung gefunden haben, sondern auf den regionalen Heimatraum der Autorin. Dies ist der Kontext meiner eingangs erwähnten Frage nach dem Stellenwert von regionaler Heimat bei Lasker-Schüler.

Eine weitere Komponente kommt hinzu, die mir für den avant-gardistischen Charakter von Lasker-Schülers Prosa wichtig zu sein scheint. Als topographisches Wort meint ‚Heimat' den Ort oder den Landesteil, in dem man geboren oder aufgewachsen ist, aber zugleich ist es stets mehr als nur geographische Markierung und bezeichnet einen affektiv besetzten Erfahrungsraum, der gleichwohl an einen bestimmten Ort oder eine bestimmte Landschaft gebunden ist. Dieser Raum kann retrospektiv, in die Kindheit oder Jugend, und auch prospektiv, d.h. als Wunschbild oder Sehnsucht in die Zukunft projiziert werden. Mit dem Zeitalter der großen, auch jüdischen, Wanderungsbewegungen der gesellschaftlichen Moderne tritt als kulturelle Erfahrung die Heimatlosigkeit verstärkt hervor, die sich als Mischung aus Entwurzelung von der vertrauten Heimat, als Entfremdung bzw. Infragestellung traditioneller Lebens- und Denk-formen und als Orientierungslosigkeit angesichts der verwirrenden Erscheinungsformen der Moderne manifestieren kann. Die projektive Energie von ‚Heimat' tritt in den Vordergrund und konnotiert dann oft

---

[3] Webber, Andrew: Inside Out: Acts of Displacement in Else Lasker-Schüler. In: Germanic Review 81 (2006), S. 147–162.

einen radikal ‚anderen Raum' als den, von dem aus man in entfremdeter Weise spricht bzw. an dem man sich als Entwurzelter befindet. In der literarischen Moderne wird ‚Heimatlosigkeit' und die Suche nach alternativer ‚Heimat' zu einem Faktor einer Poetik der Großstadt, die, wie etwa bei Rilke und den Expressionisten, die Stadt als heimisch und unheimlich zugleich vorstellt und die dort zu erlebende Gleichzeitigkeit des Geschehens, die Auflösung räumlicher und zeitlicher Ordnung in den Werken so nachvollzieht, dass sich alternative, parallele Topographien ergeben.

Bei Lasker-Schüler steht diese Dialektik von Heimat und Fremdheit, wie hinreichend dokumentiert, in engster Verbindung zu ihrem jüdischen Selbstverständnis sowie auch den orientalisierenden Gegenwelten, die sie mit ihrem poetologischen Imperativ der Erinnerung entwirft. Zugleich aber ist diese Dialektik auch der Urbanität und der Regionalität zugeordnet. In den 20er Jahren wendet sich die Autorin von ihren fingierten altorientalisch-biblischen Genealogien ab und ihrer deutsch-jüdischen Familiengeschichte, der Kindheit in Elberfeld und ihrer Herkunft aus dem westfälischen Landjudentum zu. Ihre Texte rufen generell zwar die Räume in der westdeutschen Provinz auf, aber sie konstruieren die zeitliche und räumliche Distanz zur Welt der Kindheit (ebenso wie die zur imaginierten Welt des Orients) immer wieder als Exil im Zeichen der eigenen Fremdheit. Ein realer geographischer Ort bzw. Raum, der der westdeutschen Provinz, wird mit Signifikanten ‚überschrieben', und sprachliche und rhetorische Figuren unterstützen solche Inszenierungen des poetischen Raumes in entscheidender Weise. Überschreibungen von regionaler ‚Heimat' sind bislang fast immer unter dem lebens-geschichtlichem Aspekt der Fremdheit gelesen, kaum aber auf den avantgardistischen Charakter des Werkes bezogen worden.[4]

Der oben zitierte Satz aus der Expressionismus-Anthologie gibt ei-nen Hinweis auf solche kulturellen Überschreibungen, auf parallele Topographien. Die beiden ‚Überschreibungen' (quasi-mythisches Zur-Welt-Kommen im imaginierten Orient und eingeräumter physischer Geburtsvorgang in der wirklichen Provinz) trennen Theben und Elberfeld voneinander. Doch indem die seit einem Vierteljahrhundert in Berlin

---

[4] Ein Beispiel hierfür liefert Ute Grossmann (Grossmann, Ute: Fremdheit im Leben und in der Prosa Else Lasker-Schülers. Oldenburg 2001), die Aspekte des Heimatbegriffs bei Lasker-Schüler benennt (bes. S. 94–101 und S. 178–190) und zu dem Ergebnis kommt, Heimat sei lebensgeschichtlich ein soziales Netzwerk aus freundschaftlichen Beziehungen und konzeptuell ein Ort geistig-seelischer Zuflucht. Damit sind Werk und Biographie wiederum getrennt.

lebende Autorin ihre rheinländische Herkunft betont (und das in einer repräsentativen Anspruch erhebenden Anthologie einer Bewegung, die ohne die Erfahrung der Großstadt kaum zu denken ist), indem sie diese provinzielle Abstammung im vorgeordneten Satz mit einer orientalischen Herkunft überschreibt, stilisiert sie sich gleich mehrfach zum Außenseiter. Korreliert sind Theben und Elberfeld auch dadurch, dass es sich um Orte der Diaspora handelt, wobei dem imaginierten Theben in der Gestalt des Jussuf bzw. des biblischen Joseph der Prototyp einer gelungenen Diasporaexistenz eingeschrieben ist, der zudem als Erwählter zum Verheißungsträger einer Rückkehr ins gelobte Land stilisiert wird. In diesem Sinne kann man Lasker-Schülers Überschreibung auch poetologisch auffassen. Beide Orte verweisen auf eine Heimkehr aus der Heimatlosigkeit, auf die Aufgabe also, die nach Lasker-Schüler die Kunst zu erfüllen hat.[5]

Mehr noch: die Konnotation von Ortsnamen, ihre Eigenschaft, kulturelle Topographien zu evozieren, werden zu einem bedeutenden Motiv (im Wortsinn: einem bewegenden Moment) von Lasker-Schülers Poetik. In *Mein Herz*, ihrem „Liebesroman mit Bildern", benutzt sie das Bild vom Ich als Landkarte (*Briefe nach Norwegen*; WB 3.1, S. 199). Kartographie ist ein wichtiger Modus der Ich-Inszenierung. In den Zeichnungen der Autorin, die sie manchen Briefen und Texten beigab, sind orientalische Phantasiestädte stets flächig und zweidimensional dargestellt,[6] was den kartographischen Eindruck verstärkt. Zuweilen sind diese Städte auch figuriert bzw. mit Figurenumrissen quasi-symbiotisch verbunden, z.B. in der Zeichnung „Die Häuptlinge gehen für ihren Kaiser auf Raub aus" (1915).[7] In Lasker-Schülers Prosatexten sind Ich-Figuren häufig mit Raumbildern verknüpft, wie umgekehrt geographische Orte und Räume engstens mit der Bildlichkeit des körperlichen und psychischen Ich korreliert sind.[8] Ihre Prosa verzeichnet zwischen den einzelnen Orten auf

---

[5] Zur Jussuf-Figuration und ihren poetologischen Folgen, vgl. Hammer, Almuth: Erwählung erinnern: Literatur als Medium jüdischen Selbstverständnisses. Mit Fallstudien zu Else Lasker-Schüler und Joseph Roth. Göttingen 2004, S. 195–205.

[6] Webber (wie Anmerkung 3), S. 152–153.

[7] Abbildung in: Else Lasker-Schüler 1869–1945. Bearbeitet von Erika Klüsener und Friedrich Pfäfflin. Marbach 1997 [3. Aufl.] (Marbacher Magazin 71), S. 157.

[8] Die Trias aus wahrgenommenem Raum, konzipiertem Raum und gelebtem Raum, die der französische Theoretiker Henri Lefebvre bei der Produktion modernen sozialen Raumes annimmt, wird in Analogie zu Konstruktionen des menschlichen Körpers gesehen; als Modell fungiert dabei das Herz. Vgl. Lefebvre, Henri: Die Produktion des Raums [1974]. In: Raumtheorie: Grundlagentexte aus Philosophie und Kulturwissenschaften. Hrsg. von Jörg Dünne und Stephan Günzel. Frankfurt am Main

dieser figuralen Landkarte horizontale Bewegungen (z.b. Stadt/Land, West/Ost, Europa/Orient), überschreibt diese aber immer wieder mit vertikalen Bewegungen, wie die großen Metaphern ihres Werkes (z.b. Herz, Stern oder Turm) mit ihren Akzentuierungen jüdischen Selbstverständnisses andeuten.[9] Ihr Text „Die rotbäckige Schule. Ein Bildchen" handelt von einer Geographiestunde, die ihren Ausgang von einer buntgescheckten politischen Landkarte nimmt und dann auf phantastische Weise Grenzen aller Art überschreitet (WB 3.1, S. 146). Es sicher kein Zufall, dass die progressive Pädagogik, die die Autorin hier anpreist, in einem Landerziehungsheim in Drehkau, einem Dorf im südlich von Berlin gelegenen Spreewald, praktiziert wird. Die Spannung zwischen Stadt und Land, Zentrum und Peripherie wird dadurch gesteigert, dass das Heim am Rande dieses Dorfes liegt, einen Fremdkörper an der Grenze der organischen Dorfgemeinschaft bildet. Das im Dorfnamen enthaltene Drehen und Kauen verbindet der Text mit dem Prozess der Erziehung, in den sich auch die Autorin als ‚Schüler(in)' versteckt einschreibt, und diese Körperbilder verweisen erneut auf die Strategie des „inside out" in Lasker-Schülers topographischer Poetik.

Eine Antwort auf die Frage nach der Rolle von regionaler Heimat bei Lasker-Schüler ist auch der deutschen Literaturgeschichte zu entnehmen. Etwa von dem Zeitpunkt ihrer Übersiedlung nach Berlin an wurde der Heimatbegriff von der völkisch-nationalen Bewegung instrumentalisiert. Mit Parolen wie „Los von Berlin!" vertrat ihr kultureller und kulturpolitischer Flügel, die Heimatkunstbewegung, entschieden anti-moderne Positionen. Die Großstadt, besonders das rasch wachsende Berlin, verkörperte für diese Bewegung alle Übel der Moderne: Materialismus und Kommerzialisierung, Entwurzelung und Entartung, schleichende Überfremdung durch Internationalismus und Judentum. Gegen den Naturalismus und dessen Fixiertheit auf die ‚soziale Frage' der

---

2006, S. 330–340, hier S. 337–338. Bei Lasker-Schüler liegt eine ähnliche Mehrstelligkeit der Raumkonstruktionen vor, die immer wieder Analogien zwischen Ich und sozialem Raum entfaltet, und wie der unorthodoxe Neomarxist Lefebvre weist sie der Kunst die Aufgabe zu, die Widersprüche von Alltags-, Planungs- und Medienräumen zu überwinden.

[9] Im „Wunderrabbiner von Barcelona" wird das verlorene Land in Alt-Asien bzw. Palästina im „Herzen" lokalisiert; Utopie wird, in Almuth Hammers schöner Formulierung, als „Kardio-Topie" gefasst (Hammer; wie Anmerkung 5; S.161). Der Raum Palästina wird zur „Sternwarte" jüdischer Heimat entterritorialisiert und jüdische Heimat als Stern in der Stirn verkörperlicht (WB 4.1, S. 16). Weitere Aspekte von ‚Heimat' als jüdischem Konzept behandelt Alfred Bodenheimer (Bodenheimer, Alfred: Die auferlegte Heimat: Else Lasker-Schülers Emigration in Palästina. Tübingen1994).

134

Arbeits- und Industriewelt setzte man auf konservative Werte wie die Bindung an regionale Heimat und Verwurzelung in der Landschaft. Eng mit der völkisch-nationalen Bewegung verbunden ist die sogenannte Heimatkunst bzw. -literatur, die sich auf Darstellungen vormoderner, agrarischer Lebensformen spezialisierte. Bei den dargestellten Landschaften handelt es sich oft um Randgebiete des neuen Deutschen Reiches oder des deutschen Sprachraums. In der Heimatkunst wird ‚Heimat‘ damit zu einer Figur deutscher, nationalkultureller Identität, die auf der aggressiven Verleugnung von Differenz beruht.

Im Berlin der Jahrhundertwende bewegte sich Lasker-Schüler im Umfeld von Autoren, die solch eine einseitige Besetzung des Heimatbegriffs und radikale Großstadtkritik zu modifizieren suchten. Zu ihnen zählten Ludwig Jakobowski, der als Mitherausgeber der ehemals stramm naturalistischen Zeitschrift *Die Gesellschaft* Gedichte von Lasker-Schüler veröffentlichte, und Georg Hermann. Beide forderten eine Erweiterung des Heimatkunstgedankens auf die neue Umwelt der Großstadt.[10] In dem Kreis der ‚Neuen Gemeinschaft‘ verkehrten neben Jakobowski und Lasker-Schüler auch die Brüder Hart – aus Westfalen nach Berlin gekommene Literaten, die den Naturalismus vom Milieu der Großstadt zu entfernen, seine Topographie zu erweitern suchten. Diese Gruppe teilte die Zivilisationskritik und Naturemphase der Heimatkunstbewegung, verfolgte aber radikalere Ziele als die ästhetisch anspruchslose und politisch reaktionäre Heimatkunst. Eine der ersten Dichter- und Erlösergestalten bei Lasker-Schüler war der gleichfalls aus Westfalen stammende Peter Hille, den sie zu einem Zarathustra stilisierte, der aus den Wäldern und Bergen in die große Stadt hintersteigt. Ihm ist folgender Satz an die „Jerusalemiter" in den Mund gelegt: „Wer seine Heimat nicht in sich trägt, dem wächst sie doch unter den Füssen fort" („Petrus und die Jerusalemiter"; WB 3.1, S. 56–57). Wieder sind Innen und Außen miteinander verschränkt, aber wichtiger in unserem Zusammenhang ist die Figur von Heimat als etwas Unerreichbarem. In seiner ‚verdrehten‘ Rhetorik stellt der Satz Heimat als zutiefst ambivalent vor: als Erfahrung eines Verlusts und als unaufhebbaren Aufschub (wobei die Doppelbedeutung von ‚fort‘ als ‚weg‘ und ‚weiter‘ zu notieren ist). Die Formulierung suggeriert, der Verlust von Heimat durch Migration und Exil sei durch fortlaufende räumliche und körperliche Bewegung wettzumachen, aber nie vollständig zu kompensieren. Der kaum versteckte Hinweis auf die

---

[10] Vgl. Jakobowski, Ludwig: Heimatkunst: Ein paar Glossen [1900]. In: Literarische Manifeste der Jahrhundertwende. Hrsg. von Erich Ruprecht und Dietrich Bänsch. Stuttgart 1970, S. 349–356.

jüdische Diaspora richtet sich strategisch gegen die völkische Besetzung des Heimatkonzepts im Deutschland der Jahrhundertwende, aber auch gegen die zionistische Forderung nach einem jüdischen Nationalstaat, in dem sich territoriale, politische und religiöse Vorstellungen von ‚Heimat' überlagern und als dessen Vertreter die Jerusalemiter unschwer zu erkennen sind. Im Kontext lehnt Petrus/Hille den Wunsch der Jerusalemiter ab, ihnen „ins verlorene Land ihrer Väter" (ebd., S. 56) voran zu wandern, woraufhin diese sich „heimwärts" wenden, während Petrus/Hille sich in die Berge zurückzieht.

Auch das Erlebnis der Großstadt steht in den Texten unter dem Zeichen von Heimatlosigkeit und Entfremdung, aber nicht ohne alternative Topographien von Heimat zu entwerfen. Wie viele andere Autoren aus der Provinz nach Berlin gekommen, erlebt Lasker-Schüler „die Fremdnis der großen Hauptstadtangst" („Unser Rechtsanwalt Hugo Caro"; WB 3.1, S. 525). Wieder befremdet die rhetorische Form: Die große Hauptstadt macht große Angst, wird zugleich aber als ‚eng' gedacht (die etymologische Wurzel von ‚Angst'). Auf engstem Raum sind Topographie und psychische Bedrängnis verklammert, eine der urbanen Erfahrung geschuldete Klammer, die das vorgeordnete Wort „Fremdnis" (grammatisch auf „Angst" bezogen) noch verstärkt. Der zentrale Ort der Bohème, das Café, wird Lasker-Schüler zur Heimat und dient ihr als Bühne, an dem normale gesellschaftliche Verhaltensweisen in karnevalesker Weise auf den Kopf gestellt werden, nicht zuletzt auch ein an Verwurzelung in Landschaft und Sprache gebundener Heimatbegriff. (In dem Text, aus dem das Zitat stammt, wird das Café des Westens als „Garten unter den Straßen" vorgestellt; der Garten wird uns weiter unten noch beschäftigen.) Das Café beherbergt, wörtlich und bildlich, „Kaffern" („Unser Café"; WB 3.1, S. 292), und seine Bezeichnung als „Zigeunerkarren" (*Briefe nach Norwegen*; WB 3.1, S. 196) signalisiert eine weitere Marginalisierung der alternativen Heimat, ihre grundlegende Ambivalenz als provisorischer Halteort und essentiell mobiler Durchgangsort. Dieses Prinzip der Umkehrung und Aufhebung nun dehnt die Autorin auf ganz Berlin aus. Dem Hauptstadtlärm entgeht sie dadurch, dass sie „im Geist" im stillen Elberfeld spazierengeht (WB 6, S. 105).[11] Die Großstadt Berlin wird zur Kleinstadt, da sie täglich mehr und mehr „einschrumpft", wie es in *Mein Herz / Briefe nach Norwegen* heißt (WB 3.1, S. 198). Technische und architektonische Entwicklungen wie der Bau der Untergrundbahn und die erhebliche

---

[11] Lasker-Schüler, Else: Brief an Paul Zech, Ende September/Anfang Oktober 1909; WB 6, S. 105.

Ausdehnung der Kulturindustrie reduzieren nicht nur den Naturraum in der Großstadt, sondern wirken sich auch auf die Raumwahrnehmung aus, wie das folgende Zitat nahelegt: „Unter Asphalt ist sogar hier die Erde begraben; einen großen Baldachin wie des Wintergartens dumpfer Sternenhimmel wollen sie jetzt über die Hauptstadt bauen; wo soll man hin dann b l a u sehn" (*Briefe nach Norwegen*; WB 3.1, S. 191).[12] Während die Autorin sich in Gebaren und Kleidung als Orientalin/Ostjüdin stilisiert, trägt sie ihre Gedichte, wie Kurt Hiller und Ernst Blass bezeugen, im rheinischen Tonfall vor, den sie auch anderweitig öffentlich verwendete.[13] In *Mein Herz / Briefe aus Norwegen* schlüpft sie in die fiktive Rolle der Amanda Wellbrecker aus Elberfeld, die sich als proletarische Freundin des Dichters Peter Baum ausgibt (ebd., S. 206). Lasker-Schüler gibt sich als anderssprechende Provinzlerin, die den linguistischen Imperativ der Moderne (Hochdeutsch) lustvoll in sein Gegenteil verkehrt.[14]

Eine weitere Konsequenz dieser radikal urbanen Poetik der Verkehrung findet sich in dem Essay „Die kreisende Weltfabrik" von 1922 (WB 4.1, S. 24–26). Berlin figuriert hier als die temporeiche, technisch-industrielle Umwelt, in der die Menschen zu Bestandteilen des Verkehrs- und Zirkulationssystems geworden sind („auf Rollen laufen die Einwohner"; ebd., S. 25). In einem Bild, das von Georg Simmel stammt und das sie selber bereits in ihren *Briefen nach Norwegen* gebraucht hatte (vgl. WB 3.1, S. 196), wird Berlin als unumstößliche Uhr der Kunst identifiziert, die hier weder vor noch nach gehe (WB 4.1, S. 26). Die Fabrik des Titels, Uhr und Verkehr stehen hier als Synekdochen für Berlin und seine Modernität, den Primat der einsinnigen Zeit über den Raum und die Produktion von einförmigem Raum. In einem weiteren Bild jedoch wird Berlin zum „unendliche[n] Häuseracker" (WB 4.1, S. 24). Das unbehauste, heimatlose Ich nimmt vorübergehend die *persona* des Bauern (des zugewanderten Provinzlers) an, die ihm einen alternativen Blick auf das Territorium der unheimlichen Stadt gestattet, der, nebenbei gesagt, eine beliebte Metapher der antiurbanen Bewegungen verwendet. Als pastorales Bekenntnis („meine

---

[12] Zu weiteren Umkehrungen am Beispiel der Berliner öffentlichen Verkehrsmittel vgl. Webber (wie Anmerkung 3), S. 152.

[13] Vgl. Expressionismus: Aufzeichnungen und Erinnerungen der Zeitgenossen. Hrsg. von Paul Raabe. Olten 1965, S. 30 und S. 40.

[14] In dem Gedicht „Abraham Stenzel" (WB 1.1, S. 316) korreliert Lasker-Schüler das Jiddische mit dem Plattdeutschen; *tertium comparationis* ist der Bezug auf das Hebräische und das Hochdeutsche, das im Gedicht ungenannt bleibt, aber manifest präsent ist. Das Gedicht „Jankel Adler" (WB 1.1, S. 232–233) zeichnet eine Topographie vom ostjüdischen Raum über Berlin bis hin zur „Wupperstadt", in der der polnische Maler lebte.

Liebe zu den Wiesen und Wäldern"; WB 4.1, S. 25) bekommt dieser Blick von oben auf die Stadtlandschaft am Ende auch poetologische Funktion: Allem, was der Boden und die Erde hervorbringen, inklusive der großen Stadt, habe sich die Kunst zu widmen. Als „Himmelfahrt" bekommt diese moderne Kunst dann auch eine religiöse Funktion der Erneuerung und Erlösung zugewiesen. Dieser Blick auf den zentralen Ort der Moderne skizziert eine alternative Topographie, deren verquere Bildlogik reale Räume verfremdet. Wenn der Text behauptet, gerade wegen der agrarischen Verfasstheit der Hauptstadt kehre der Künstler doch immer wieder nach Berlin zurück (WB 4.1, S. 26), also die bekannte Figur der Heimkehr, der Rückkehr in die Heimat, auf die Großstadt Berlin überträgt, wird diese zum Ort einer alternativen Heimat, der Kunst. Dieselben Bilder und Metaphern, die hier die Metropole (also die ‚Mutter-Stadt') kennzeichnen, hat Lasker-Schüler auch immer wieder im Bezug auf den eminenten Ort ihrer Elberfelder Kindheit gebraucht: das Elternhaus am Stadt- und Waldrand. In einer späten Prosa, im *Hebräerland* (1937) wird sie es auf die jüdischen Bauern anwenden, die aus der unfruchtbaren Erde Palästinas Land schaffen; als Nachfahren der ‚Wildjuden' sind diese als Erdarbeiter zugleich auch Künstler.

In den Berlin-Texten erscheint eine Topographie von ‚Heimat', die Identität und Differenz, vorgegebenen Raumbezug und künstlerische Freiheit zusammenbringt. Ich wende mich nun einer Reihe von Prosatexten zu, die sich mit ‚Heimat' im Sinne von regionaler Herkunft befassen. Diese Texte beschwören eine scheinbar behütete Kindheit und Jugend im Elberfelder Elternhaus herauf, auf die jedoch der im sozialen Umfeld erlebte Antisemitismus einen tiefen Schatten warf. Dem heutigen Wuppertal eingegliedert, war Elberfeld (den pastoralen Konnotationen des Namens zum Trotz) einer der ältesten und zugleich modernsten Industriestandorte Westdeutschlands, dazu in denkbar nächster Nähe zur Natur, zu den Wäldern und Bergen des Bergischen Landes und des Sauerlandes gelegen. Geographisch an der Grenze zwischen dem Rheinland und Westfalen angesiedelt, gehörte es im 19. und frühen 20. Jahrhundert politisch zu den Rheinlanden. Auch in sprachgeographischer Hinsicht ist Elberfeld bemerkenswert. Es befindet sich im westniederdeutschen Sprachraum, am äußersten Südwestrand, hart an der Grenze zwischen dem Westfälischen und dem Niederfränkischen. Gleichzeitig liegt es unweit der großen Sprachgrenze zwischen dem Niederdeutschen und dem Hochdeutschen, die südlich von Düsseldorf zunächst südwestlich verläuft und sich dann nach Osten fortsetzt. Elberfeld kann also als Grenzort in mehrfacher Hinsicht gelten.

Vor diesem Hintergrund kann man die frühe Ich-Erzählung „Elberfeld im dreihundertjährigen Jubiläumsschmuck" (WB 3.1, S. 151–154) als ein Experiment mit den ästhetisch-formalen Möglichkeiten einer Topographie von ‚Heimat' bestimmen. Der Text geht auf einen Elberfeld-Besuch Lasker-Schülers im Sommer 1910, gemeinsam mit ihrem Mann Herwarth Walden und mit Oskar Kokoschka, zurück. Dabei traf sie ihren dort lebenden Dichterfreund und Protégé Paul Zech, mit dem sie seit einiger Zeit einen Briefwechsel unterhielt. Zech gilt ihr später als „einzige[r] Heimatdichter im großen Stil" (*Briefe nach Norwegen*; WB 3.1, S. 222) und sie widmet ihm ein teils im Elberfelder Platt geschriebenes Gedicht WB 1. 1, S. 148). In einem Brief an Zech von 1909 heißt es, sie sei „heimlich verliebt in Elberfeld" (WB 6, S. 106); unter Fortfall des mehrdeutigen „heimlich" wird diese Formulierung zum Leitmotiv der Prosa von 1910.

Der Text, im September 1910 in Waldens Zeitschrift *Der Sturm* erschienen und dann wieder in der Sammlung *Gesichte* (1913), kann als der Beginn eines Prosa-Projekts ‚Elberfelder Kindheit' gelten, welches die Autorin dann vor allem in der zweiten Hälfte der 20er Jahre fortsetzte. Die narrativen Ereignisse des Textes ergeben eine lockere Folge von der Ankunft in die Stadt, über den Besuch des Elternhauses und der Jubiläumskirmes bis zur Abreise aus der Stadt. Liest man den Text aber gegen den chronologischen Strich, so inszeniert er, wie es ausgerechnet am Ende heißt, eine „Einkehr in meine Heimat" („Elberfeld im dreihundertjährigen Jubiläumsschmuck"; WB 3.1, S. 154). Der Raum dieser ‚Heimat' wird allerdings stark verfremdet.[15] In einer Art seismographischem Verfahren scheinen architektonische, geschichtliche und soziale Details der Örtlichkeiten auf, an denen sich das ‚heimkehrende' Ich gerade befindet. Insgesamt aber folgt der Text dem Schema plötzlicher Raumversetzungen, so dass Elberfelds Geographie fragmentiert, jeweils momentan konfiguriert erscheint. Die Wupper beispielsweise verschleift im Text immer wieder die harten Kontraste von Industrie- und Naturlandschaft, aber folgt man der antirealistischen Textbewegung, so ist ihr Verlauf in geographisch entgegengesetzter Richtung verzeichnet. Dasselbe gilt für die 1901–03 errichtete Schwebebahn, die zum mythischen Drachen auf Eisenfüßen wird, der durch die Luft fliegt. Neben Fluss und Schwebebahn gehören auch die einzelnen Stadtteile einer vor allem poetischen Landkarte an, obwohl der Text die sozialen Räume der Stadt, ihre historischen, religiösen und Klassengegensätze, genau zu verorten

---

[15] Dies der Tenor von Grossmanns knapper Lektüre, die die Verfremdungen von Raum und Zeit hervorhebt. Vgl. Grossmann (wie Anmerkung 4), S. 179–181.

scheint. Die Ränder dieser sozialen Räume sind Schwellenorte, wie die Motive des Öffnens und Schließens, des Eintretens durch Tore deutlich machen. In der „zahnbröckelnden" Stadt (ebd., S. 151) werden diese Orte *mit* dem Körper erfahren, und häufig auch *als* Körper. Unter dem Zeichen des „inside out" wird Außenraum zum Innenraum und umgekehrt. Auch Sprache wird in diesen Raumkörper eingeschrieben, gesprochen und gehört. Der hochdeutsche Text weist eine Reihe von plattdeutschen Passagen auf – erinnerte oder aufgeschnappte Verse aus Kinderliedern, Gespräche mit Jahrmarktschaustellern.[16] Diese Abweichungen vom Hochdeutschen sollen wohl kaum authentisches Lokalkolorit vermitteln, sondern scheinen eher strategische Bedeutung zu haben. Als lokal verdichtete Sprachformen, die zwischen Verortung und Deplatzierung oszillieren, bilden sie ein formales Pendant zur fragmentarischen topographischen Struktur des Textes. Als Mittel sprachlicher Verfremdung lassen sie sich außerdem mit Bachtins Begriff der Heteroglossie verbinden, dem zufolge die interne Vielsprachigkeit der Sprache sichtbar gemacht und der monolinguale Standard als Akt der Gewalt deutlich wird. Als Topographie wird Elberfeld ebenso vielstimmig wie vielräumig.

Wenn sich das Ich in diese Topographie einträgt und seine „Einkehr" durch räumliche Bewegungen inszeniert, so lassen diese sich auch in psychoanalytischer Hinsicht, im Sinne wiederkehrender Erinnerungen lesen. Indem das Innere, Vertraute nach außen gekehrt wird, ist „Einkehr" erneut gekippt. Über „brüchige Treppen" tritt das Ich in abgeschiedene Gärten ein, einen unheimlichen Raum, der „geheimnisvoll" und „dunkel" ist (ebd.). Obwohl es manchen Hinweis darauf gibt, dass die Landschaft des Wuppertals zum *locus amoenus* stilisiert wird, macht der Text aus dargestelltem Raum immer wieder einen anderen Schauplatz: „überhaupt so seltsame Dinge gingen in der Stadt vor" (ebd., S. 152). Auf diesem anderen Schauplatz befinden sich die Orte psychischer Einkehr/Auskehr, in denen Heimat unheimlich wird. „[W]ie hingehext" ist das Ich „plötzlich" vor das Elternhaus, das nun von einer anderen Familie bewohnt wird (ebd.). Es befindet sich am unteren Ende der steilen Sadowastraße und erlaubte, damals außerhalb der Stadt gelegen, den Blick auf den dichten Wald; nun ist es Teil der Stadtlandschaft. „Schwermütig" erkennt das Ich „die vielen Zimmer und Flure wieder. Auf einmal bin ich ja das kleine Mädchen, das immer rote Kleider trägt" (ebd.).

---

[16] Vgl. das zum Stadtjubiläum erschienene Wörterbuch der Elberfelder Mundart nebst Abriß der Formenlehre und Sprachproben. Mit Unterstützung des Allgemeinen Deutschen Sprachvereins. Hrsg. von dessen Zweigverein zu Elberfeld. Elberfeld 1910.

Wenn das Ich sich in die Topographie projiziert, wird diese zur Psychobiographie. So zeigen die Erinnerungen an den Schulweg entlang der Wupper und an Familienausflüge in den Zoo oder auf die Berge das Ich an naturhaften Orten innerhalb der Stadt. Aber zugleich sind diese Orte im Text mit psychischer Angst und Verunsicherung verbunden, wie sie in dem merkwürdigen Heiratsversprechen des Sekundaners oder der potentiell bedrohlichen Mitschülerinnen auf dem Schulweg mitschwingen. Als Resultat dieser topographischen Projektionen wird sich das an Kindheit und Jugend erinnernde Ich doppelt fremd: „Niemand hat mich wiedererkannt" (ebd., S. 154).

Die bislang beschriebenen Räume inszenieren eine Dialektik von Heimat und Fremdheit, die analog zu Freuds topographischem Modell funktioniert, das den psychischen Apparat als räumliche Relation zwischen Bewusstem, Vorbewusstem und Unbewusstem beschreibt. Die kurz darauf folgenden Jahrmarktszenen allerdings verweisen auf einen ganz anderen Raum. Auch in ihrer Großstadtprosa wird Lasker-Schüler immer wieder Jahrmärkte, Zirkusse und Kabaretts thematisieren, abgelegene Orte jenseits des offiziellen Kulturbetriebs. Der Jahrmarkt dient Foucault als Beispiel einer „zeitweiligen Heterotopie", eines anderen Ortes innerhalb eines gegebenen Sozialgefüges, der seine Andersheit seinem Bruch mit der einsinnigen Zeitkonzeption der Moderne verdankt.[17] Im Sinne dieser Logik korreliert Lasker-Schüler Außenseitertum und Erinnerung in einer Dreh- oder Schwenkbewegung (analog zur Geographiestunde im Drehkauer Landerziehungsheim), die nicht allein auf dem Jahrmarkt spielt, sondern ihm abgeschaut ist: „Das verwilderte Jahrmarktgesindel rings um mich schwenkt meine Kindheit immer wieder von neuem wie in einer vielseitigen Luftschaukel auf und nieder" (ebd., S. 153). Den Kreisbewegungen des Karussells folgend, verwischt der Text die Zeitebenen des Erzählens und die Grenzen zwischen den Generationen und Geschlechtern. Regionale Traditionen sind hier mit eingeschlossen, werden aber mit einem modernen Anglizismus anders verortet (die „Clowns" im „Kölner Hännesken", einem volkstümlichen Stockpuppentheater; ebd.; vgl. *Briefe nach Norwegen*; WB 3.1, S. 247). Die Heterotopie ‚Jahrmarkt' unterliegt gewissen Eintrittsritualen, die ihrerseits die Dialektik zwischen Ein- und Ausgeschlossensein ausspielen. Mit seinen Chanteusen, Tänzerinnen, Wahrsagerinnen, vor allem aber den „Undamen" des erotischen Kabaretts ist er ein Ort des Karnevals, der bürgerliche Normen

---

[17] Foucault, Michel: Von anderen Räumen [1967]. In: Raumtheorie (wie Anmerkung 8), S. 317–327, hier S. 325.

und Rollen performativ in Frage stellt. Zugleich ist er aber auch der andere Schauplatz der Psyche, auf dem die Erzählerin in der rotgekleideten Balladensängerin eine Doppelgängerin oder im Clown ein Double des Vaters zu erkennen glaubt („Elberfeld im dreihundertjährigen Jubiläumsschmuck"; WB 3.1, S. 153).

Ein Teil des Jahrmarkts besteht aus einer historischen Rekonstruktion Elberfelds im frühen 17. Jahrhundert, die durch ein weiteres Tor zu erreichen ist. Die Analogie zwischen Stadt und Ich, in der beide ihre historische Herkunft inszenieren, wird nunmehr weiter entfaltet. Elberfeld ist geschmückt, verschleiert, verkleidet; die wehenden Fahnen sind einladende Hände (ebd., S. 151). So wird die Stadt zum Körper, zur Braut, die in einer weiteren Verkehrung der Geschlechterrollen die heimkehrende Autorin als einkehrenden Bräutigam erwartet. Eine Spiegelszene hatte die Jugenderinnerung an den Zoologischen Garten und einen Sekundaner in bunter Mütze geliefert: „Auf dem Hügel im Tannenwäldchen am Bärenkäfig versprachen wir uns zu heiraten" (ebd., S. 152). Eine Umkehrszene hierzu dann am Ende, wo das weibliche Ich den Dichter Paul Zech als seinen männlichen Stellvertreter in den Text der Stadt einschreibt (ebd., S. 154). Zugleich wird die Stadt zur Mutter, im Wortsinne zur Metropole: Lasker-Schüler ist „das Kind" Elberfelds, weil sie die Stadt „vom Schoß ihrer Mutter aus" sah (ebd., S. 152).[18] So wie die Stadt ihre historische Geburt inszeniert und feiert, zeichnet der Text die Geburt des poetischen Ichs in die Orte der Stadt ein, ebenso wie er es über die Stadien Kind, Braut/Bräutigam und Mutter weiterverfolgt. In dieser frühen Prosa wird das vielräumige Elberfeld zu einer „kreisenden Weltfabrik" wie später Berlin. Das Kreisen wird außerdem zum Kreißen, zum Geburtsvorgang, die (ironischerweise) letzte Ausfaltung der Figur ‚Heimat' in diesem Text. Denn die „Einkehr in meine Heimat", die der Text abschließend konstatiert, beschreibt poetologisch und performativ die Einkehr in den Beschreibungs- und Imaginationsraum der ‚Heimat' Kunst.

Die Fortsetzung der Kindheitsprosa in den 20er Jahren und die Hinwendung zur weiteren Familiengeschichte, die ihre Wurzeln väterlicherseits im westfälischen Landjudentum und mütterlicherseits im Frankfurter Bildungsbürgertum hatte, steht ebenfalls im Zeichen von ‚Heimat'-Topographien. Für ihr Schauspiel *Arthur Aronymus und seine Väter* erhielt Lasker-Schüler 1932 den Kleistpreis mit der Begründung, hier (ebenso wie in *Die Wupper*) zeige sich eine „tiefe[...] Verbundenheit zur

---

[18] In dem frühen Gedicht „Chaos" ist dieses Bild vorgeformt: Das Ich will sich „wieder in meine Heimat / Unter der Mutterbrust" legen (WB 1.1, S. 22).

Heimat".[19] Der Preis ging zu gleichen Teilen an den österreichischen Heimatdichter Richard Billinger für dessen Drama *Rauhnacht* (1931), das lokales Brauchtum und katholische Frömmigkeit mit heidnisch-primitivistischen Motiven verbindet. Mit seiner militanten Verteidigung von Heimat und Bauerntum griff Billinger der Blut-und-Boden-Ideologie vor. Sigrid Bauschinger zufolge belegt die Preisverleihung an zwei so unterschiedliche Autoren, welcher Anstrengungen es bedurfte, um Lasker-Schüler als *deutsche* Dichterin zu vereinnahmen.[20] Sie belegt aber auch, dass und wie diese Vereinnahmung sich vordergründig am Heimatthema orientierte.

Zeitgleich mit dem Theaterstück entstand die Erzählung *Arthur Aronymus: Die Geschichte meines Vaters* (WB 4.1, S. 239–266). Ging es in dem Elberfeld-Text von 1910 in mancher Hinsicht um eine Einkehr in eine weiblich bzw. mütterlich konnotierte Heimat, so rückt die Erzählung bereits im Titel den Vater ins Zentrum. Eine auf dem Titel der Erstausgabe abgebildete Zeichnung Lasker-Schülers zeigt allerdings eine Frau und ein ihr zuhörendes junges Mädchen, was performativ auf den Akt weiblicher Autorschaft hindeutet, aber ebenso die erinnernde Überlieferung, der innerhalb der jüdischen Tradition eine Schlüsselstellung zukommt, feminisiert. Der Klappentext der Erstausgabe nutzt die Popularität des Heimatthemas aus. Als wichtigstes Element erhält „westfälisches Bauerntum" Vorrang vor „katholische[r] Mystik" und „jüdische[r] Tradition".[21] Die Erzählung wird oft als Beleg für Lasker-Schülers Versöhnungsdenken gelesen, aber die Versöhnung der Religionen wird hier auf entscheidende Weise durch den Vater Arons (den Großvater der Autorin) in Gang gesetzt, dessen Figur jüdisches Selbstbewusstsein verkörpert. Dieser widersetzt sich dem Ansinnen des Dorfkaplans, seinen Sohn Aron christlich erziehen zu lassen und so der Dämonisierung seiner Tochter Dora Einhalt zu gebieten. Das Verhalten der Christen zu ihren jüdischen Mitbürgern ist ambivalent: Ihre Liebe zu Aron ist gepaart mit dem Hass auf die am Veitstanz erkrankte Dora, die als Hexe gebrandmarkt wird. Auch die Rolle der Kirchenvertreter ist ambivalent. Zwar beendet der Hirtenbrief des Paderborner Bischofs Lavater die Hetze des katholischen Mobs gegen die Familie Schüler, doch der Kaplan tritt anfangs immerhin als potentieller Missionar der jüdischen Kinder auf. Jakob Hessing geht

---

[19] Zitiert bei Bauschinger, Sigrid: Nachwort. In: Else Lasker-Schüler: Werke: Lyrik – Prosa – Dramatisches. München 1991, S. 427–446, hier S. 441.
[20] Ebd.
[21] Abbildung der Titelzeichnung und Abdruck des Klappentexts in *Marbacher Magazin* 71 (wie Anmerkung 7), S. 224.

daher so weit, die vermeintliche Versöhnung eher als Scheidung zwischen den beiden Religionen zu lesen.[22] Die Familiengeschichte aus dem westfälischen Landjudentum, wenige Monate vor dem Machtantritt der Nationalsozialisten erschienen, macht auf die Gefahr eines Zusammenbruchs der fragilen Emanzipation aufmerksam.

Mit Blick auf den Raum der Erzählung wird deutlich, dass Geseke und Paderborn in dem Verhältnis von Dorf und Stadt, Peripherie und Zentrum zueinander stehen. Die Erzählung erwähnt jedoch weitere Orte in der engeren und weiteren Umgebung: Lippstadt, Erwitte, Münster, Elberfeld, Schwelm, Bingen, Aachen, den Rhein und auch Berlin, die mit Ausbildung, Studium, Heirat und Reisen zu tun haben. Diese Ortsnamen signalisieren die bildungsbürgerlichen Ambitionen der in der Provinz lebenden jüdischen Familie Schüler, die dem Territorium der deutschen Kulturnation und den in ihm herrschenden Identitätsmodellen fremd gegenübersteht. Sie zeigen nicht allein die grundlegende Spannung zwischen Region und Nation, Tradition und Moderne, sondern deuten auch an, dass das Nationale mit seinen Identitätsvorgaben als räumlich konzipiert ist. Der Raum der Diaspora wird evoziert in der Gestalt des ostjüdischen Hausierers Lämmle Zilinsky, der zunächst von Aron verachtet und ausgegrenzt wird, später jedoch als Gast zum Sedermahl mit dem Paderborner Bischof geladen wird, und in spanischen Juden, die Pogromen im eigenen Land entflohen sind und beim Landesrabbiner Uriel, dem Großvater Arons, in Paderborn Zuflucht gefunden haben.[23] Ländlicher Raum ist mit nationalen und internationalen Räumen synkretisch gemischt, aber auch strukturell auf diese weiteren Räume bezogen. Mit „Farresbeck" wird ein Elberfelder Ortsteil poetisch auf Geseke verschoben, und mindestens eine Figur aus den Elberfeld-Texten der Autorin, der einen sprechenden Namen tragende Willy Himmel (vgl. „Kinderzeit"; WB 3.1, S. 415–420), taucht in anachronistischer Weise in Geseke auf. Lasker-Schüler projiziert mithin Orte und Erlebnisse der eigenen Kindheit, die mit traumatischen Erfahrungen von konfessioneller und sexueller Differenz verbunden sind, auf die Kindheit ihres Vaters im „Hexengäsecke" der 1840er Jahre. In diesen synkretischen Raum trägt die Prosa eine Reihe alternativer

---

[22] Hessing, Jakob: Else Lasker-Schüler: Biographie einer deutsch-jüdischen Dichterin. Karlsruhe 1985, S. 51.

[23] In der Gestalt des Landesrabbiners amalgamiert die Autorin zwei reale historische Figuren: Zwi Hirsch Cohen, den Ortsrabbiner von Geseke, und den Landesrabbiner Abraham Sutro, der in den 1830er und 1840er Jahren für die Gleichstellung der Juden in Westfalen kämpfte.

Topographien, anderer Schauplätze von ‚Heimat' ein, von denen ich drei herausgreifen möchte.

Zum einen wird die Stadt-Land-Beziehung ‚überschrieben'. Aron, den sein Vater zum Landwirt erziehen will, zeigt keinerlei Interesse an der bäuerlichen Welt, außer in seiner Neigung, „westfälisch Plattdütsch im Ton der Bauern" zu sprechen (*Arthur Aronymus*; WB 4.1, S. 247). Anstatt am bäuerlichen Leben interessiert zu sein, baut er, so der Text ohne Hinweis auf das Wortspiel, lieber Spielzeugstädte im Dachzimmer des Elternhauses. Aron ist also zugleich Bauer und er ist es nicht. Wenn Aron in der Erzählung tatsächlich niederdeutschen Dialekt spricht, dann wird seine doppelte Andersheit vom Hochdeutschen wie vom Jiddischen vorgeführt. Das Zimmer ist ein weiterer Schauplatz für den „wilden Jungen", auf dem er psychische Bedrohung aktiv bewältigt; es entspricht der obersten Etage des „weiten unheimlichen Hauses" in Elberfeld, das die Autorin in dem Text „Im Rosenholzkästchen" beschreibt (WB 4.1, S. 217–220). Nicht nur Arons Spielzeugstadt, sondern auch Paderborn – die Stadt seiner Mutter und seines Großvaters – sind wichtige Motive im Prozess von Arons Bewusstwerdung des eigenen Judentums. Das Motiv taucht wieder auf, als er mit seiner Mutter den jüdischen Friedhof in Paderborn besucht, um Steine auf das Grab des vor einem Jahr verstorbenen Großvaters zu legen. Nicht nur ist der Friedhof eine Art „andere Stadt"[24], als „Heiligen-Garten", wie die Mutter den Friedhof gegenüber Aron bezeichnet (*Arthur Aronymus*; WB 4.1, S. 247), wird er zum Pendant des Schülerschen Gartens in Geseke. Im Hause des Geseker Kaplans wird es ihm „unheimlich", und nachdem er dort am Heiligabend beleidigt worden ist, geht er mühsam gebeugt, die Körperhaltung des galizischen Hausierers annehmend, nach Hause (ebd., S. 252). In der darauf folgenden Nacht träumt er, er gehe mit seinem Großvater durch die engen Straßen Paderborns spazieren. Die Stadt erscheint an dieser Stelle als „Kaplanstadt", was die Nähe zum Tageserlebnis markiert: „Fronten ohne innere Räume wuchsen überall aus der Erde, eine an die andere vorbei, und wenn der Großvater mit ihm durch eine der Haustüren wollte, fielen sie, plumps! in ein weites Loch" (Ebd., S. 253). In seiner Verarbeitung wird das antijüdische Trauma traumhaft verdichtet und zugleich topographisch verschoben. Wie häufig bei Lasker-Schüler, werden Körperbilder mit Raumbildern verschränkt, wenn etwa in der leeren Stadt Giebelnasen Fratzen schneiden und spitze Türme einzufallen drohen (ebd., S. 253). Am Ende der Erzählung, als Arons Vater und der Paderborner Bischof theologisch debattieren, baut Aron eine neue

---

[24] Foucault (wie Anmerkung 16), S. 323–324.

Spielzeugstadt mit Aussichtsturm, die dem realen Aussichtsturm nahe Geseke, von dem kurz vorher die Rede war, nachempfunden und als regionales Element in die Architektur des Neuen Jerusalem, einer ebenso verschobenen wie aufgeschobenen Heimatstadt, eingegliedert ist.

Arons Beziehung zu dem „armen Dörken", seiner am Veitstanz erkrankten Schwester, eröffnet einen weiteren Schauplatz der Geseker Handlung. Die Beziehung ist performativ, überschreitet die Grenzen zwischen den Geschlechtern. Doras Epilepsie ist Ausdruck und Symptom der antisemitischen Vorurteile, die Aron ebenfalls erfahren wird. Die Logik des Textes verlangt daher, dass Aron Dora ‚spielt', was er gleich zweimal tut. Am Heiligabend, den er im Haus des Dorfkaplans verbringen soll, bekommt er eine rosa Rosette, die eine der Schwestern vom ostjüdischen Hausierer Lämmle erstanden hat, umgebunden und wird als Mädchen verkleidet, was seinen Protest hervorruft („Ich bin doch ein Junge, Mutter!"; ebd., S. 250). Der Schluss liegt nahe, dass die antijudaische Kränkung, die er kurz darauf im Haus des Kaplans erlebt und als solche begreift, mit der Schwächung seiner Genderidentität zu tun hat. Die zweite Inszenierung findet gegen Ende des Textes statt. Als der Paderborner Bischof das nun befriedete Geseke besucht, gewahrt er ein „groteske[s] Schauspiel" (ebd., S. 262): Eine Gruppe von Jungen spielt die vereitelte Hexenverfolgung im Garten nach bzw. vor, wobei Aron als Dora verkleidet ist und in einer unentscheidbaren Mischform aus epileptischem Anfall und tatsächlicher Flucht vor den Dorfjungen durch den Garten und über Zäune und Hecken tanzt und springt. Der Garten hinter dem Geseker Haus der Schülers, der den Kindern als Spielplatz bzw. Bühne dient, wird zu einem heimlich-unheimlichen Raum, der zugleich eingrenzt und entgrenzt; als solcher ist er eng mit dem Paderborner „Heiligen-Garten" korreliert. Stereotype Rollen, etwa die Verfolgung des kleinen Judenjungen bzw. -mädchens, werden performativ bestätigt und zugleich unterlaufen. Die von herzhaftem Lachen begleitete ‚Hexenverfolgung' ist eine Art karnevalesker Exorzismus, die an einem anderen Ort stattfindet, aber die wirkliche Bedrohung Doras und ihrer Familie um so deutlicher macht. In Lasker-Schülers Raumpoetik ist der Garten damit ein weiteres Beispiel für das, was Foucault Heterotopie genannt hat: „reale, wirkliche, zum institutionellen Bereich gehörige Orte, die gleichsam Gegenorte dar-stellen", in denen „all die anderen realen Orte, die man in der Kultur finden kann, zugleich repräsentiert, in Frage gestellt und ins Gegenteil verkehrt werden".[25] Den Garten beschreibt Foucault als eine Parzelle der

---

[25] Ebd., S. 320.

Welt, die zugleich die ganze Welt darstellt, eine Heterotopie, die aus „widersprüchlichen Orten" besteht[26] und als Schauplatz, wie wir sahen, widersprüchliche und ambivalente Performances hervorbringt.

In der Figur der am Veitstanz erkrankten Dora kann man eine verdeckte Stilisierung der Autorin erkennen. Aber der *Arthur Aronymus* erschließt einen weiteren Raum: der Vorname der Autorin ist Arons Schwester Elischen eingeschrieben, die später im Text (wie auch die Autorin von ihrer Mutter) einen Bücherschrank aus Rosenholz bekommt (ebd., S. 253; vgl. „Im Rosenholzkästchen"; WB 4.1, S. 217–220). Während der langen Geschichte des Vaters, die alljährlich erzählt wird, liest Elischen eine andere Geschichte: sie blättert „vom Beginn der Tragödie an in Goethes Hermann und Dorothea, begleitet vom Rhythmus der Dorfkirchenglocke" (*Arthur Aronymus*; WB 4.1, S. 244). Die Bedeutung dieses intertextuellen Schauplatzes liegt wohl darin, dass Lasker-Schüler Goethes Versepos von 1797 in zahlreichen Motiven anzitiert,[27] zugleich aber im Sinne unserer gegenläufigen Bewegung auch zurückweist. Bei Goethe wird das durch die Ankunft der aus Frankreich kommenden politischen Flüchtlinge gestörte rechtsrheinische Idyll mit der Eingliederung Dorotheas in die Familie und die Dorfgemeinschaft wieder hergestellt; bei Lasker-Schüler dagegen bleibt die Integrität der Dorfgemeinschaft offen und prekär. Mit dem Bezug auf Goethe kann man Lasker-Schülers *Geschichte meines Vaters* auch als eine kritische Bearbeitung der deutschen Heimatliteratur auffassen.[28] Allerdings ist der Status von ‚Heimat' jeweils ein anderer. Während bei Goethe der Ort der Heimat (und die Poesie) dazu dient, soziale, politische und konfessionelle Differenzen dem klassischen Humanitätsideal gemäß zu versöhnen und, poetologisch gesprochen, in klassische Harmonie zu überführen, verweigert sich Lasker-Schülers Geschichte des Vaters (und ihre Indienstnahme der literarischen Vorväter, inkl. Goethe) solcher Harmonie. In ihrer Prosa erscheinen Topographien von Heimat in andauernd gegenläufigen Bewegungen, wodurch die Erinnerung an Differenz wachgehalten wird.

Die geographischen Orte und Räume der Großstadt, der Provinz und des Orients, die Lasker-Schülers Prosa aufruft, dienen immer wieder dazu, Fremdheit und Außenseitertum zu inszenieren. In kulturwissenschaftlicher

---

[26] Ebd., S. 324.

[27] Dazu zählen z.B. die interkonfessionelle Heirat, die Krise der Männlichkeit, die nationale und politische Symbolik des Rheins, die Rolle des Dorfpfarrers und des Apothekers und die rote Kleidung Dorotheas als Emblem der Differenz.

[28] Vgl. Boa, Elizabeth: *Hermann und Dorothea*: An Early Example of Heimatliteratur? In: Publications of the English Goethe Society 69 (1999), S. 20–36.

Perspektive könnte man diese Orte als Figuren eines symbolischen Raumdiskurses lesen, eines Gegendiskurses zur europäischen Moderne, der den Imperativen der Verortung und Zuordnung die Erinnerung an die Kultur der Unterdrückten, Verfolgten und Vertriebenen entgegenhält. Aber man kann, wie es hier versucht worden ist, diese Orte und Räume auf ihre Funktion in Lasker-Schülers avantgardistischer Poetik befragen. In ihrer modernen Freiheit vom Zwang zu realistischer Darstellung eröffnen ihre Texte, ästhetisch gesprochen, immer wieder neuen „Spielraum" (WB 4.1, S. 172), wie es in der Prosa „Stadt, Buch und Läden" heißt, die die enge Korrelation von Topographie und Literatur aufs Schönste illustriert. In bestimmte kulturelle Topographien eingebunden, markiert diese Prosa gleichzeitig die topographischen Bedingungen eines besonderen Entwurfs von Kunst und Leben, die instabilen, aber notwendigen Beziehungen eines Ich zu seiner Landkarte. Die Texte sind in einer Weise strukturiert, die von ‚Heimat' redet, als ob es diesen Raum gäbe, aber ‚Heimat' ist fundamental, strukturell auf ihr Anderes, auf andere Räume bezogen. Wenn der Schauplatz dieser Texte stets ein anderer Schauplatz ist – auch, aber nicht allein im psychoanalytischen Sinn –, wenn Topographien figural gelesen werden, dann folgt daraus, dass die in der Prosa vorgeführten Arten der „Einkehr" in die Heimat den Heimatbegriff dekonstruieren. Lasker-Schülers existentielle Erfahrung von Heimatlosigkeit in der urbanen, säkularisierten Moderne wird durch das Aufrufen regionaler und orientalischer Räume sowohl gesteigert als auch ‚gekippt'. Gleiches gilt von territorialen, religiösen und poetologischen Konzepten von Heimat, deren Schauplätze in teils intrikater Weise ‚gequeert', verquert und verkehrt werden.

Manche Topographien bei Lasker-Schüler sind als Utopien gelesen worden; die dargestellten bzw. verfremdeten Orte der Kindheit legen dann Ernst Blochs berühmte Bestimmung nahe, demzufolge Heimat etwas ist, das allen in die Kindheit scheint und worin noch niemand war.[29] Aber diese Schauplätze lassen sich auch als alternative Topographien von Heimat, als heterotope Orte im Sinne Foucaults lesen, die mehr als ‚nur' marginale, ausgegrenzte Räume und Orte sind, sondern sich wesentlich durch ihre Beziehung zu realen sozialen Räumen und Orten definieren und eben dadurch herrschende Vorstellungen, Diskurse und Ordnungen sozusagen von innen her in Frage stellen. Eine solche mobile, dialektische Auffassung von Räumen scheint mir in der Prosa und der Poetik Lasker-Schülers

---

[29] Vgl. Krumbholz, Martin: Hölle, Jahrmarkt, Garten Eden. Zum dramatischen Werk der Else Lasker-Schüler. In: Else Lasker-Schüler. Hrsg. von Heinz Ludwig Arnold. München 1994, S. 42–54, hier S. 53.

angelegt zu sein, und sie verdankt sich ihrer Auseinandersetzung mit den Erfahrungen des modernen Judentums ebenso wie der literarischen Avantgarde. In der Geistes- und Kulturgeschichte der deutschen Moderne schreibt sich ihre Prosa, und möglicherweise auch ihr Leben und Werk als Ganzes, am ehesten an solche ‚anderen Orte' ein – Orte, die immer wieder von der Schwierigkeit sprechen, in dieser Moderne so etwas wie jüdische Heimat zu lokalisieren.

Glasperlenhebräisch.
Das Fremd-Wort in den Schriften von Klara Blum und Gertrud Kolmar

Christina Pareigis

In der Forschung finden die Dichterinnen Klara Blum und Gertrud Kolmar zunehmend Beachtung; wenig bekannt ist aber, dass sie jeweils ein vertrautes Verhältnis zum Jiddischen bzw. Hebräischen haben und in vielen ihrer ansonsten deutschsprachigen Texte Ausdrücke jiddischer und hebräischer Provenienz an exponierter Stelle verwendeten. Der vorliegende Beitrag widmet sich nun der Suche nach Spuren einer allegorischen Deutung dieser Sprachen (Amir Eshel). Es wird gezeigt, dass das Jiddische und das Hebräische neue poetische Perspektiven eröffnen, durch die das Verhältnis zwischen den vermeintlich abseitig klingenden jüdischen Sprachen und dem ‚korrekten‘ Deutsch, also zwischen dem *Eigenen* und dem *Fremden*, neu und abseits dieser Dichotomie eine Gestalt annehmen kann. Blum und Kolmar verweisen dabei auf eine mögliche Sprache, die vom kulturellen und historischen Kontinuum jüdischer Überlieferung im Besonderen zeugt und zugleich auf das universal Fremde und das Menschliche einer jeden Sprache verweist.

Erkennedichfremd
- Robert Schindel -

Zu Beginn der Erzählung „Die seidenen Zures"[1] von Klara Blum kehrt Nutele Friedman nach langer Abwesenheit in sein galizisches Heimatstädtchen zurück. Er hatte in Wien die Matura gemacht und zwei Semester Medizin absolviert. „Das Wiedersehen mit den schiefen, schmutzigen Straßen des kleinen galizischen Städtchens, mit dem Gewürzladen seines Vaters" Avrumko, so heißt es, „und mit der ganzen, wild auf ihn einredenden Familie, brachte in sein feines Gesicht nur ein sanftes Lächeln" (Zures, S. 354). Außerdem, so wird Nutele weiter beschrieben, sprach er „ein seltsam unpersönlich korrektes Hochdeutsch", und überhaupt stach seine Erscheinung mit solcher „Fremdheit" von den „Körpern und Bewegungen dieser Welt" ab, dass es „die Spottlust des Vaters reizte" (ebd.).

---

[1] In: Blum, Klara: Kommentierte Auswahledition. Hrsg. von Zhidong Yang. Wien 2001, S. 354–356. Verweise auf diese Erzählung erscheinen im Folgenden unter der Sigle Zures + Seitenzahl im Text.

Die nun folgende Geschichte ist rasch erzählt: Nutele hatte sich in Wien in Mirl, die Tochter des Vetters Herschl, verliebt, mit dem die Eltern wiederum vor Jahren in großer Freundschaft gelebt hatten. „Erst als Herschl nach Wien zog und anfing, sich deutsch zu kleiden, war eine kleine Entfremdung eingetreten." Die Verliebtheit seines Sohnes ruft in Avrumko „unbewußt unwillige Empfindungen hervor" und er beginnt mit einer „gewissen Absichtlichkeit von seinem Elend, seinen täglichen Leiden zu reden" (Zures, S. 355), von Armut und vom Judenhass. Und dann gerät er zufällig an einen Brief von Mirl an Nutele. Die geschriebenen Worte erschüttern Avrumko unerwartet und zutiefst, so zart und so träumerisch ernst sprechen sie von der Liebe zwischen den beiden und ihrer Unmöglichkeit. In der Erzählung heißt es dazu:

> [D]ie Schmerzen hatten für ihn immer bestimmte Gestalten gehabt, sie waren häßlich, sie waren gifterfüllt. Und nun erkannte er, daß es auch Schmerzen gab, die schön waren. Kein Ekel war in ihnen, kein Haß, kein Krampf. Es waren feine, weiche, *seidene Zures*.[2] Das alte Spottwort hatte plötzlich einen anderen Klang bekommen. (Zures, S. 356)

Blums Erzählung aus dem Jahr 1926 verarbeitet eine sozial- und kulturgeschichtliche Konstellation, die sowohl für ihren individuellen Lebensweg als auch für das (ost-)europäische jüdische Kollektiv in den ersten Jahrzehnten des 20. Jahrhunderts prägend war: Geboren in Czernowitz, Hauptstadt der facettenreichen Habsburger Provinz der Bukowina, und aufgewachsen in Wien, der ebenso facettenreichen Hauptstadt der altösterreichischen Republik, befand sich Blum seit ihrer Kindheit in einem Spannungsfeld aus verschiedenen Sprachen, deren soziale und kulturelle Kontexte in der wechselseitigen Konfrontation zumeist inkompatibel, manchmal aber auch durchlässig erschienen – eine Konstellation, die zumindest, was jenes spannungsreiche Geflecht betrifft, Leben und Schreiben der beiden Schriftstellerinnen Klara Blum und Gertrud Kolmar verbindet: Beide werden auf der Schwelle zum 20. Jahrhundert in die Welt einer extraterritorialen europäisch jüdischen Kultur hineingeboren, deren gesprochene Sprache – nicht allein, aber in erster Linie – das Deutsche ist, und gleichzeitig in einen für die jüdische Kultur akuten Prozess markanter Umwandlungen, den Benjamin Harshav als „Jüdische Revolution' bezeichnet:[3] Die Haskala, die Akkulturierung,

---

[2] Hervorhebung von mir, Ch. P.
[3] Harshav, Benjamin: Hebräisch. Sprache in Zeiten der Revolution. Aus dem Englischen übersetzt von Christian Wiese. Frankfurt am Main 1995, S. 25.

zionistische wie sozialistische Ideen und eine sich etablierende vielsprachige literarische Landschaft sind Jahrzehnte zuvor die Vorreiterinnen einer säkularen Kultur und der damit einhergehenden Umwälzungen im kollektiven Leben und im Leben des Einzelnen gewesen. Sie haben die Voraussetzungen geschaffen für jene intensiven intellektuellen und künstlerischen Bewegungen, die – wenn auch in ganz unterschiedlichen Weisen – gleichsam in ost- und westeuropäischen Metropolen kulminieren. Es handelt sich um Städte, für die die Herkunftsorte der beiden Autorinnen paradigmatisch als geographisches kulturelles Dreieck stehen: Czernowitz, Wien und Berlin. Gleichzeitig evozieren die anhaltenden und zunehmenden antisemitischen Verfolgungen immer neu eine Erschütterung des Selbstverständnisses der europäischen Juden. Ob sozialisiert im traditionell orthodoxen oder im assimiliert liberalen Milieu: Für viele von ihnen sind jene Erschütterungen Impuls für eine verstärkte (Wieder)-Besinnung auf ihre jüdische Herkunft, ganz unabhängig davon, inwieweit das kollektive religiöse Gedächtnis in ihrer Bewusstseins- und Gedankenwelt verankert ist. Zugleich gerät das System der Geschlechterverhältnisse innerhalb der eigenen Kultur in Bewegung: Die fortschreitende Emanzipation von tradierten Weiblichkeitsrollen geht einher mit einer Entfernung von der Gedanken- und Erziehungswelt der familiären Herkunft und dem Verlangen nach vielfältigeren Wirkungsmöglichkeiten von Frauen innerhalb gesellschaftlicher und ökonomischer Handlungsräume und nach Ausdruck von Sexualität.

Entsprechend dieser komplexen Entwicklung der Verhältnisse folgen die Lebenswege von Klara Blum und Gertrud Kolmar keiner ungebrochenen Kontinuität einer Biographie, deren Dispositive klar von einander zu trennen wären, im Gegenteil: In ihnen durchkreuzen und überblenden sich Träume, Sehnsüchte und Ängste mit kreativer, intellektueller Energie und Aufbruchsimpulsen, die in wechselnde Richtungen weisen. Ob als Intellektuelle, glühende Zionistinnen und Wanderinnen zwischen den nicht nur geographischen Welten wie Blum oder ob sie die Begrenztheit ihrer Lebenszusammenhänge vor allem in der Literatur transzendierten wie Kolmar: Gemeinsam ist ihnen der Versuch, das in jenen Jahren je individuell Erlebte durch unterschiedliche poetische Formen in ihrer Lyrik und Prosa sichtbar zu machen. Und beide verarbeiten die spezifische Erfahrung der Mehrfachmarginalisierung als weibliche jüdische Schriftstellerinnen in einer hegemonialen christlichen und von männlichen Perspektiven geprägten Kultur, die der „Dialektik von

Emanzipationsbestreben und Assimilationszwang"[4] in entsprechend mehr-facher Weise unterworfen sind.

In der Forschung finden die beiden Autorinnen, insbesondere Gertrud Kolmar,[5] zunehmend Beachtung. Weniger bekannt ist die Tatsache, dass sie ein intimes Verhältnis zur jiddischen beziehungsweise hebräischen Sprache haben, worauf die vielen Ausdrücke jiddischer und hebräischer Provenienz an exponierten Stellen ihrer ansonsten deutschsprachigen Texte verweisen. Die exemplarischen Lektüren in diesem Beitrag haben daher gleichsam die Suche nach Spuren einer ‚allegorischen Deutung'[6] dieser Sprachen zum Ziel, immer mitgedacht, dass Kolmar und Blum diese nicht allein linguistisch erlernten, sondern auch und vor allem *poetisch* verarbeiten. Der Rekurs auf das Jiddische bzw. Hebräische gilt dabei nicht ausschließlich der Fortschrift einer historischen Überlieferung, genauso wenig wie er sich allein biographisch erklären lässt – etwa im Kontext der Suche vieler Jüdinnen jener Zeit nach Authentizität und Geborgen-heit innerhalb der kulturellen und religiösen Gemeinschaft –, denn der Schreibprozess aktiviert in den jüdischen Sprachen ein ganz eigenes Potential, das die Grenzen des Deutschen als eigentliche Schreibsprache und deren spezifische Rhetorik entscheidend erweitert. Das Jiddische und

---

[4] Weigel, Sigrid: Zur Einführung. In: Jüdische Kultur und Weiblichkeit in der Moderne. Hrsg. von Sigrid Weigel, Inge Stephan und Sabine Schilling. Köln 1994, S. 1–8, hier S. 2–3.

[5] Vgl. z.B. die Dissertation von Silke Nowak: Sprechende Bilder. Zur Lyrik und Poetik Gertrud Kolmars. Göttingen 2007. Nowak erarbeitet die Genese der poetischen Verfahrensweise, wie sie vor allem Kolmars Lyrik zu lesen gibt. Jene Verfahrensweise, die sich – so Nowaks These – im Verlauf ihrer Schaffenszeit von einem symbolistischen zu einem spezifischen Verfahren der Allegorie verschiebt, funktioniert nicht erst, aber insbesondere seit dem Jahr 1933 als Gegenstellung zur „Gewaltform der national-antisemitischen Logik von Identitätsbildung". Nowak (wie Anmerkung 5), S. 280.

[6] Die Vorstellung einer allegorischen Deutung des Jiddischen und Hebräischen entwickelt Amir Eshel entlang einiger Schriften von Franz Kafka und Paul Celan. Vgl. Eshel, Amir: Von Kafka bis Celan: Deutsch-jüdische Schriftsteller und ihr Verhältnis zum Hebräischen und Jiddischen. In: Jüdische Sprachen in deutscher Umwelt. Hebräisch und Jiddisch von der Aufklärung bis ins 20. Jahrhundert. Hrsg. von Michael Brenner. Göttingen 2002, S. 96–108. Eshels Argumentation erfolgt abseits linguistischer und sprachgeschichtlicher Definitionen, wenn er mit Bezug auf Kafkas Äußerungen zum Jiddischen schreibt: „Das Jiddische stellt für ihn keinesfalls eine weitere europäische Sprache dar, die sich anhand von Lehrbüchern erwerben lässt. […] Kein Klagen über den Mangel an Sprachkenntnissen, über die vermeintliche Abwesenheit ordentlicher Grammatik kann die Zuhörer vor der Erkenntnis retten, dass man im Jiddischen nicht nur die alte *jüdelnde*, *mauschelnde* Sprache erkennen kann, sondern auch eine anarchisch-moderne Sprachform, die auf neue Möglichkeiten der Kommunikation hindeutet, neue Wege […] für die Literatur eröffnen kann." (S. 100)

das Hebräische eröffnen neue poetische Perspektiven, durch die das Verhältnis zwischen den abseitig klingenden jüdischen Sprachen und dem ‚korrekten‘ Deutsch, also zwischen dem *Eigenen* und dem *Fremden*, neu und abseits dieser Dichotomie eine Gestalt annehmen kann, die immer schon die Annahme eines reinen, von Aspekten des Fremden freien Eigenen impliziert. Nicht nur durch zahlreiche Bilder, in denen sich Phantasmen über das ‚Wesen des Jüdischen‘ und den ‚jüdischen Körper‘ kristallisieren (‚die schöne Jüdin‘ etc.), sondern vor allem auch durch seine syntaktisch abweichende Sprache wurde ‚der Jude‘ durch sein angeblich falsches Sprechen als *der Andere* markiert,[7] der den *eigenen* Gesichtskreis bedroht. Blum und Kolmar gestalten nun auf je unterschiedliche Weise das Verhältnis zwischen dem Hebräischen bzw. Jiddischen und dem Deutschen so, dass es jene ausgrenzende Rede zu sprengen vermag. Die poetische Gestaltung setzt damit die Dynamik einer Sprache frei, die nicht durch die dichotomische Verhältnismäßigkeit von ‚fremd‘ und ‚eigen‘ beziehungsweise zwischen ‚korrekt‘ und ‚falsch‘ arretiert werden kann.[8]

Die Annahme lautet somit, dass es in der poetischen Praxis dieser jüdischen Dichterinnen, die auf Deutsch schrieben, Formen der poetischen Rede zu entdecken gibt, die sich gegen die etablierten Formen hierarchisierender Sprache und deren Zuschreibungspraktiken stellen. Inwieweit können dabei die Referenzen auf die jüdischen Sprachen zeigen, dass es außerhalb der institutionalisierten Redepraktiken ein anderes Sprechen gibt, das *per se* das Gegenteil eines Herrschaftsdiskurses ist? Und: Inwieweit vermögen die Texte Blums und Kolmars diesen Grenzdiskurs strategisch zu erproben?

In Blums eingangs zitierter Erzählung behält das jiddische Wort in der ansonsten auf Deutsch geschriebenen Erzählung seine Fremdheit durch seine isolierte, aber prominente Stellung: Die „seidenen Zures“ erscheinen

---

[7] Vgl. ebd., S. 96.
[8] Vgl. ebd., S. 96–97. Die These, die Eshel für die poetischen Verfahrensweisen Celans und Kafkas in Aufstellung bringt, nämlich, dass sie „die Vorstellung einer jüdischen Sprache [entwarfen], die vom kulturellen und historischen Kontinuum des jüdischen Volkes zeugt und zugleich stets auf das Fremde und damit auf das Menschliche einer jeden Sprache verweist“, ist hier Erkenntnis leitend für die Lektüren der Texte Blums und Kolmars. Den Grundimpuls für diese Vorstellung gibt Kafkas berühmter Einleitungsvortrag, den er am 18. Februar 1912 im Prager Rathaus zu einem Rezitationsabend der viel beschriebenen jiddischen Schauspielertruppe aus Lemberg hielt. Vgl: Kafka, Franz: [Rede über den Jargon]. In: Exophonie. Anders-Sprachigkeit (in) der Literatur. Hrsg. von Susan Arndt, Dirk Naguschewski und Robert Stockhammer. Berlin 2007, S. 31–34.

einmal im Titel und schließlich im Verlauf der Geschichte genau in dem Augenblick, in dem die Bewusstseinserschütterung des Vaters eine semantische Schwankung im Bezug auf das „alte Spottwort" in Gang setzt. *Zaydene tsores* bezeichnen im Jiddischen ‚nichtige Sorgen', eine Abschwächung oder Negation also der Bedeutungen des Ausdrucks *tsores* oder gar *gehakte tsores*, der Kummer, Sorgen, Schmerz oder Unglück bezeichnet. Der Transfer, der zugleich ein transgenerativer ist, des alten Ausdrucks in den neuen Kontext, setzt dort eine neue Bedeutung frei – ihr Effekt ist die Überführung der unwillkürlichen Erschütterung angesichts der *fremden* Worte im Brief in reflexive Erkenntnis und die Aktivierung des Fremdheitspotentials der *eigenen* Sprache: *Hier* bezeichnen „seidene Zures" eine Qualität von Schmerz, die dem kultivierten Empfindungsspektrum einer anderen Welt angehört, scheinbar abseits von ökonomischem Elend und blutigem Terror. Es ist das *Verstehen*, das das Verhältnis von der in der Redensart reflektierten Übertragung zu der der Redensart implizierten Übertragung verschiebt: Die pejorative Bedeutung von *zayden* (schwächlich, leichtgewichtig) wird in eine positiv konnotierte gesetzt (sensitiv und komplex), entwendet und in einen anderen Kontext verlagert. Auf diese Weise markiert das jiddische Wort die Schwelle zwischen den (Sprach-)Welten, *ohne* jedoch die Differenzen zwischen ihnen ineinander aufzulösen: Nuteles Deutsch *bleibt* seltsam unpersönlich korrekt, während Avrumkos Jiddisch sich im Licht der Sprache der Anderen, des Deutschen, in *Bewegung* setzt.

In Blums Erzählung entfaltet sich damit ein Prozess, der der jiddischen Überlieferungsdynamik folgt und gleichsam auf sie verweist und deren Spezifika Anhaltspunkte für eine Koinzidenz zwischen jüdischer Überlieferung im Allgemeinen und jiddisch *literarischer* Strategie im Besonderen bereithalten, denn: Traditionsbezüge, Erinnerung und Ereignisse werden analog zu jener Überlieferung und ihrer Literatur in Klang, Grammatik und Wortschatz der Alltagssprache der Juden in Osteuropa hörbar und sichtbar. Geographie, Geschichte und Kultur haben die Sprache in einem jahrhundertlangen Prozess durchquert und Spuren in ihrer Zeichenstruktur hinterlassen.[9] Dass Jiddisch selbstverständlich eine

---

[9] Vgl. Siegert, Bernhard: Kartographien der Zerstreuung. In: Franz Kafka: Schriftverkehr. Hrsg. von Wolf Kittler und Gerhard Neumann. Freiburg 1990, S. 222–247. Diesem Aufsatz verdanke ich wesentliche Impulse für die folgenden Ausführungen zur Analogie von jiddischem Sprachereignis, poetologischem Verfahren und jüdischer Überlieferungsdynamik. Vgl. auch Pareigis, Christina: Jiddisch. Gedächtnis einer Sprache und ihrer Literatur. In: Ch. Pareigis: „trogt zikh a gezang". Jiddische Liedlyrik aus den Jahren 1939–1945: Kadye Molodovsky, Yitzhak Katzenelson, Mordechaj

Schriftsprache ist, steht nicht im Widerspruch dazu, dass Genese und Sprachereignis gleichermaßen intensiv dem Duktus der Mündlichkeit folgen. Die Flüchtigkeit des Mündlichen produziert unaufhörlich Ablenkungen von der fixierten schriftlichen Bedeutung, die die sprachliche Überlieferung im *Werden* halten. Diese unaufhaltsame Bewegung ist ein Grundcharakteristikum des Jiddischen, das sich wiederum analog zur jüdischen Überlieferungsdynamik überhaupt verhält, wie sie in der talmudischen Tradition gründet: Nicht um den *einen* ursprünglich wahren Sinn geht es, sondern um das, was die stetige Tradierungsbewegung gegenwärtig vermittelt.

Diese Abweichungen vom ursprünglichen Sinn werden nun von den jüdischen Kommentaren, Geschichten, Witzen etc. thematisiert, genauso wie in der jiddischen Sprache selbst. Durch die besondere Entstehungsdynamik des Jiddischen wird das Phänomen dieser Analogie von literarischer Prozessualität und sprachlicher Überlieferung zudem unaufhörlich aktualisiert: Wo auch immer sich die Juden in der Geographie aufhalten, fließen Elemente der sie umgebenden Sprachen in die offene Struktur des Jiddischen ein. Auf diese Weise wird ein Prozess sprachlicher und geographischer Dissimilation und Dis*persion* aufrecht erhalten, der sich gleichzeitig in- und abseitig von den Geschichten anderer vollzieht: Vom deutschsprachigen Rheinland über Osteuropa und zum Teil wieder zurück und durch eine fortlaufende Kette aus Verfolgungssituationen entwickelt sich so eine Sprache, die die Wege ihrer Sprecher mit einem Konglomerat von Etyma verschiedenster Herkunft aufzeichnet.

Dabei wird das jeweils Bezeichnete durch die Situation mitbestimmt, der es seine Rezeption verdankt. So passiert es gelegentlich, dass im Prozess der Rezeption eines Etymons ein Wort etwas ganz Abweichendes von dem bedeutet, was seine Grundbedeutung einmal war. Ein prominentes Beispiel für dieses Phänomen bietet das jiddische Wort *opshay*, denn es bezeichnet nicht etwa „Abscheu", sondern „Ehrfurcht". In dieser semantischen Inversion ist womöglich die Strategie des Übersetzungsaktes aus dem Deutschen lesbar geblieben: Dem gegen die orthodoxen Juden gerichteten Wort wird sein pejorativer Hauptsinn entzogen und gegen die positive Bedeutung eingetauscht. In die Bedeutung des jiddischen Wortes hat sich auf diese Weise auch die *Strategie* seiner Übernahme eingeschrieben. Solche Umkehrungen und Abweichungen ermöglichen die Tradierungs-

---

Gebirtig. München 2003, S. 32–45; und Pareigis, Christina: Wie man in der eigenen Sprache fremd wird. Franz Kafka, Shimon Frug und Yitzhak Katzenelson auf den Wegen der jiddischen Überlieferung. In: Exophonie (wie Anmerkung 8), S. 35–47, hier S. 35–40.

bewegung in der Sprache und sichern ihr Überleben. Das als Angriff verwendete Wort wird dem Angreifer entwendet und ihm in eigener Sache entgegen gehalten.[10]

Andererseits gestaltet sich aufgrund solcher strategischen Mitübersetzungen auch der Versuch einer (Rück-)Übersetzung ins Deutsche als besonders delikat, weil das deutsche Fremd-Wort vom Jiddischen her ins Deutsche rückübersetzt seinen Index des Fremden im Übersetzungsakt verlieren würde: *Zaydene tsores* sind eben kein ,seidener Kummer'. Wie aber kann das Eigene in der Fremde, zurückgeholt ins Eigene, weiterhin fremd sein?[11]

Dieser Frage haben sich die beiden Dichterinnen in je unterschiedlicher Weise gewidmet: Blum wuchs in einer Stadt auf, in der neben Rumänisch und Jiddisch vor allem Deutsch als *Kultur*sprache gesprochen wurde, ein Deutsch allerdings, das, wie Rose Ausländer in ihrem Essay „Czernowitz, Heine und die Folgen" schreibt, „schwere Durchbrüche und Verzerrungen" erfahren habe, insbesondere durch das Jiddische, und „von dem die Gebildeten und sprachlich Anspruchsvollsten – nach Wien horchend – sich distanzierten".[12] Blum vollzog diese Wegbewegung in mehrfacher Hinsicht nach: Sie zog mit ihrer Familie nach Wien, doch bis weit in die 1930er Jahre hinein sind ihre deutsch geschriebenen Texte durchdrungen von Hinweisen auf jenes 'zerdehnte, verfärbte und verbogene Deutsch', „von Leid durchzogen, / [...] das fern im Ghetto ruht" („Czernowitzer Ghetto"[13]) und das von all denen gesprochen wird, die mit aller Macht versuchen, jenem Ghetto den Rücken zu kehren. Es ist dasselbe Ghetto, aus dessen „Judengassen" das ,alte Judenwort' im Gedicht „Erst recht!"[14] auch noch aus „verpreßten Lippen" hervorkommt und es ist dieselbe Sprache, die in „Verstummte Melodie"[15] in *Wiener* „stummen Gassen" nunmehr „schweigt und haßt und glüht" und in ,Träumen tönt'. Immer wieder ist es das *Jiddische*, das auch als linguistisch lesbare Referenz, wie die „seidenen Zures" oder auch wie der „wojler, feiner, stiller Chussenbucher" in der Erzählung „Warum ich meine Braut nicht bekommen habe"[16], die

---

[10] Vgl. Siegert (wie Anmerkung 9), S. 228–229.

[11] Ebd., S. 228.

[12] Ausländer, Rose: Czernowitz, Heine und die Folgen. In: R. Ausländer: Werke. Hrsg. von Helmut Braun. Band XV: Die Nacht hat zahllose Augen. Prosa (1929–84). Frankfurt am Main 1995, S. 96–99, hier S. 96.

[13] In: Blum, Kommentierte Auswahledition (wie Anmerkung 1), S. 294–297.

[14] In: ebd., S. 306–308.

[15] In: ebd., S. 330–331.

[16] In: ebd., S. 343–347.

Erinnerung an das fremd werdende Eigene und die Erfahrung des Fremdseins in der eigenen Sprache aufeinanderprallen lässt.

Auch Gertrud Kolmar erkundet im Schreiben die Fremdheit des jüdischen Wortes, und zwar vor allem des *hebräischen* Wortes. Und auch sie, die im Gegensatz zu Blum in Berlin in einem assimilierten Elternhaus aufwuchs, reflektiert in ihren Texten das Verhältnis zwischen ‚Muttersprache', der Sprache ihres Schreibens und ihrer nichtjüdischen Umgebung und der *anderen* Sprache, der Sprache ihrer wieder erinnerten Zugehörigkeit zum Judentum, in einer Situation, in der der Verfolgungsdruck massiv wächst. In den Jahren 1930/31 entsteht die Erzählung *Die jüdische Mutter*, in der sich ein unausgewogenes Oszillieren zwischen den Sprachwelten ereignet, das gleichsam die Erschütterung der Hauptperson verkörpert: Unter dem Eindruck äußersten Schmerzes, verursacht durch die Vergewaltigung ihrer Tochter, findet Martha Jadassohn Bruchstücke der hebräischen Sprache:[17]

> Sie drückte beide Hände aufs Herz; das schlug zum Zerspringen. Sie faltete diese heißen Hände und fing zu beten an, wispernd, in Hast, wirre, verzweifelte Dinge. Verschen, die sie als Kind gekannt, Bibelsprüche, hebräische Worte, die spärlich ihr aus der Schulzeit geblieben, deren Einzelbedeutung sie längst verlernt.[18]

Die Hinwendung zur jüdischen Überlieferung wird auch in der Erzählung in den Verfolgungskontext gebracht, und zwar aus dem Blickwinkel der Protagonistin in dem Augenblick, als sie im Haus ihres Geliebten eine Ausgabe der Zeitschrift „Hugin – Deutsche Wehr – Blätter für völkisches Denken" findet:

> Wir müssen nur wieder in uns hineingehn; dahin kann uns keiner verfolgen... ‚Israel ist wie der Staub der Erde: alle treten ihn mit Füßen; der Staub aber überlebt alle.'[19]

Die Dissimilation ereignet sich als Reaktion auf die Verwandlung der jüdisch überlieferten Verheißung in eine erfüllte Unheilsprophezeiung

---

[17] Vgl. Erdle, Birgit: Re-Lektüre der jüdischen Tradition. In: B. Erdle: Antlitz – Mord – Gesetz. Figuren des Anderen bei Gertrud Kolmar und Emmanuel Lévinas. Wien 1994, S. 155ff. Erdles Kolmar-Lektüren bringen die Korrespondenzen von Gewalterfahrung und Rekurs auf die jüdische Tradition, von Assimilationsbestreben und Dissimilationsbewegung im Text zur Darstellung.

[18] Kolmar, Gertrud: Die jüdische Mutter. Nach der von Thedel von Wallmoden herausgegebenen Edition (Göttingen 1999), mit einem Nachwort von Esther Dischereit. Frankfurt am Main 2003, S. 51–52.

[19] Ebd., S. 182.

durch die antisemitische Hetzschrift. Im ersten Buch der Hebräischen Bibel spricht Gott, nachdem er die Schlachtung Isaaks verhindert hat, durch seinen Engel zu Abraham:

[16] [...] Weil Du das getan hast und deinen einzigen Sohn mir nicht vorenthalten hast, [17] will ich dir Segen schenken in Fülle und deine Nachkommen so zahlreich machen wie die Sterne am Himmel und den Sand am Meeresstrand.[20]

In der Aktualität der Erzählung setzt die Erschütterung den Austausch des metaphorischen Subjektes und seiner Attribute sowie eine Umkehrung ihrer Konnotationen in Gang. Das Heilsversprechen wird zu Sarkasmus, indem der Rekurs auf die jüdische Überlieferung das zukunftsverheißende Attribut ‚zahlreich' aus dem Referenztext unterschlägt und es mit den negativ aufgeladenen ‚mit Füßen getreten' und ‚verfolgt' ersetzt. Anstatt *zahlreich werden wie die Sterne*, lautet hier die Antwort auf die Frage nach dem Überleben *Staub sein*. Sie initiiert damit eine Dissimilationsbewegung, die in einem Augenblick des Scheiterns der Assimilation einsetzt und die dem einsamen Ich gleichzeitig Bindung und Abkehr ermöglicht.[21] Die Bewegung des Unähnlichwerdens im Text funktioniert in erster Linie durch die Referenz auf die jüdische Tradition und das nicht als Rückkehr zu einem ursprünglichen Sinn der Schrift, sondern – analog zur jüdisch-jiddischen Überlieferungsstrategie – als Hinwendung zu dem, was die fortwährende Tradierungsbewegung gegenwärtig vermittelt, hier die *Erinnerung* an das Andere des Eigenen, das sich im Verlauf des scheiternden Emanzipationsprojektes entfremdet hat und sich jetzt nur noch in Bruchstücken artikulieren kann, genau wie Martha Jadassohns Hebräisch, das „längst doch verschüttet, Glasperlen in einem löchrigen Säckchen, das sie als Kind besaß".[22]

Und so evozieren die hebräischen Fremd-Worte, – im Text isoliert und exponiert zugleich, ganz ähnlich wie die jiddischen Ausdrücke bei Blum – nicht nur das eigene kulturelle Erbe, sondern auch jene *andere* Sprache, die schon viel früher unter dem Druck der staatlichen Totalität eines

---

[20] Gen 1,16–17. Dieses sprachliche Bild der Verheißung wird durch die Bücher der Hebräischen Bibel hindurch mehrfach variiert: Vgl. Gen 26,4; Ex 32,13; Dtn 1,10; 10,22; 28,62; 1 Chr 27,23; Neh 9,23; Sir 44; 21; Dan 3,36. Die Bibel wird im obigen Beitrag zitiert nach: Neue Jerusalemer Bibel. Einheitsübersetzung mit dem Kommentar der Jerusalemer Bibel. Neu bearbeitete und erweiterte Ausgabe, Deutsch. Hrsg. von Alfons Deissler und Anton Vögtle in Verbindung mit Johannes M. Nützel. Freiburg 1985.
[21] Erdle (wie Anmerkung 17), S. 156.
[22] Kolmar, Die jüdische Mutter (wie Anmerkung 18), S. 109.

Vernunftdenkens im Zeichen der Wahlerzwingung ‚Auflösung jüdischer Eigenart in Totalassimilation' oder ‚Leben im kulturellen Abseits der zu schaffenden modernen bürgerlichen Gesellschaft' dem Ausschluss unterlag und die aufgrund ihrer Fremdheit fast verschwunden ist.

Dabei ist es gerade diese Sprache, die den Ort, an dem das jüdische Kollektiv und der Einzelne als Jude leben kann, verkörpert. „Namen" finden, die „mir wieder gemäß", wie in dem Gedicht „Die Jüdin" (kurz vor 1933), das heißt dann im Kontext der Suche nach einem solchen Ort, sich dem Zugriff der vernichtenden antisemitischen Bezeichnungen zu verweigern. Dazu wendet sich das weibliche Ich einem vergessenen Ort zu, den es zu erkunden sucht. Der Verweis auf die jüdischen Geschichtsstätten wiederum bringt eine Grunderfahrung des Fremdseins zur Anschauung,[23] denn Fremd*sein* und Fremd*heit* des hebräischen Namens und Ortes werden in dem auf Deutsch geschriebenen Gedicht nicht in das Eigene rückübersetzt und bringen damit eine Lektüre ins Stocken, die die Tilgung der Differenz zwischen Geographien und Zeiten, zwischen Sprachen und Kulturen intendiert. So beginnt die sechste Strophe mit den Worten:

Ich kann das begrabene Ur der Chaldäer
Vielleicht entdecken noch irgendwo,
Den Götzen Dagon, das Zelt der Hebräer,
Die Posaune von Jericho

Und kurz vor Ende des Gedichtes heißt es:

Und ein Lied will mich Namen heißen

---

[23] Den poetologischen Zusammenhang zwischen den hebräisch bezeichneten Geschichtsstätten und der Verarbeitung einer grundlegenden Erfahrung der Fremdheit im Gedicht „Die Jüdin" stellt zunächst Eshel her. Vgl. Eshel (wie Anmerkung 6), S. 107. Nowak macht auf eine Ambivalenz in der der oben zitierten Strophe aufmerksam, hervorgerufen durch die semantische Differenz zwischen manifestem Gedichttext und biblischem Referenztext im ersten Vers: „Indem Kolmar die in der Bibel gebräuchliche Formulierung ‚Ur *in* Chaldäa' [...] in die Formulierung ‚Ur *der* Chaldäer' verschiebt, wird das ‚begrabene Ur' jedoch ambivalent: Ist es das ‚Ur' der Hebräer? Oder eben das ‚Ur der Chaldäer', d.h. das ‚Ur'-Bild, welches sich die ‚Chaldäer' – das waren die Babylonier, welche die Juden ins Babylonische Exil zwangen – vom ‚Ur'-Wesen des Jüdischen gemacht haben?" Nowak (wie Anmerkung 5), S. 192 und Anm. 106. Die semantische Unentscheidbarkeit, gelesen als unaufhörliche Oszillation zwischen *fremd* und *eigen*, verhindert, dass die Bewegung an *dieser* Stelle im Text der gewaltsamen Zuschreibung herrschender Redepraktiken unterliegt. Im Gegenteil: Die Aporie, die sie evoziert, lässt das dichotomisch bestimmte Verhältnis obsolet erscheinen.

Die mir wieder gemäß

Himmel rufen aus farbigen Zeichen[24]

Das Beim-Namen-genannt-werden entspringt wiederum einer Inversion der Überlieferung: Nicht der Himmel begründet die Zeichen, sondern es sind umgekehrt die Zeichen, die die Präsenz der Himmel garantieren.[25] Der *Differenz* im Verhältnis der Zeichen im manifesten Text des Gedichts und im biblischen Referenztext entspringt der Impuls für eine Bewegung der Überschreitung, der zugleich eine Wegbewegung von den akut herrschenden Benennungspraktiken inhärent ist. Ein Impuls, der allerdings aus der *Schrift* kommt, denn erinnert wird der prominente Namensanruf aus dem Buch Jesaja: „Ich habe dich beim Namen gerufen."[26] Während jedoch in der biblischen Überlieferung das Gerufenwerden im Kontext von Verfolgung und Exil, aber auch von Befreiung und Heimkehr erscheint, erinnern in der Aktualität des *Gedichts* die Namen an die Zuschreibungen gewaltsamer antisemitischer Rede: Im Akt der Benennung sollte die Demaskierung des assimilierten und daher gleich aussehenden Juden (in der Maske des vermeintlich Gleichen als altbekanntem Anderen) vollzogen und zugleich jene phantasmatischen Vorstellungen installiert werden, die eine doppelte Marginalisierung, als Frau und als Jüdin, erzeugen und die in der poetischen Verarbeitung wiederum eine doppelte Entfremdung des Ich begründen, das durch die Suche nach Anhaltspunkten in der fremd gewordenen eigenen Tradition immer schon zwischen Facetten sexueller und kultureller Nicht-Zugehörigkeit oszilliert.[27] In der zuletzt zitierten

---

[24] In: Kolmar, Gertrud: Das lyrische Werk. Hrsg. von Regina Nörtemann. Band II: Gedichte 1927–1937. Göttingen 2003, S. 91–92.

[25] Auf den Effekt dieser semantischen Inversion im Gedicht verweist Erdle: „nicht der Himmel streut Zeichen aus […] die Zeichen sind es, die sprechen und rufen, und aus welchen ein Moment der Transzendenz, des Außerhalbs hervorgeht. Der Text, die schriftliche Überlieferung, ist das Primäre. Die Anrede ist in der Schrift." Erdle (wie Anmerkung 17), S. 159.

[26] Jes 43,1. Zur lyrischen Referenz auf den biblisch-prophetischen Ur-Anruf vgl. Erdle (wie Anmerkung 17), S. 159.

[27] Die Verbindung von kultureller und sexueller Differenz artikuliert das Gedicht „Die Jüdin" bereits in seiner Eingangsstrophe, die dem gleichsam graphisch und semantisch isolierten Auftaktvers „Ich bin fremd" folgt. Das Ich begegnet dieser Isolation und intensiviert sie im selben Zug, indem es seinen Leib mit Türmen umgibt: „Weil sich die Menschen nicht zu mir wagen, / Will ich mit Türmen gegürtet sein." Die Türme markieren eine Differenz, die auf die Unzertrennbarkeit von Weiblichkeit, Leiblichkeit und jüdischer Tradition verweist, denn sie spielen auf einen Text der Hebräischen Bibel an, der wie kaum ein anderer weibliche Sexualität thematisiert: Das Lied der Lieder, (auch

Strophe ist es genau diese Tradition, die einer Umwelt nicht standhält, in der jene gewalttätigen Zuschreibungspraktiken wirksam sind, genauso wenig wie die überlieferten Sinnzusammenhänge der Sprecherin Zufluchtsort für Authentizität und Geborgenheit sein können, da es gerade der in ihnen erfahrene Mangel ist, der die Inversion veranlasst. Stattdessen ist ihr die Tatsache Jüdin zu sein Anlass für eine unaufhörlich am eigenen Leib erfahrene Desintegration. Das Gedicht ist nun Ort zur Transzendierung des Ausschlusses und Fluchtpunkt für die Entfremdung ineins: Es eröffnet dem Ich ein Aktionsfeld, das jedem weiblichen jüdischen Ich in der außerlyrischen Wirklichkeit im Deutschland des Jahres 1933 verwehrt bleibt, denn hier wird nicht der falsch sprechende, anders aussehende Jude zum Anderen gemacht, sondern es ist *Die Jüdin* selbst, die die Position der Fremden bezieht und von dort verweist auf die Möglichkeit eines Sprechens *gegen* jene Ausschluss-Dichotomien, und, mit Lévinas gedacht, *für* die *Eigennamen*[28], denen die Resistenz gegen die identifikatorische Vereinnahmung und Auflösung durch irreversible Zuschreibung und restloses *Verstehen* eignet – eine Resistenz, die ein Sprechen außerhalb der Totalität (be-)herrschender Rede ermöglicht. Sie korrespondiert der reflexiven Bewegung im Gedicht, die anstatt das Andere ins Eigene *zurück*zuführen und damit einzuebnen und unsichtbar zu machen, auf immer *neuen* Wegen vom Andern her zum Eigenen führt.

Das Besondere dieser Texte besteht somit nicht allein in der Suche nach einem Ort in der Moderne, an dem das jüdische Kollektiv und die Einzelne als Jüdin leben kann. Denn weit darüber hinaus fordern sie die *Aufmerksamkeit*[29] im Bezug auf den Anderen und seine Sprache: Die

---

Hohelied Salomos). Die Anspielung ereignet sich allerdings wiederum in Gestalt der Inversion, welche die markierte Differenz erst eröffnet, die Erdle wie folgt beschreibt: „Ich bin eine Mauer und meine Brüste gleich Türmen' (Hoheslied [Schir-ha-Schirim] 8,10). Der Bezug auf diese Passage nimmt indessen eine Um-Schrift vor, denn in Kolmars Text ist der Leib nicht der Körper einer Geliebten, sondern der Körper einer Verstoßenen." Erdle (wie Anmerkung 17), S. 157.

[28] Vgl. Lévinas, Emmanuel: Eigennamen. Meditationen über Sprache und Literatur. München 1988, S. 9. Zur Korrespondenz der Bestimmung des Eigennamens bei Lévinas und der Funktion des Namens in Kolmars Gedicht „Die Jüdin" vgl. wiederum Erdle (wie Anmerkung 17), S. 159–160.

[29] Vgl. Eshel (wie Anmerkung 6), S. 108. Den Begriff der Aufmerksamkeit verwendet Eshel in ähnlichem Zusammenhang im Rekurs auf Paul Celan, der damit in seiner Meridian-Rede eine metapoetische Eigenschaft des Gedichtes bezeichnet, und sich dabei wiederum auf Walter Benjamin bezieht: „Die Aufmerksamkeit, die das Gedicht allem ihm zu Begegnenden zu widmen versucht, sein schärferer Sinn für das Detail, für

geträumten Töne und zerdehnten Klagen, das gesungene Schweigen und das alte Spottwort, die seltsame Korrektheit jenes durchbrochenen Deutschs und das Glasperlenhebräisch, aber auch die stolzen Namen der Vorväter finden in den Gedichten und Erzählungen eine Verwendung, die der Sprache der Ostjuden mit ihrer außergewöhnlichen Genese abgelernt ist: Indem aus jener eine paradigmatische Sprache wird, die sich *per se* jedem Zugriff verweigert, zeigen die Referenzen auf die jüdische Überlieferung im Allgemeinen und auf die Überlieferungsdynamik des Jiddischen im Besonderen, dass es außerhalb der institutionalisierten Redepraktiken ein Sprechen gibt, das anderen Regeln als denen des hermeneutischen Zugriffs folgt, ein Sprechen, das sich der endgültigen und kategorischen Zuordnung zu einer Nation, zu einer Kultur, zu einer Sprache verweigert. Die Gedichte und Erzählungen Klara Blums und Gertrud Kolmars versuchen, diesen Grenzdiskurs strategisch zu erproben. Nicht um zu beweisen, dass eine Rede, die sich an der Unterscheidung von ‚eigen' und ‚fremd' orientiert, nicht mehr möglich ist, sondern um sich immer neu den fortwährend wechselnden Positionen einer solchen Zuschreibungspraxis zu entziehen.

Umriß, für Struktur, für Farbe, aber auch für die ‚Zuckungen' und die ‚Andeutungen', das alles ist […] eine aller unserer Daten eingedenk bleibende Konzentration. / ‚Aufmerksamkeit' – erlauben Sie mir hier, nach dem Kafka-Essay Walter Benjamins, ein Wort von Malebranche zu zitieren – , ‚Aufmerksamkeit ist das natürliche Gebet der Seele.'" (Celan, Paul: Der Meridian. Endfassung – Entwürfe – Materialien. Hrsg. von Bernhard Böschenstein und Heino Schmull unter Mitarbeit von Michael Schwarzkopf und Christiane Wittkop. Frankfurt am Main 1999, S. 9 und vgl. Anmerkung 35d, S. 227).

„Auf meinem Diwan wird Österreich lebendig."
Die jüdische Journalistin Berta Zuckerkandl-Szeps und ihr Wiener Salon

Bettina Spoerri

Das Wirken und die Schriften der jüdischen Salonière Berta Zuckerkandl-Szeps sind in ihrer Bedeutung einzigartig, weil sie angesichts des Zerfalls des Vielvölkerstaats Österreich-Ungarn die Utopie einer neuen, von Toleranz und Harmonie bestimmten Gemeinschaft entwarfen, in der die Kunst eine zentrale Rolle übernahm. In dem vorliegenden Beitrag werden die wichtigsten Bereiche aus dem breiten Wirkungsradius von Berta Zuckerkandl-Szeps nachgezeichnet. Besondere Aufmerksamkeit erhält ihre idealtypische Darstellung der Begegnung zwischen den Künstlern Gustav Klimt und Auguste Rodin in ihrem Salon, welche sie zur Allegorie eines alt-neuen Österreichs im Zeichen der Kunst hochstilisiert.

Berta Zuckerkandl-Szeps (1864–1945) ist heute zu Unrecht vergessen, denn sie war eine wichtige Förderin einer großen Zahl von Schriftstellern, bildenden Künstlern, Komponisten und Theaterschaffenden ihrer Zeit, welche heute zum Kunstkanon des frühen 20. Jahrhunderts gehören. Die Journalistin, die neben Alma Mahler-Werfel – und in Konkurrenz zu ihr – eine der einflussreichsten Salonièren Wiens war, stand in engem Kontakt mit vielen Künstlern, Dichtern, Komponisten, Theaterregisseuren, Bildhauern und Malern, die den Aufbruch zum modernen „Wiener Kunstfrühling" begründeten: Gustav Klimt, Hugo von Hofmannsthal, Arthur Schnitzler, Egon Friedell, Max Reinhardt, Hermann Bahr, Richard Beer-Hofmann, Stefan Zweig, Joseph Roth, Franz Werfel, Johann Strauss, Maurice Ravel, aber auch Gustav Mahler oder Auguste Rodin – um nur die bekanntesten Namen zu nennen. Berta Zuckerkandl-Szeps versammelte diese Intellektuellen und Künstler nicht nur in ihrem Hause (beziehungsweise später in ihrer Wohnung), sondern sie wirkte aktiv auf einen inhaltlichen Austausch von Ideen hin – heute würde man von einer begabten Networkerin sprechen. Berta Zuckerkandl-Szeps' Salon war eine Institution, eine Drehscheibe der Wiener Kunstszene; die Salonière initiierte zeitgenössische progressive künstlerische Bewegungen wie die Wiener Sezession und die Wiener Werkstätte mit und trug zur Gründung des Internationalen Salzburger Musikfestivals bei, sie wurde zum

Sprachrohr des neuen Stils, des Jugendstils, den sie mit Schriften und Zeitungsartikeln gegen den Konservativismus der Puristen in Wien verteidigte. Und dafür verfügte sie über renommierte öffentliche Plattformen, konnte sie ihre Texte doch in den prominentesten Zeitungen Wiens plazieren: in der *Wiener Allgemeinen Zeitung*, dem *Neuen Wiener Journal* sowie in *Ver Sacrum*, dem Organ der Wiener Sezession. In ihren Memoiren beschreibt Berta Zuckerkandl-Szeps ihre Tätigkeit als Kulturjournalistin bei der *Wiener Allgemeinen Zeitung*, wo sie eine eigene Rubrik betreute:

> In diesem Kampf war meine Waffe die Feder, mein Tummelplatz die Wiener Allgemeine Zeitung. Obwohl ich Anfängerin war, gab mir der Herausgeber vollste Freiheit und räumte mir die Rubrik der Kunstkritik ein. Ich verwandelte diese, da mir der Begriff ‚Kritik' schöpferischen Künstlern gegenüber stets überheblich schien, in eine Rubrik, die ich ‚Kunst und Cultur' betitelte und in der ich versuchen wollte, die große Evolution zu spiegeln.[1]

Fortschrittsglaube, ein Kennzeichen auch für das liberale jüdische Großbürgertum ihrer Generation, geht hier einher mit einem weihevollen Gestus gegenüber den neuen Kunstbewegungen. Berta Zuckerkandl-Szeps war eine glühende Verfechterin der zeitgenössischen Avantgarde und überzeugt, Zeugin einer historischen Wende in der Entwicklung der Künste zu sein. Ihre Plädoyers sah sie als Dienst an einer erhabenen Sache: „Es war ein in der Kunst- und Geistesgeschichte seltener Augenblick; man durfte als gläubiger Helfer am Werk sein" (fJW, S. 178). Eine Sammlung ihrer Texte, die in diesem Zusammenhang entstanden waren, erschien denn auch 1908 unter dem programmatischen Titel „Zeitkunst".[2]

---

[1] Zuckerkandl-Szeps, Berta: Ich erlebte fünfzig Jahre Weltgeschichte. Stockholm 1939, S. 178 (im Folgenden unter dem Kürzel fJW + Seitenzahl im Text zitiert). Was Berta Zuckerkandl-Szeps an dieser Stelle unterschlägt, ist die Tatsache, dass ihr Vater von 1867 bis 1886 Verleger des *Neuen Wiener Tagblatts* war und ihr Bruder Julius (geboren 1867) bereits als junger Mann Chefredakteur eben dieser Zeitung wurde; es bestanden also nahe familiäre Beziehungen zur Redaktionsleitung dieser Zeitung – eine Tatsache, die nicht unwesentlich dazu beigetragen haben dürfte, dass Berta Zuckerkandl-Szeps in einem Bereich der Zeitung so viele Kompetenzen übertragen wurden.
[2] Zuckerkandl-Szeps, Berta: Zeitkunst. Wien 1908. In seinem Geleitwort zu diesem Band beschreibt der österreichische Schriftsteller und Kunstkritiker Ludwig Hevesi (1843–1910), dass Berta Zuckerkandl-Szeps nicht nur die Sezession mit ihren Artikeln unterstützte, sondern er bezeugt, dass in ihrem Salon sogar die Idee zu dieser künstlerischen Aufbruchsbewegung entstand: „So war es denn auch in dem Salon der Verfasserin, dass zum ersten Male der Gedanke der Wiener Secession ausgesprochen wurde. Da trafen sich die paar modernen Menschen, die ihm Gestalt gaben und den

Ihre Streitbarkeit, das öffentliche Schreiben und die Versammlung von wichtigen Persönlichkeiten aus dem Kunst-, aber auch dem Politikbereich, hat Berta Zuckerkandl-Szeps, das betont sie immer wieder in ihren Memoiren, von ihrem Elternhaus vorgelebt bekommen: Moriz Szeps (1835–1902) war der Chefredakteur der Zeitung *Wiener Morgenpost*, später gründete er das liberale *Neue Wiener Tagblatt*[3] und machte es zur führenden Zeitung Österreichs. Er verkehrte mit Kronprinz Rudolf von Österreich-Ungarn, auf den er seine Hoffnungen auf ein liberales Europa setzte, und mit dem französischen Politiker Léon Gambetta, der 1881/82 Premierminister war, sowie unter anderem auch mit dem Schriftsteller und Politiker Benjamin Disraeli, dem zweimaligen britischen Premierminister.

Die Szeps' gehörten zum assimilierten, liberalen, aufgeklärten großbürgerlichen Judentum, und dieses geistige Umfeld prägte das Denken der Tochter nachhaltig; Kunst und Kultur spielten in dieser Familie eine ungleich wichtigere Rolle als Religion. Schon früh unterstützte Berta ihren Vater zeitweise als Sekretärin und übernahm die Rolle einer Botin, als die Kommunikation zwischen ihrem Vater, dem Zeitungsredakteur, und dem anonymen Artikelschreiber Kronprinz Rudolf geheim gehalten werden musste. Diese Erfahrungen blieben keine abenteuerlichen Jugenderinnerungen; als erwachsene Frau machte Berta Zuckerkandl-Szeps ausgiebig Gebrauch von ihren Kenntnissen. So betätigte sie sich mehrmals im Rahmen bestimmter Anliegen als Geheimdiplomatin, beispielsweise, als es 1922 darum ging, sich beim französischen Finanzminister Caillaux für eine Völkerbundanleihe für Österreich zu bemühen – ein Ziel, das sie durch zahlreiche Privataudienzen bei Caillaux schließlich auch erreichte.

Diese äußeren Umstände sind verschiedentlich historisch belegt,[4] und Berta Zuckerkandl hat sie selbst in ihren Lebensmemoiren festgehalten. Form und Haltung dieser Erinnerungen, die 1939 unter dem selbstbewussten Titel *Ich erlebte fünfzig Jahre Weltgeschichte* in Stockholm bei Bermann-Fischer erschienen, verdienen besondere Aufmerksamkeit. Berta Zuckerkandl-Szeps schrieb darin nämlich nicht lediglich ihre

---

Kampf für die Kunsterneuerung in Wien begannen." Hevesi, Ludwig: Zum Geleit. In: Zuckerkandl-Szeps, Zeitkunst, S. IX.
[3] Von 1867 an war Moriz Szeps Verleger des *Neuen Wiener Tagblatts*. 1886 wurde er zum Zeitungsbesitzer, als er die *Morgenpost* kaufte und ihren Titel in *Wiener Tagblatt* änderte. Diese Zeitung wurde im Jahr 1901 in *Wiener Morgenzeitung* umbenannt und erschien so noch weitere vier Jahre.
[4] Unter anderem bei Milan Dubrovic, einem Zeitgenossen von Berta Zuckerkandl-Szeps, vgl.: Dubrovic, Milan: Veruntreute Geschichte. Die Wiener Salons und Literatencafés. Wien 1985, S. 152–153.

Erinnerungen auf, wie es der Titel zu verstehen gibt, sondern sie zitiert in ihrem Buch, das über dreihundert Seiten umfasst, immer wieder längere Passagen aus ihrem Tagebuch, das sie von 1878 an geführt hatte. Allerdings suggeriert der Begriff „zitiert" einen falschen Eindruck, denn Berta Zuckerkandl-Szeps hatte ihr Tagebuch auf der Flucht aus Wien 1938 verloren und musste es später aus dem Gedächtnis rekonstruieren; wie viel sich dabei aus der Perspektive des Rückblicks verändert hat, ist nicht mehr zu eruieren. Ebenfalls erheblichen Raum nehmen in den Memoiren zudem Briefe ein, deren Wortlaut die Verfasserin zitiert, und immer wieder lange Gesprächsprotokolle, die Berta Zuckerkandl-Szeps teilweise selbst erstellte, deren Hauptanteil aber aus dem Nachlass ihres politisch aktiven Vaters stammen.

Zwischen diesen Eigen- und Fremdzitaten erzählt Berta Zuckerkandl-Szeps Ereignisse aus ihrem Leben, aber sie schildert sie nicht einfach, sondern sie resümiert und kommentiert im Rückblick, vom Jahr 1939 aus, das sie nach der Flucht vor den Nazis aus Wien ein Jahr zuvor in Paris sah. Passagen, die im Präsens gehalten sind, wechseln sich in dem Memoiren-Buch mit solchen ab, die im Präteritum geschrieben sind; dazwischen richtet die Schreiberin ihren Blick immer wieder bange auf ihre unmittelbare Gegenwart, sie vergleicht, sie hofft, sie mahnt. Diese Collagen-Form ihrer Memoiren ist auch deshalb so interessant, weil sich aus der Perspektive im Rückblick auf fünfzig Jahre *persönliche*, aber vor allem *europäische* Geschichte deren Konturen verschärfen, einzelne Ereignisse verdichten und akzentuieren und somit auch eindeutiger interpretieren lassen. Nach ihren eigenen Worten will Berta Zuckerkandl-Szeps „Zusammenhänge einer besonderen Kulturepoche aufzeigen" (fJW, S. 156). Die Memoiren sollen, so schreibt sie an eben dieser Stelle auch, ein „Spiegel dieser Zeit" sein. Und doch bleibt sie nie die beobachtende Chronistin ihres Lebens und der historischen Umstände, sondern sie kommentiert und akzentuiert ihre Erlebnisse programmatisch im Hinblick auf die von ihr intendierten kulturellen Entwicklungen.

Die Memoiren zeugen von einer Kindheit und Jugend unter privilegierten Umständen, welche das Denken der späteren Salonière tief prägten; diese Sozialisierung sollte für ihr späteres Denken und Wirken entscheidend sein. Berta Szeps und ihre Schwester Sophie, die im Jahre 1906 den Bruder von Georges Clemenceau, dem späteren französischen Innen- und Premierminister (1906–1909), heiratete, erhielten zu Hause Unterricht von mehreren Hauslehrern; Wien besaß damals, in den 1870er Jahren, noch kein Mädchengymnasium. Manche ihrer Lehrer waren Redakteure des *Neuen Wiener Tagblatts*; bleibenden Einfluss auf Berta

Zuckerkandl-Szeps' Entwicklung zur Autorin und Journalistin, die über die kulturellen Veränderungen ihrer Zeit reflektiert, hatte der Kunsthistoriker Albert Ilg (1847–1896), ein Wegbereiter der modernen Kunstforschung. Eine weitere Voraussetzung für ihren späteren Salon bildete die Heirat mit einem angesehenen und einflussreichen Mann. 1883 lernte Berta einen der Gäste ihres Vaters näher kennen und lieben; drei Jahre später heiratete sie den fünfzehn Jahre älteren Mediziner Emil Zuckerkandl.[5] Die Hochzeit fand auf ausdrücklichen Wunsch Bertas – und dies indiziert ihre Distanz zu religiösen Ritualen – nicht im Tempel der israelitischen Kultusgemeinde, sondern im Haus ihrer Eltern statt. Das junge Ehepaar lebte zuerst in Graz; erst als Emil Zuckerkandl eine Stelle in Wien antreten konnte, zog das Ehepaar in die österreichische Hauptstadt. Den begehrten Ruf nach Wien erhielt der Anatomist, weil er ein vom zentralen Nervensystem ausgehendes Gewebe entdeckt hatte, das – so beschreibt es seine Frau, die er in seine Wissenschaft eingeführt hatte, mit deutlichem Stolz – „von großer, entscheidender Wichtigkeit für die Regelung des Blutdruckes im menschlichen Körper" war (fJW, S. 162). Die Rede ist vom „chromaffinen System" des später als „Zuckerkandl-Organ", ein Paraganglion des Sympathikus im Bauchraum, bekannt gewordenen Phänomens. Berta Zuckerkandl-Szeps wurde durch die wissenschaftlichen Erfolge ihres Ehemannes zur geachteten „Hofrätin", was ihre gesellschaftliche Stellung weiter stärkte.

Zurück in Wien sucht Berta Zuckerkandl-Szeps ein preisgünstiges, dem noch immer bescheidenen Honorar ihres Mannes und den Bedürfnissen der jungen Familie angemessenes Haus: eine Suche, die sie in ihren Memoiren in einer ausführlichen Passage schildert. In einem Traum, erzählt sie, sei ihr ein schönes, altes Haus mit großen Zimmern und einem Garten erschienen, in dem Nussbäume standen. Als sie sich am nächsten Tag wieder in der Vorstadt auf die Suche machte, stieß sie tatsächlich genau auf diese kleine Villa. Hier entstand Berta Zuckerkandl-Szeps' erster Salon, den sie selbst folgendermaßen beschreibt:

> Bald war unser Haus das Zentrum einer Gruppe von Freunden; Künstlern, Wissenschaftlern, Musikern. Seit meiner frühesten Jugend war ich gewohnt gewesen,

---

[5] Emil Zuckerkandl, geboren 1849 in Ungarn, hatte Solo-Violonist werden wollen, entschied sich dann aber für eine Laufbahn als Anatomist. 1882 wurde er Ordinarius in Graz, und als er und Berta Szeps vier Jahre später heirateten, zog sie mit ihm zuerst nach Graz. 1888 erhielt er den – ersten – anatomischen Lehrstuhl in Wien. Emil Zuckerkandl setzte sich neben seiner Lehr- und Forschungstätigkeit für die Rechte der Frauen im akademischen Bereich ein und gründete 1900 in Wien eine Frauenakademie, die immerhin bis 1918 existierte. Vgl. Schulte, Michael: Berta Zuckerkandl-Szeps. Salonière, Journalistin, Geheimdiplomatin. Zürich 2006.

Gäste zu empfangen. Ich tat dies in einer oft unkonventionellen Art, aber man kam gerne und oft in unser ‚Traumhaus'. Wir entdeckten auch eine andere Anziehungskraft: die großen Nußbäume in unserem Garten. Es waren (historisch festgestellt) dieselben Bäume, unter welchen Beethoven einst saß und Symphonien schrieb (fJW, S. 164).

Es ist zwar trotz der Bekräftigung, die von der Autorin hier in Klammern hinzugefügt wurde, zu bezweifeln, dass es genau dieser Garten und diese Nussbäume waren, wo Ludwig van Beethoven jene Werke komponierte – aber auch wenn dies vielleicht doch einmal historisch belegt werden kann, ist doch bedeutsamer, dass Berta Zuckerkandl-Szeps an dieser Stelle von einem „Traumhaus" spricht. Die Art und Weise, wie sie in diesem Haus wichtige Persönlichkeiten mit- und zueinander einlud, entsprach nämlich in idealer Weise ihrem *Traum* von Österreich. Zeitlebens setzte sich Berta Zuckerkandl-Szeps für das Alt-Österreich ein, für Österreich-Ungarn, an dessen Fortbestand sie auch noch angesichts seiner Rumpfform als Donau-Alpen-Republik glaubte. Den Vielvölkerstaat zu erhalten, das ist das Anliegen, das Vermächtnis ihres Vaters, das fortzuführen sie sich berufen fühlt. In ihren Memoiren schreibt sie sendungsbewusst: „Meine höchste Pflicht war es, meines Vaters geistiges Testament so weit als möglich zu erfüllen" (fJW, S. 296). Und zum Ersten Weltkrieg, als sie zum ersten, aber nicht letzten Mal in ihrem Leben, befürchten musste, dass dieses Österreich auseinandergerissen würde, im Jahre 1917, notiert Berta Zuckerkandl-Szeps: „Die Österreicher sind ein humanes Volk. In Österreich vereinigen sich die verschiedenartigen Völker, die dann gemeinsam das österreichische Antlitz prägen. Österreich muß gerettet werden um jeden Preis..." (fJW, S. 219).

Dieses vielstimmige, tolerante Bild Österreichs, das die Emanzipation der jüdischen Bevölkerung ermöglichte (ihr war ab 1867 in ganz Österreich der ungehinderte Aufenthalt und die Religionsausübung gestattet), suchte Berta Zuckerkandl-Szeps mit ihrem Salon im Kleinen modellhaft darzustellen. Wie die meisten Salonièren des 19. und frühen 20. Jahrhunderts schaffte Berta Zuckerkandl-Szeps in der intimen, privaten Sphäre ihres Hauses die Gemütlichkeit und Atmosphäre, welche erst die informellen Begegnungen ihrer Gäste ermöglichte. Wie in den anderen Wiener Salons des frühen 20. Jahrhunderts – die namhaftesten unter ihnen von Alma Mahler-Werfel, Grete Wiesenthal, Elsa Thurn und Eugenie Schwarzwald geleitet – entstand auch in dem um Berta Zuckerkandl-Szeps versammelten Kreis eine Gegenöffentlichkeit, ein Zirkel von gleichsinnten, kreativen Individuen, die ihre Utopien und Ideale in einem urbanen Schutz-Raum formulieren konnten. Die Bedeutung von Berta Zuckerkandl-Szeps'

Salon ist historisch diesbezüglich sowohl als „kulturelles Machtzentrum"[6] wie als „versöhnungsfördernder Treffpunkt gegnerischer Politiker" einzuschätzen. Berta Zuckerkandl-Szeps sah sich eindeutig nicht in der Tradition des vorherrschenden Konservativismus und Historismus, sondern sie stand, wie bereits oben angedeutet, für die Moderne, die Erneuerung ein. So waren Vertreter der modernen Malerei – allen voran Gustav Klimt, der 1897 gemeinsam mit unter anderen Koloman Moser und Josef Hoffmann nach dem Vorbild der Münchner und Berliner Sezession die Künstlervereinigung „Wiener Sezession" gründete – häufige Gäste in ihrem Salon.

Ein anderer Interessenschwerpunkt Berta Zuckerkandl-Szeps' war die französische Kultur. Sie besaß sehr gute Französischkenntnisse und hatte schon in jungen Jahren durch ihren Vater viele französische Intellektuelle, Politiker und Künstler kennen gelernt. Einer unter ihnen war der oben erwähnte Georges Clemenceau. Die Bekanntschaft mit ihm vertiefte sich noch erheblich, als Clemenceaus Bruder Paul Bertas Schwester Sophie heiratete. Berta besuchte Paris oft. Sie setzte sich in der Folge zudem intensiv mit dem französischen Theater auseinander und wurde gar zur Übersetzerin einer beträchtlichen Anzahl von Dramen – darunter eines von Paul Géraldy, das Max Reinhardt im jungen Salzburger Festspielhaus aufführte. Renate Redl zählt insgesamt rund 120 Theaterstücke, die Berta Zuckerkandl-Szeps ins Deutsche übersetzte, darunter befanden sich vor allem auch Werke von Sascha Guitry, Marcel Achard und Alfred Savoir.[7]

Berta Zuckerkandl-Szeps wirkte – wie auch schon ihr Vater, der sich um einen regen Kulturaustausch bemühte – mit ihren verschiedenen Tätigkeiten als wichtige Vermittlerin zwischen Sprachen und Kulturen, namentlich zwischen Österreich und Frankreich. So führte sie im Sommer 1902 in ihrem Salon Gustav Klimt mit Auguste Rodin zusammen.

Aus Prag kommend, wo er mit einer großen Retrospektive geehrt worden war, besuchte Rodin die 14. Ausstellung der Wiener Sezession und bewunderte Klimts Beethoven-Fries, den allegorischen Bilderzyklus, der an den Wänden eines Saals der Ausstellung aufgestellt war.[8] Nach dem

---

[6] Dubrovic (wie Anmerkung 4), S. 151.
[7] Redl, Renate: Berta Zuckerkandl und die Wiener Gesellschaft. Unveröffentlichte Dissertation. Wien 1978, S. 21.
[8] Klimts symbolische Figuren-Darstellungen – noch heute in dem dazugehörigen Sezessions-Bau zu sehen – verkörpern Genien, Allegorien der Kunst und der Sehnsucht, des Glücks und der Gefahr. Der zwei Meter hohe, lebensgroße Zyklus war Teil eines von dem Architekten Josef Hoffmann als Gesamtkunstwerk konzipierten

Besuch der Ausstellung besuchte Rodin Berta Zuckerkandl-Szeps, die er bereits von früheren Begegnungen in Paris kannte. In ihrem Garten versammelten sich an diesem Tag die Mitglieder der Wiener Sezession unter den Beethoven-Bäumen, unter ihnen auch Gustav Klimt. Die Schilderung der Begegnung zwischen Klimt und Rodin in Berta Zuckerkandl-Szeps' Memoiren veranschaulicht auf verschiedenen Ebenen ihre Rolle, Position und ihr Wirken. Gleichzeitig ist sie aber auch ein Zeugnis dafür, wie die Rückschau der Autorin die Begebenheit in eine bestimmte Richtung modelliert. Die Verquickung von Gegenwart und Vergangenheit kommt in Zuckerkandl-Szeps' idealistischer Interpretation deutlich zum Ausdruck. In einer Mischung von Nacherzählung und Vorgriff auf eine Zukunft, die für die Schreibende bereits Vergangenheit ist, schildert sie die Szene wie folgt:

> Die ganze Secession hatte sich versammelt. Klimt in strahlender Laune. Neben ihm Rodin, der die feschen Wiener Fiaker nicht genug bewundern konnte. Ich hatte im Freien decken lassen. Neben Klimt saßen zwei wunderschöne Frauen, die auch Rodin entzückten. Klimt hatte aus der Wienerin einen idealen Frauentypus geschaffen: die moderne Frau in knabenhafter Schlankheit. Er malte Frauen von rätselhaftem Reiz. Man kannte den Ausdruck ,Vamp' noch nicht. Aber Klimt schuf den Typus einer Greta Garbo, einer Marlene Dietrich, lange ehe er Wirklichkeit wurde. Solche Frauen umschwärmten nun Rodin und Klimt. Alfred Grünfeld hatte sich in dem großen Saal, dessen Flügeltüren weit offen standen, ans Klavier gesetzt. Klimt schlich sich zu ihm. ,Ich bitte, spielen's uns Schubert!' Und Grünfeld, die Zigarre im Mund, träumte Schubert vor sich hin. – Da beugt sich Rodin zu Klimt hinüber: ,So etwas wie bei Euch hier habe ich noch nie gefühlt! Ihre Beethoven-Freske, die so tragisch und so selig ist; Eure tempelartige unvergeßliche Ausstellung und nun dieser Garten, diese Frauen, diese Musik! Und um Euch, in Euch diese frohe kindliche Freude. Was ist das nur?!'– Ich übersetzte Rodins Worte. Klimt neigte seinen schönen Petrus-Kopf und sagte nur ein Wort: ,Österreich!' (fJW, S.179)

Berta Zuckerkandl-Szeps initiierte die Begegnung zwischen den beiden Kunst-Kolossen Klimt und Rodin, doch sie tat weit mehr als das. Vielleicht war es ihr schon 1902 bewusst, wie sie als Gastgeberin Gesellschaft – ihre Gesellschaft – inszenierte und gewissermaßen zu einem Gesamtkunstwerk stilisierte. Die Idee des „Gesamtkunstwerks" in der Konzeption von Richard Wagner, der es in Bezug auf sein Musikdrama als soziale Utopie formulierte, nach der sich die einzelnen Künste einem gemeinsamen Zweck

---

Ausstellungsprojekts, dessen Zentrum die von Max Klinger geschaffene große Beethovenskulptur darstellte.

unterordnen, existierte bereits seit Mitte des 19. Jahrhunderts.[9] Und es sollte nur noch ein Jahr dauern, bis im Jahr 1903 der Architekt Josef Hoffmann, der Kunstgewerbler Koloman Moser und Gustav Klimt den Begriff neu interpretieren, gemeinsam mit anderen die „Wiener Werkstätte" begründen und Ansichten wie diejenige vertreten würden, dass ein Wohnhaus zusammen mit den Möbeln, den Tapeten und den Haushaltgegenständen eine künstlerische Einheit zu bilden habe. Aus der Warte des Jahres 1939 verdichtet Berta das Tableau, das sie von der nachmittäglichen Gruppe in ihrem Garten zeichnet, und es wird selbst zu einem lebensgroßen Gesamtkunstwerk, einem Sinnbild Österreichs – respektive dem Traum eines Österreichs: eine gesellschaftliche und künstlerische Utopie, die für einen Moment Wirklichkeit geworden ist. Diesem Vorgang entspricht die Definition des deutschen Philosophen Odo Marquard, der dem Gesamtkunstwerk eine „Tendenz zur Tilgung der Grenze zwischen ästhetischem Gebilde und Realität" zugeschrieben hat.[10] So gibt Berta Zuckerkandl-Szeps wie eine inspirierende und zugleich mütterliche Instanz jedem, was er braucht, um sich wohl zu fühlen und zu entfalten. Sie stellt nicht nur die Bühne zur Verfügung – den grünen Garten, die Natur in ihrer sommerlichen Reife und Farbigkeit –, sondern arrangiert die Figuren wie eine Regisseurin oder eine Choreographin und bringt sie nach ihren Idealvorstellungen miteinander ins Gespräch. So ist es nur die letzte Konsequenz, dass die Figuren am Ende in dem von ihr komponierten Bild aussprechen, was sie sich erträumt hat. Diesen beinahe magischen Moment lädt Berta Zuckerkandl-Szeps dramatisch auf, indem sie in ihrem Bericht von der Vergangenheitsform ins Präsens wechselt: „Da beugt sich Rodin zu Klimt hinüber […]".

Berta Zuckerkandl-Szeps' Österreich, so die Botschaft dieser stilisierten und nostalgisch verklärenden Schilderung aus der Erinnerung, muss sich nicht um Verständnis oder Überzeugung bemühen, denn es wirkt von sich

---

[9] Die Idee des Gesamtkunstwerks bildete sich zuerst in der Zeit der Romantik, u.a. bei Friedrich Schelling. Im gesteigerten Selbstbewusstsein des Menschen wurde das Schaffen des Künstlers mit dem Schaffen der Natur verglichen. Der Begriff „Gesamtkunstwerk" wurde erstmals vom Schriftsteller und Philosophen Eusebius Trahndorff verwendet. 1849 taucht er in Wagners Schrift *Die Kunst und die Revolution* auf, zuerst in Bezug auf die attische Tragödie, wenig später, in dem Text *Das Kunstwerk der Zukunft*, weitet Wagner die Bedeutung des Begriffs aus: Die zunehmende Arbeitsteilung, etwa durch Spartentrennung, und die Vereinzelung des Individuums in der Gesellschaft sollen im Gesamtkunstwerk aufgehoben werden.

[10] Marquard, Odo: Gesamtkunstwerk und Identitätssystem. Überlegungen im Anschluß an Hegels Schellingkritik. In: Der Hang zum Gesamtkunstwerk. Hrsg. von Harald Szeemann. Aarau 1983, S. 40–49, hier S. 41.

aus, indem es stolz und würdig in sich ruht und eine Freude ausstrahlt, die den Franzosen fasziniert und neugierig werden lässt. Und vor allem: In einem solchen Österreich-Tableau hat auch die Jüdin Platz, aus diesem paradiesischen Garten wird niemand ausgeschlossen – was ganz im Gegensatz zu den politischen Veränderungen steht, welche sich schon Ende des 19. Jahrhunderts in Europa ankündigten. Die Dreyfus-Affäre, um nur ein Beispiel zu nennen, verfolgte Berta Zuckerkandl-Szeps aus der Nähe mit: Ihr Schwager Georges Clemenceau war nicht nur der Herausgeber der Literaturzeitschrift *L'Aurore*, in der Emile Zola im Jahre 1898 seinen berühmt gewordenen Appell „J'accuse" veröffentlichte, er war auch maßgeblich an der Wiederaufnahme des Verfahrens um Alfred Dreyfus beteiligt. Berta Zuckerkandl-Szeps hatte schon als Kind und Jugendliche verschiedene antisemitische Kampagnen, die gegen ihren Vater geführt worden waren, miterlebt, und bald würde sie als Jüdin in Wien immer mehr spüren, wie unerwünscht sie war. Mit ihrem Salon inszenierte sie somit eine idealistische, um so stärker ersehnte Gegenrealität – die am Ende gegen die neuen politischen und militärischen Drahtzieher unterliegen musste.

1916 zog Berta Zuckerkandl-Szeps, mittlerweile seit sechs Jahren Witwe, vom Vorort Döbling mitten ins Zentrum der Stadt hinein: in die Oppolzergasse 6. Das Haus war ein repräsentatives Gebäude ganz in der Nähe des Burgtheaters, das nach den jüdischen Besitzern auch „Lieben-Auspitz-Palais" genannt wurde.[11] Die Familie Lieben-Auspitz war dem konservativen Stil des Historismus verbunden und lud dementsprechende Gäste ein, während die Wohnungsmieterin Zuckerkandl-Szeps weiterhin ihre avantgardistischen Freunde empfing. Ihre Vierzimmerwohnung im vierten Stock, in der der Salon nun stattfand, beschreibt Helene von Nostitz, die Ehefrau von Alfred von Nostitz-Wallwitz – er hatte bis 1918 verschiedene Ämter im sächsischen Staatsdienst inne – mit den folgenden Worten:

> [Berta Zuckerkandl-Szeps] war ganz Farbe und Grazie, neu, das Neue stark empfindend. [...] Wie eine exotische Blume wirkte sie in ihrem feinfarbigen Interieur von Hoffmann. Ihr rotes Haar glühte über buntgestickten Stoffen und Batiks, und ihre dunkelbraunen Augen funkelten von innerem Feuer. Meist fand man sie auf ihrem langen Diwan sitzend, umgeben von jungen Malern, Dichtern und Musikern, die sich immer wohl bei ihr fühlten [...].[12]

---

[11] Das betreffende Haus ist auch heute noch ein prächtiges Palais. Im Erdgeschoss befindet sich das bekannte Café Landtmann.

[12] von Nostitz, Helene: Aus dem alten Europa. Menschen und Städte. Reinbek 1983, S. 88–89 (Erstausgabe: Leipzig 1926).

Eben dieser Diwan steht auch in Berta Zuckerkandl-Szeps' eigener Schilderung ihres zweiten, ihres urbanen Wiener Salons im Zentrum; in ihrem Buch *Österreich intim*, einer Sammelausgabe einzelner Texte, die erst posthum erschienen, schreibt sie:

> [Die Wohnung] trägt das Zeichen der Moderne und auch das Zeichen meiner selbst. Die Chinasammlung, der mein Mann soviel Liebe gewidmet hatte, verleiht dem weiß-schwarzen Bibliothekszimmer einen seltenen Farbenzauber. Die Wände des Schlafzimmers zieren Gobelins, die wie Bilder wirken... [...] Im Bibliothekszimmer steht ein überdimensionaler Diwan, der leicht zehn Personen Platz bietet. Diese Diwanecke ist ein Hauptbestandteil meines geselligen Lebens. [...] Politikern lauscht der erfahrene Diwan mit Verständnis, und er kennt viele Dichter, die hier ihre Klage laut werden lassen. [...] Auf meinem Diwan wird Österreich lebendig.[13]

Wie sehr mit dieser Beschreibung ihrer Wohnungseinrichtung nicht nur eine moderne Innenarchitektur, sondern auf symbolischer Ebene ein Kunst- und Gesellschaftsideal gemeint ist, macht ein Brief von Berta Zuckerkandl-Szeps deutlich, den sie 1918 aus Wien an ihre Schwester Sophie in Paris schrieb. Darin kommentiert sie die Abschrift ihres eigenen Briefes in ihren Memoiren vorab mit dem Satz: „Ich konnte ihn [den Brief; Anm. d. Verf.] aber der Zensur wegen nur in einer verabredeten Chiffre schreiben" (fJW, S. 236). Sie schreibt verklausuliert von einer „kompletten Salon-Einrichtung", welche die französischen Freunde ihrer Schwester Sophie – gemeint sind die Clemenceaus, konkret: Georges Clemenceau und seine politischen Verbündeten – im Sinn hätten, „auseinanderzureißen":

> Ich fürchte, in vierzehn Tagen wird es zu spät sein, alles noch en bloc zu kaufen. Dann werden die schönen Schränke, die kostbaren Tische, alle diese Werke eines reinen Stils Leuten gehören, deren Bibliotheken aus rohem Holz sind und wo das eine nicht zum andern paßt. (fJW, S. 236)

In Klammern lässt Berta Zuckerkandl-Szeps dem zitierten Brief die Auflösung des Geheimcodes folgen: „(Die Möbel – sind die Länder der österreichisch-ungarischen Monarchie.)". Diese Sehnsucht nach dem alten Österreich und die Trauer über dessen „Zersetzung" teilt die Salonière mit dem jüdischen Schriftsteller Joseph Roth; in dem Text „Wien will nicht

---

[13] Zuckerkandl-Szeps, Berta: Österreich intim. Erinnerungen 1892 bis 1942. Hrsg. von Reinhard Federmann. Berlin 1970, S. 186. Die Idee zu diesem Buch gab ihr der Schriftsteller Arthur Schnitzler, der sie aufforderte, ihre Erlebnisse in einem Tagebuch festzuhalten. Berta Zuckerkandl-Szeps entschloss sich aber für eine Art „Telefon-Tagebuch"; im Alter von 82 Jahren diktierte sie ihrem Enkel Emil Zuckerkandl ihre Erinnerungen an Telefongespräche und Begegnungen.

sterben" (1935–1936) im Erinnerungsband *Österreich intim* porträtiert sie ihn folgendermaßen: „Er selbst ist eine echt altösterreichische Gestalt: verträumt und überwach; gläubiger Patriot und ironischer Chronist."[14] Und sie rekonstruiert ein Gespräch in Paris, in dem Joseph Roth die „Zerstörung Österreichs" beklagt und darauf hofft, daß „das österreichische Volk" wieder „aufersteht".

In Berta Zuckerkandl-Szeps' Memoiren *Ich erlebte fünfzig Jahre Weltgeschichte* finden sich Beschreibungen und Beschwörungen des alten Österreichs, das die Salonière und Politikerin im Laufe ihres Lebens mehrmals in Gefahr und schließlich, nach 1938, endgültig zerstört sieht. Der Tod des Kronprinzen von Österreich-Ungarn Rudolf (im Jahre 1889), auf den Moriz Szeps und seine Tochter große Hoffnungen gesetzt hatten, löste in liberalen Kreisen Wiens Apathie und Resignation aus. Mit der Symbolfigur für Freiheit und Aufbruch, mit diesem Rudolf, der bald seinen Vater Kaiser Franz Josef hätte ablösen sollen, verschwand für einige Jahre die Zuversicht auf politische Veränderungen. Doch in den letzten Jahren des 19. Jahrhunderts, so schildert es die ehemalige Salonière im Rückblick aus dem Jahr 1939, meldete sich die Bewegung zur Erneuerung zurück; wichtige Impulse gingen dabei von den europäischen Metropolen in Frankreich und England aus. Im Folgenden hebt Berta Zuckerkandl-Szeps die zentrale Rolle des Schriftstellers und Dramatikers Hermann Bahr hervor, der die Autorengruppe „Jung-Wien" gründete und seine Kollegen Hugo von Hofmannsthal, Arthur Schnitzler, Richard Beer-Hofmann und Peter Altenberg zu Werken inspirierte, in denen sich unter anderem Einflüsse aus Impressionismus und russischer Roman-Kultur vereinten. In Berta Zuckerkandl-Szeps' Augen ist es dabei vor allem die Synthese von französischer und österreichischer Kultur in Bahrs Lehr- und Wander-jahren, die ihn in ihren Augen zum „Prophet dieses Frühlingserwachens" machen – und, sozusagen dialektisch, doch wieder und gerade deswegen zum „österreichischesten' Menschen" (fJW, S. 155–156).

Von 1916 an hatte sich Berta Zuckerkandl-Szeps mit all ihren Möglichkeiten für einen europäischen Frieden eingesetzt. Sie reiste in der zweiten Hälfte des Ersten Weltkriegs mehrmals nach Bern, um ihre engen Kontakte für eine Verbesserung der Situation Österreichs einzusetzen und zumindest einen Separatfrieden zwischen Frankreich und Österreich zu erreichen – wobei die diplomatische Schwierigkeit darin bestand, dass Deutschland mit Österreich alliiert war. In der Schriftstellerin Annette

---

[14] Hier und im Folgenden: Zuckerkandl-Szeps, Österreich intim (wie Anmerkung 13), S. 204–205.

Kolb, deren Vater Deutscher und deren Mutter Französin war, fand Berta Zuckerkandl-Szeps, die der französischen Kultur stets eng verbunden war, in diesen Monaten in der Schweiz eine Geistesverwandte und gute Freundin.

Gegen Ende des Krieges erfüllte sich Berta Zuckerkandl-Szeps' Wunsch nach einer französisch-österreichischen Annäherung im kulturellen Bereich, als Hermann Bahr 1918 zum dramaturgischen Leiter des Wiener Burgtheaters ernannt wurde. In ihrer Erinnerung akzentuiert die Chronistin den „international fühlenden Geist" Bahrs (fJW, S. 238), der für ihr Anliegen, zwischen den beiden verfeindeten Völkern von Frankreich und Österreich nach Friedensschluss „eine geistige Annäherung" zu fördern, Verständnis hatte und tatsächlich das von ihr kurz davor übersetzte Theaterstück *Les noces d'argent* von Paul Géraldy zur Aufführung im Burgtheater brachte. Berta Zuckerkandl-Szeps' Kommentar dazu ist emphatisch und begeistert: „[I]ch bin stolz darauf, einer Nation anzugehören, die mitten im Krieg ein Stück aufführt, weil es wertvoll ist, ohne sich darum zu kümmern, daß der Autor auf Feindesseite steht" (fJW, S. 238)

Ihre Zuversicht, dass nach Ende des Krieges ein neuer künstlerischer Aufbruch stattfinden könne, wurde durch die Gründung der Mozart-Festspiele in Salzburg und die Erbauung des entsprechenden Festspielhauses untermauert. In ihren Memoiren schildert sie, wie der Dichter Hugo von Hofmannsthal mit der Idee eines solchen Festspiels zur ihr kam und von einem „österreichischen Gesamtkunstwerk für die Welt" schwärmte:

> Liebe Freundin, Österreichs unwiederholbare Kultur muß gerettet werden. Wir wollen die Perle österreichischer Städte, wollen Mozarts Vaterstadt, wollen Salzburg zum Symbol erheben. Max Reinhardt und ich wollen, nachdem das Reich politisch untergegangen ist, seine Seele unsterblich erhalten. Sie aber sollen unser Herold sein. In Ihrer Zeitung müssen Sie verkünden: ein Österreich lebt, das nie untergehen wird. Salzburger Festspiele – die werden wir ins Leben rufen! Es mag eine Weile dauern, ehe wir der Welt beweisen, wie herrlich dieses hohe Bekenntnis eines besiegten Volkes ist. Doch glauben Sie mir: es kommt der Tag, an dem die ganze Welt zu unseren Salzburger Festspielen pilgern wird. (Ebd.)

Das war ein symbolisch aufgeladenes Vorhaben, wie es Berta Zuckerkandl-Szeps entsprach. Sie war denn auch sofort begeistert und schrieb am 25. Januar 1919 die entsprechende öffentliche Verkündigung, in der sie das alte „unzerstörbare Österreichertum" beschwor und dessen tiefe Verwurzelung in der Musik Mozarts (fJW, S. 265). In einer ausgreifenden Geste schloss sie in dem appellativen Text die „deutsche Kultur" Goethes in diesen Ursprung ein und stilisierte schließlich das neue Festspielhaus gar zu einem visionären Ort internationalen Ausmaßes: „Damit dieser Traum eines Feentempels, in dem nach langer furchtbarer Haßzeit Menschen aller Weltnationen wieder zueinander finden, wahr werden kann" (ebd.). Die Salzburger Festspiele wurden gegründet. Und die Zwischenkriegsjahre in Österreich waren insgesamt eine künstlerisch äußerst fruchtbare Zeit, die heute legendären Ruf besitzen. Doch weniger als zwanzig Jahre später musste Berta Zuckerkandl-Szeps die völlige Vernichtung ihres Österreichs erleben, und diese Zeit, diese letzten Tage im kulturell hochstehenden Wien, wie sie es gekannt hatte, schildert sie in ihren Memoiren ausführlich und detailgenau. Früher als ihre Gäste ahnte sie die drohende Invasion der Deutschen. An einem Abend im Jahre 1938 prophezeit die Wiener Gastgeberin den in ihrem Salon anwesenden Künstlern, dass Deutschland die Wahl Kurt Schuschniggs nicht dulden, sondern mit Gewalt reagieren werde. Ein junger Journalist und ein österreichischer Dichter wollen indes den Sieg über die Nazis feiern, es herrscht Euphorie. „Ich aber", erinnert sich Berta Zuckerkandl-Szeps, „die man längst ihrer pessimistischen Natur wegen die ‚Wiener Kassandra' getauft hatte", unterbrach sie: „Der 13. März wird nicht die Morgenröte eines freien Österreich sehen, sondern dessen Götterdämmerung!" (fJW, S. 310).[15] Berta Zuckerkandl-Szeps erzählt an dieser Stelle auch, wie ihr die letzten Salongäste nicht glauben wollten. „Verwienerte Nazis – die werden nie grausam sein",[16] habe Rudolf Beer gescherzt. Aber nur zwei Tage später erfolgte statt des Plebiszits der sogenannte „Anschluss". Berta Zuckerkandl-Szeps' unheilvolle Prophezeiung bewahrheitete sich; die Künstler, die mit ihr noch das letzte Mal in ihrem Salon gesessen hatten, wurden Opfer der Nazis. Die Gemeinschaft und wofür sie stand, wurde zerstört:

Ich werde meine Freunde, die diese letzten Stunden eines freien Österreich bei mir verbrachten, nie wiedersehen. – Egon Friedell beging Selbstmord. Er stürzte sich aus dem Fenster. Rudolf Beer, der an der Grausamkeit der österreichischen Nazis gezweifelt hatte, wurde überfallen und erschlagen. Der österreichische Dichter,[17] der so optimistisch gesprochen hatte, mußte die Hölle von Dachau kennen lernen. Mein Schwager Paul Clemenceau und mein Freund Paul Gérardy vermochten es, mich und meinen Enkel zu retten. Doch der Sinn, der Inhalt, der Traum eines

---

[15] Am 12. März 1938 überschritten Truppen der deutschen Wehrmacht die Grenze und marschierten ohne Widerstand in Österreich ein. Die Nationalsozialisten vollzogen den Anschluss Österreichs am 13. März. Kurt Schuschnigg stand von da an unter Hausarrest.

[16] Ebd.

[17] Der Dichter, dessen Namen Berta Zuckerkandl-Szeps an dieser Stelle in ihren Memoiren von 1939 aus Sicherheitsgründen ungenannt lässt, ist Fritz Grünbaum.

langen Lebens, eines Lebens für Österreich, für Wien, ist verloschen, von Freunden und Heim bin ich für immer getrennt (fJW, S. 311).

Tatsächlich kehrte Berta Zuckerkandl-Szeps nie mehr nach Wien zurück.[18] Dank ihrer engen und einflussreichen familiären Beziehungen nach Frankreich erhielt sie noch im März ein Ausreisevisum nach Frankreich, wo sie im Pariser Exil ihre Erinnerungen verfasste. Mit dem Manuskript reiste sie nach London, um einen Verleger zu finden. Bereits 1939 erschien das Buch beinahe gleichzeitig auf Englisch, Französisch und Deutsch.[19]

Wenn auch ihr Traum von Österreich erloschen war, so blieb der aus Österreich vertriebenen jüdischen Salonière doch die Vorstellung eines, wie sie es nannte, „dritten Vaterlandes":

Als der Krieg ausbrach, erlebten meine Schwester und ich den tiefsten Schmerz einer scheinbar unüberbrückbaren Trennung. Doch wir verloren einander nicht. Niemals! Sie hing mit ganzer Seele an Frankreich, sie war Französin. Ich hatte Österreich sozusagen in meinem Blut. Aber beide besaßen wir ein drittes Vaterland.

Nicht ohne Pathos fährt Berta Zuckerkandl-Szeps fort:

Dort gab es keinen Krieg, keinen Hass, keinen Brudermord. Es ist nicht von dieser Erde. Nur wer den Glauben, die Liebe zu den Menschen niemals, auch nicht während des wüstesten Blutrauschs ringsum verloren hat, weiß, wo dieses Land liegt. (fJW, S. 216)

---

[18] Als 1940 auch Paris besetzt wurde, schlug sich Berta Zuckerkandl-Szeps in den unbesetzten Teil Frankreichs durch, von wo sie nach einer längeren Odyssee nach Algerien zu ihrem bereits zuvor hierher geflohenen Sohn gelangte. In Algier arbeitete sie nach dem Eintreffen der alliierten Truppen für deren Radiosendungen, und hier lernte sie noch den Schriftsteller André Gide kennen. Als der Krieg zu Ende war, kehrte Berta Zuckerkandl-Szeps trotz fortgeschrittener Krankheit nach Paris zurück, wo sie im Oktober 1945 in einem Krankenhaus starb. Als ihre Schwiegertochter Trude nach dem Krieg die Wohnung in der Oppolzergasse betrat, war diese leer und ausgeplündert. Vgl. hierzu: Meysels, Lucian O.: In meinem Salon ist Österreich. Berta Zuckerkandl und ihre Zeit. Wien 1986, S. 282.

[19] Berta Zuckerkandl-Szeps' Buch ist – und das beweist eindrücklich ihre europäische Vernetzung in wichtigen intellektuellen und kulturellen Kreisen – in Paris unter dem nostalgischen Titel *Souvenirs d'un monde disparu*, in London als *My Life and History* erschienen.

Anmerkungen:
Die Adressen der zwei Salons von Berta Zuckerkandl-Szeps:
- Nusswaldgasse in Döbling bei Wien (1889–1916), „Biedermeier-Villa";
- Oppolzergasse 6 in Wien (1916–1938), Wohnung im vierten Stockwerk.

Schriften von Berta Zuckerkandl-Szeps:
- Dekorative Kunst und Kunstgewerbe, Beitrag zur Pflege der Kunst in Österreich. Wien 1900.
- Zeitkunst. Wien 1908.
- Ich erlebte fünfzig Jahre Weltgeschichte. Stockholm 1939.
- Clemenceau, tel que je l'ai connu. Algier 1944.
- Österreich intim. Erinnerungen 1892–1942. Hrsg. von Reinhard Federmann. Berlin 1970.

Veza Canetti – Fundstücke aus dem literarischen Nachlass

Alexander Košenina

Veza Canetti, geb. Taubner-Calderon stand noch lange nach ihrer Entdeckung Ende der 1980er Jahre im Schatten des Nobelpreisträgers Elias Canetti, mit dem sie seit 1934 verheiratet war. Nur zögernd und scheibchenweise gab Elias Canetti ab 1990 einige ihrer Werke zum Druck frei. In den beiden großen Nachschlagewerken deutsch-jüdischer Autoren – Andreas Kilchers *Metzler-Lexikon* (2000) und Renate Heuers *Bibliographia Judaica* (1992ff.) – fand Veza Canetti gleichwohl keinerlei Erwähnung. Mit dem Nachlassband *Der Fund* (2001) sowie dem Dreiecksbriefwechsel zwischen Elias, Georges und Veza Canetti (2006) ist die Textbasis für diese spät entdeckte Schriftstellerin jetzt einigermaßen gesichert, und auf Grundlage dieses neuen Materials werden in vorliegendem Aufsatz exemplarisch drei zentrale Aspekte Veza Canettis vorgestellt: 1. ihre scharfsichtig realistische Charakterisierungskunst als literarische Technik, u.a. in *Briefen an Georges* sowie der Novelle *Geld – Geld – Geld. Das Leben eines reichen Mannes*; 2. die narrative Verquickung ihrer sentimentalen Neigungen für ein spanisches Ambiente mit dem Dauerinteresse für soziale Klassengrenzen in der Erzählung *Pastora*; schließlich 3. eine literarische Spiegelung des englischen Exils anhand der grotesken Skizze *Toogoods oder das Licht*, die den bizarren Aufenthalt bei dem christlichen Ehepaar Milburn in Chesham Bois 1940/41 darstellt.

Veza und Elias Canetti, die seit 1934 verheiratet sind und am 19. November 1938 aus Wien über Paris nach London fliehen, vereint die Multinationalität und eine Rückbesinnung auf ihre kulturellen Wurzeln im Zeichen der Bedrohung. Beide stammen aus spaniolischen Familien: Die gebürtige Wienerin Veza als Tochter von Rachel Calderon aus Serbien, mit einem ungarischen Juden als Vater und dem schrecklichen bosnischen Stiefvater, der in ihren Texten als geldgieriger Oger und Despot porträtiert ist.[1] Elias, geboren als türkischer Staatsbürger in Bulgarien, aufgewachsen in Manchester, Wien und Zürich, lernt Deutsch (die geheime Liebessprache der Eltern) erst nach Ladino (das er noch mit Veza spricht) und nach

---

[1] Vgl. die neue Biographie von Preece, Julian: The Rediscovered Writings of Veza Canetti: Out of the Shadows of a Husband. Rochester, NY 2007. Preece geht der Figur des Stiefvaters im Werk beider Canettis intensiv nach.

Englisch (neben etwas Bulgarisch und Türkisch). Nach Elias' Definition von Heimat, als „Länder, in denen man zumindest fünf Jahre gelebt hat",[2] bringen es die beiden auf ein weites Spektrum von Heimat und Sprachen. Ihr gemeinsamer Nenner bleibt aber die sephardische Herkunft. In einer Aufzeichnung von Elias kommt diese natürlich gegebene Multikulturalität selbstironisch zum Ausdruck: „Deutsch bin ich in meiner Aufgeblasenheit, jüdisch in meiner Rechthaberei, spanisch in meinem Stolz, türkisch in meiner Faulheit".[3]

Die jüdische Identität als Bedingung dieser Vielfalt ist nur schwer zu bestimmen. Beide Canettis sind weder religiös, noch leben sie traditionell. Und dennoch verbergen sie nicht den Stolz auf ihre Herkunft. Elias hebt 1944 in einer Aufzeichnung den hohen geistigen Anspruch, den Lebenswillen und die Gastlichkeit der Juden hervor und erklärt verschmitzt: „Ich liebe die Juden. Wäre ich selber kein Jude, ich würde sie noch mehr lieben, und vielleicht ist dies der einzige Grund, warum ich wünsche, keiner zu sein."[4] Veza ist eine stolze Spaniolin, darin Elias' Mutter ähnlich, auch wenn die beiden Frauen sich mieden. Einig waren sie sich aber in ihrer Verachtung der „haarsträubende[n] Unbildung" unkultivierter Spaniolen, „die schon lange in Wien wohnten, aber ihr halborientalisches Leben weiterführten", ohne Musik und Literatur.[5]

Veza Taubner-Calderon tritt 1931 aus der Israelitischen Kultusgemeinde in Wien aus, 1934 jedoch wieder ein, sei es wegen der sechs Wochen später erfolgenden Eheschließung (Vezas Mutter zuliebe traditionell in der Synagoge) oder der auch in Österreich nach der Machtergreifung der Nationalsozialisten immer schwierigeren Lage. In diesem Jahr sagt ihr Otto König, zuständiger Literaturredakteur der Wiener *Arbeiter-Zeitung*, in die sie seit 1932 Erzählungen unter verschiedenen Pseudonymen publiziert: „bei dem latenten Antisemitismus kann man von einer Jüdin nicht so viele Geschichten und Romane bringen, und Ihre sind leider die besten".[6] Dennoch zögert Veza nicht, jüdische Figuren in ihre Texte aufzunehmen, ganz einfach, weil sie zu ihrer Umgebung in der Leopoldstadt gehören.

---

[2] Zitiert nach Hanuschek, Sven: Elias Canetti. Biographie. München 2005, S. 334.
[3] Ebd., S. 309. Vgl. zu dem Thema zuletzt Bollacher, Martin: Elias Canettis Verhältnis zum Judentum. In: Der Zukunftsfette. Neue Beiträge zum Werk Elias Canettis. Hrsg. von Sven Hanuschek. Wroclaw 2007, S. 161–178.
[4] Ebd., S. 336.
[5] Ebd., S. 109. Vgl. weiterführend Silverman, Lisa: Jenseits der Bildung: Veza Canetti als jüdische Schriftstellerin in Wien. In: Veza Canetti. Hrsg. von Heinz Ludwig Arnold. München 2002 (Text + Kritik; 156), S. 15–27.
[6] Canetti, Veza: Die Schildkröten. München 1999, S. 285.

Rund um das von jüdischen Intellektuellen stark frequentierte Café Museum findet sie diese Realität vor und erfindet sie literarisch neu. Die Ferdinandstraße, wo Veza mit den ihren wohnt, heißt später in einer zwischen Wahrheit und Dichtung changierenden Textsammlung die Gelbe Straße.[7] Elias, der das literarische Schaffen seiner Frau bis weit über ihren Tod im Jahre 1963 hinaus verschwiegen hat, erklärt dazu in einer Vorrede: „alle ihre Figuren wirken, als wären sie erfunden. Zu jeder einzelnen von ihnen fällt mir, wenn ich in der ‚Gelben Straße' lese, das Vorbild ein, aber ich hätte jede von ihnen vergessen, wenn sie sie nicht auf ihre spitze, springende Weise erfunden hätte".[8]

Wie Kien oder Fischerle in der *Blendung,* gibt sich das jüdische Personal in Veza Canettis Texten der frühen 30er Jahre nicht ausdrücklich zu erkennen. Gleichwohl ist es nicht nur im Exilroman *Die Schildkröten* anzutreffen.[9] In der Gelben Straße, heißt es im Roman, wohnen „Krüppel, Mondsüchtige, Verrückte, Verzweifelte und Satte",[10] doch auch (assimilierte) Juden gehören zu dieser sehr heterogenen Gesellschaft von Außenseitern. Die Erzählerperspektive ist dabei wie die angedeuteten Selbstpositionierungen der Verfasserin von großer Ambivalenz. Man tappt in keine biographistische Falle, wenn man die engagierte Sozialistin und assimilierte Jüdin Veza Canetti eng mit der so scharf beobachtenden Erzählinstanz verbindet. Die gelbe Straße wird von zwei grotesken Figuren regiert, der mächtigen Unternehmerin Frieda Runkel und dem Zwangsneurotiker Pilatus Vlk. Bei der Runkel dachte man gelegentlich schon an ein zum bizarren Zerrbild gesteigertes Selbstporträt Veza Canettis,[11] die damit in verschlüsselter Andeutung den eigenen Komplex zum Ausdruck gebracht

---

[7] Vgl. Göbel, Helmut: Gelb. Bemerkungen zum verdeckten Judentum in Veza Canettis *Die Gelbe Straße.* In: „Ein Dichter braucht Ahnen." Elias Canetti und die europäische Tradition. Hrsg. von Gerald Stieg und Jean-Marie Valentin. Bern 1997, S. 283–295; Košenina, Alexander: Veza Canetti: *Die Gelbe Straße* (1932–1933/1990). In: Meisterwerke. Deutschsprachige Autorinnen im 20. Jahrhundert. Hrsg. von Claudia Benthien und Inge Stephan. Köln 2005, S. 52–71.

[8] Canetti, Veza: Die Gelbe Straße. Roman. Mit einem Vorwort von Elias Canetti und einem Nachwort von Helmut Göbel. München 1990, S. 10.

[9] Vgl. von der Lühe, Irmela: „Zum Andenken an die fröhlichste Stadt Zentraleuropas". Veza Canettis *Die Schildkröten* im Kontext der deutschsprachigen Exilliteratur. In: Veza Canetti (wie Anmerkung 5), S. 65–81; Košenina, Alexander: „Wir erheben uns über das Land und verlassen es mit Verachtung". Veza Canettis Exilroman *Die Schildkröten.* In: Dennoch leben sie. Verfemte Bücher, verfolgte Autorinnen und Autoren. Zu den Auswirkungen nationalsozialistischer Literaturpolitik. Hrsg. von Reiner Wild u.a.. München 2003, S. 77–86.

[10] Canetti, Die Gelbe Straße (wie Anmerkung 8), S. 71.

[11] Göbel (wie Anmerkung 7), S. 286, fasst solche Überlegungen zusammen.

habe, sozial als Jüdin in einem antisemitischen Umfeld und körperlich durch ein Handicap (ihr fehlte der linke Unterarm) am Rande zu stehen. Die Runkel wird aus vorurteilsbeladener Außenperspektive als buckliger Krüppel vorgestellt, während sie aus der Sicht ihrer loyalen Pflegerin als in einem unerwartet gepflegten und kultivierten häuslichen Umfeld lebend erscheint. Ihre Neider und Kontrahenten werfen dieser reichen Geschäftsfrau maßlosen Geiz vor und bedienen damit auch antisemitische Stereotype (ohne ihre Herkunft dadurch zu bestimmen). Als die Runkel in ihrem Seifengeschäft unter einem Berg umgestürzter Waren erstickt, empfinden sie keinerlei Mitleid.

Während die Runkel durch ihre Behinderung und ihren Geiz als Außenseiterin stigmatisiert ist, deuten sich bei dem Pedanten und Zwangscharakter Vlk auch konkrete jüdische Wurzeln an. Einmal lässt er einen Pfarrer kommen, um sich eine Passage aus dem zweiten Buch Moses (Ex 20, 4) deuten zu lassen. Es geht ihm aber weniger um das dort verhandelte Bilderverbot, als um vermeintliche Mängel in der (Sprach)Logik. Dass er den Geistlichen wie sonst nur einen Rabbiner für seine tatsächlich erbärmlichen kasuistischen Dienste bezahlt, spricht sicher für Helmut Göbels These von Vlks Assimilation. Seine Ursprünge deuten sich besonders in einer haarspalterischen Rabulistik (›Pilpul‹) an, die sogar Juden oft selbstironisch beschreiben. Kostprobe Vlk: Wenn nach der Bergpredigt einer klein im Himmel heißt, der ein Gebot „auflöset und lehret", groß hingegen einer, der es „tut und lehret", wie soll dann einer heißen, der „es *tut* und *nicht* lehret?" Replik des intellektuell hoffnungslos überforderten, böse karikierten Pfarrers: „Sie grübeln zu viel, mein Freund".[12]

Im Folgenden soll es aber weniger um Vezas inzwischen gut erschlossene Texte *Die Gelbe Straße* (1990), *Der Oger* (1991), *Geduld bringt Rosen* (1992) oder *Die Schildkröten* (1999) gehen, als um einige der jüngsten Entdeckungen seit 2001. Anhand von Beispielen aus dem 2006 erschienenen Dreiecksbriefwechsel zwischen Elias, Georges und Veza Canetti sowie aus dem Nachlassband *Der Fund* (2001) werden exemplarisch drei zentrale Facetten dieser deutsch-jüdischen Schriftstellerin vorgestellt: 1. ihre scharfsichtig realistische Charakterisierungskunst als literarische Technik; 2. die narrative Verquickung ihrer sentimentalen Neigungen für ein spanisches Ambiente mit dem Dauerinteresse für soziale Klassengrenzen in der Erzählung *Pastora*; schließlich 3. eine literarische Spiegelung der Zuflucht in England in der Erzählung *Toogoods oder das Licht*.

---

[12] Canetti, Die Gelbe Straße (wie Anmerkung 8), S. 22.

1. Meine an anderem Ort skizzierte Beobachtung der beiden Canettis gemeinsamen, von Veza aber maßgeblich angeführten, Charakterisierungskunst[13] lässt sich an dem neuen Material bestätigen. In einem Streit über die Darstellbarkeit des Wahnsinns setzt Veza sich gegen Elias' Forderung von „Ausführlichkeit" durch; sie plädiert umgekehrt für Verknappung und komprimierte Steigerung.[14] Scharfe Charakterzeichnung beruht seit Theophrast, La Bruyère oder auch Büchner auf äußerster Reduktion. Unvergessliche Prägnanz gewinnt eine Figur nur durch Beschränkung auf eine oder wenige Eigenschaften. Bei beiden Canettis ist dieses unverwechselbare Profil an eine akustische Maske und oft auch an eine Namensmaske gekoppelt. Die Runkel fertigt beispielsweise jeden Bittsteller mit dem Satz ab: „Das ist eine beschlossene Sache".[15] Der prügelnde Oger, Herr Iger, der in verschiedenen Variationen auf Vezas Stiefvater Menachem Alkaley zurückgeht, definiert sich über den Satz „Gib mir Geld"[16]usw.

Im gleichen Sinne erweist sich Veza in ihren Briefen an Elias' Bruder Georges selbst als scharfe, fast wissenschaftliche Beobachterin. An einigen Stellen beschreibt sie Wahnsinnsausbrüche von Elias, die als Charakterminiaturen durchaus nach Literarizität streben. Bei einem Anfall im August 1937, ausgelöst durch Vezas Vorwurf, „mit den dümmsten und nichtigsten Mädchen" Zeit zu vergeuden,[17] bricht Elias in ein fürchterliches, geradezu irres Lachen aus – à la Peter Kien in der *Blendung* vor seinem Tod in der Bibliothek. Den gereichten Tee hält Elias wie immer für vergiftet, der seit zwölf Jahren betriebene rituelle Tausch der Schalen findet statt, später erklärt er „verzweifelt weinend", Veza habe sich nun an dem für ihn bestimmten Tee vergiftet. Zwischendurch verlagert er die um drei Wochen rückdatierte, aber aktuell stattfindende Szene ins Irrenhaus, halluziniert verschiedene Irrenwärter, darunter eine seiner „hohlen Gänse", die Anlass zu dem Streit gab. Veza erscheint hier nicht als die beleidigte oder unterdrückte Ehefrau, die den gemeinsamen Kontrakt in Gefahr sieht, die Geliebten ihres Mannes zuvor anerkannt haben zu müssen. Vielmehr nennt sie sich selbst seine „Pflegerin", die zugleich aber das

---

[13] Vgl. Košenina, Alexander: Die Kunst der Charakterisierung bei Elias und Veza Canetti. In: Germanisch-Romanische Monatsschrift 57 (2007), S. 241–249.

[14] Vgl. die Diskussion in Canetti, Elias: Das Augenspiel. Lebensgeschichte 1931–1937. Frankfurt 1988, S. 17–20.

[15] Canetti, Die Gelbe Straße (wie Anmerkung 8), S. 37, 39, 40, 41.

[16] Ebd., S. 73–76.

[17] Canetti, Veza und Elias Canetti: Briefe an Georges. Hrsg. von Karen Lauer und Kristian Wachinger. München 2006, S. 78 (in diesem Brief vom 22./23. August 1937 auch die folgenden Zitate).

Krankenprotokoll in Form einer kleinen Fallgeschichte führt, um diese dem „Arzt" Georges (der er ja tatsächlich war) zu schicken.

Noch bizarrer ist ein pathologischer Anfall vom Januar 1938. Elias folgt der Aufforderung eines amerikanischen Verlages, *Die Blendung* zu übersenden. Veza legt ihm den Begleitbrief zur Unterschrift vor.

> Er will unterschreiben und sagt plötzlich: ‚ich habe meinen Namen vergessen.' Ich sage ruhig: ‚geh zu meinem Regal, zieh Dein Buch heraus und lies den Namen ab.' Er tut es wirklich und schreibt seinen Namen ab. Dann ist er wieder ganz normal.[18]

Doch die scheinbare Wiederherstellung täuscht. Um Viertel nach vier in der Nacht hört Veza ihn am Telefon das Überfallkommando mit den Worten „Elias, Prophet, Einbrecher!" rufen. Sollte hier eine erneute krankhafte Selbstdistanzierung vom eigenen Namen stattfinden? Ist es ein Traumrest oder ein Erläuterungsversuch von Elias als dem Propheten, der seinen Gott Jahwe gegen König Ahab und andere Feinde verteidigt, den also Eindringlinge in seinem Glauben bestehlen wollen und der sich in einer Machtprobe beweisen muss (nämlich eine lange Dürre durch Regen zu beenden)? Fürchtet Elias hier, dass ihm sein Allerheiligstes, der Roman *Die Blendung* zur englischen Übersetzung entwendet werden soll? Das mit sieben bewaffneten Männern anrückende Überfallkommando kann nichts finden und unterstellt „eine Halluzination, überreizte Nerven". Kurz vor deren Eintreffen können Veza und Elias aber „noch einen Plan besprechen, wie wir aussagen werden ohne dass man uns durchschaut". Die größte Peinlichkeit kann nur abgewendet werden, indem Veza bezeugt, die Einbrecher auch gehört zu haben.

Diese kleine, fast theatralische Szene verdeutlicht, dass der Blick für extreme Charaktere im Hause Canetti nicht von ungefähr kommt. Scheinbar erfundene Figuren wie Peter Kien, Siegfried Fischerle, Frieda Runkel oder der Dichter Knut Tell haben wohl nicht weniger mit der Realität zu tun als literarische Porträts, etwa von dem aus Elias Canettis Autobiographie *Fackel im Ohr* unvergesslichen Herbert Patek alias Thomas Marek (dessen Körper ab dem Hals völlig gelähmt war und der die Buchseiten mit der Zunge umblättern musste)[19] oder von Vezas Stiefvater Menachem Alkaley. Bei Elias verwandelt sich dieser machtgierige Tyrann in der *Blendung* in den Concierge Benedikt Pfaff, in der *Fackel im Ohr* taucht er unter verändertem Namen als Mento Altaras auf, der trotz seiner 47 Häuser und den regelmäßig von seinem Sohn aus Sarajevo überbrachten

---

[18] Ebd., S. 94 (die weiteren Zitate im gleichen Brief vom 5. Januar 1938).
[19] Vgl. Hanuschek (wie Anmerkung 2), S. 190–193.

Geldbündeln als Bettler gekleidet auf den Wiener Naschmarkt geht, wo er von den Bäuerinnen erfolgreich Obst erbettelt. Aus Angst, jemandem etwas hinterlassen zu müssen, verbrennt er heimlich die überall gehorteten Geldbündel, und als sein aus Sarajevo hinzugeeilter Sohn ihm dies durch wirksame Drohungen untersagt, zieht er sich in die paranoide Wahnvorstellung zurück, die ganze Welt versuche ihm sein Geld zu rauben.

Bei Veza erscheint diese monströse Figur in verschiedenen Texten. Im Drama *Der Oger* (1991) – „Sie hielt es für das Beste, was sie geschrieben hatte", so Elias im Nachwort[20] – ist es der Familientyrann Herr Iger, der seinen Kindern nichts zu essen gönnt, das Geld seiner Frau verprasst, sie einsperrt und es gleichzeitig mit dem Kindermädchen treibt. *Die Gelbe Straße* bringt davon eine Prosafassung. Das versteckte Porträt des Stiefvaters färbt hier auch auf den Zwangscharakter Pilatus Vlk ab. Am wirklichkeitshaltigsten findet es sich aber in der erst 2002 in *text+kritik* wieder erschienenen Erzählung *Geld – Geld – Geld. Das Leben eines reichen Mannes* aus dem Jahre 1937. Diese Icherzählung mag Elias neben Vezas mündlichen Erinnerungen durchaus für seine Autobiographie genutzt haben.

Das Bild dieses 47-fachen Hausbesitzers ist bizarr und bedrohlich. Er schaufelt nicht nur riesige Mengen von Fleisch in sich hinein, die er stets nur mit Wein direkt aus der Flasche hinunterspült, er raubt auch den Kindern die kleinsten Fleischstücke vom Teller. Zuhause tyrannisiert er die Dienstmagd, eine sehr schöne Bauerntochter aus der Steiermark, weil es ihn „sehr verdroß [...], sie für sein Geld auch nur eine Minute ungenutzt zu lassen".[21] Seine Kinder in Bosnien sind ihm ähnlich, nur einen Sohn, der es wagt, etwas von dem erwirtschafteten Geld auszugeben und eine arme Frau zu heiraten, lässt er ins Irrenhaus stecken, wo er sich verzweifelt den Kopf zerschmettert.

Die Erzählung gelangt gegenüber der Wirklichkeit aber zu einer unerwarteten Pointe. Die misshandelte Magd, die als Typus in allen Geschichten Veza Canettis eine zentrale Rolle spielt,[22] besiegt den Oger. Am Schluss erweist sie sich als die Ehefrau eines Schusters aus Sarajevo, den der Stiefvater wegen ausstehender Mieten aus einem seiner 47 Häuser

---

[20] Canetti, Veza: Der Oger. Ein Stück. München 1991, S. 99.

[21] Canetti, Veza: Geld – Geld – Geld. Das Leben eines reichen Mannes. In: Veza Canetti (wie Anmerkung 5), S. 15–27. Vgl. dazu Meidl, Eva: Veza Canettis Manifest. Die Kurzgeschichte *Geld – Geld – Geld*. In: Veza Canetti. Hrsg. von Ingrid Spörk und Alexandra Strohmaier. Graz 2005, S. 57–73.

[22] Vgl. Robertson, Ritchie: Häusliche Gewalt in der Wiener Moderne. Zu Veza Canettis Erzählung *Der Oger*. In: Veza Canetti (wie Anmerkung 5), S. 48–64.

werfen ließ. Der Mann nahm sich sofort das Leben. Seine Frau wird nach Wien geschickt, schweigend dient sie nun dem Verursacher ihres Unglücks und bleibt bei seinem Tod gleichgültig. So entdeckt die Erzählerin ihren wirklichen Namen und sympathisiert mit ihr, weil sie den Tod des Stiefvaters verursachte, indem sie ihm auf seinen Befehl hin all' die von Ärzten verbotenen Speisen und Getränke – Fleisch und Wein – gewährte. Mord ist das nicht, auch kein Sterben auf Verlangen, wohl aber ein verdienter Sieg in der alten Dialektik zwischen Herr und Knecht um gegenseitige Anerkennung, die sich in Hegels *Phänomenologie des Geistes* bis zu einem rituellen „Kampf auf Leben und Tod"[23] zuspitzt.

Diese Beispiele, die sich leicht vermehren ließen, verdeutlichen die enge Verflechtung von Faktum und Fiktion, von Wirklichkeit und Literarisierung in Veza Canettis Schreiben. Aktuelle Lebensbegebenheiten gewinnen in der brieflichen Darstellung eine geradezu szenische Lebendigkeit, ihre Beobachtungen am Verhalten ihres Mannes sind scharf und pointiert, knapp und charakteristisch. Dieses Prinzip der Reduktion und Verknappung, der hervorhebenden Konzentration auf wesentliche Eigenschaften, zeichnet dann auch die erzählten Figuren aus, die oftmals nach lebendigen Vorbildern modelliert sind. Deren Identifikation, um die sich etwa die neue Biographie von Julian Preece stark bemüht, ist für die Einschätzung der literarischen Qualität sicher zweitrangig. Entscheidend ist aber die enge Orientierung an der Wirklichkeit mit all ihren Schattenseiten, Ungerechtigkeiten und menschlichen Schwächen, die Canetti kühl und doch teilnehmend als Gegebenheiten darstellt ohne sie moralisch oder sentimental als Defizite oder Mängel zu beklagen.

2. Auch das zweite Beispiel aus dem Nachlass, die Geschichte von der spanischen Magd *Pastora* (entstanden zwischen 1935–38), ist von diesem distanziert interessierten Erzählgestus geprägt. Die Rückbesinnung auf die spaniolische Familiengeschichte mag für das Sujet eine Rolle gespielt haben, vor allem richtet sich die Neugierde aber auf die Lebensbedingungen in einer äußerst traditionellen, streng katholischen Gesellschaft. Die Vertreibung der Juden aus Spanien nach dem Edikt von 1492 hatte einen verschärften Antisemitismus gefördert. In der Großstadt Sevilla, wohin Pastora aus dem kleinen Dorf Las Hermanas strebt, hört sie etwa, „daß die Juden buschige Bärte haben und buschige Schwänze. Pastora dachte jedes Mal darüber nach, ob die Schwänze aus dem Beinkleid

---

[23] Hegel, Georg Wilhelm Friedrich: Phänomenologie des Geistes. Frankfurt 1970, S. 149.

herausragten oder versteckt waren, aber sie schämt[e] sich, zu fragen, und machte nur ein verwundertes Gesicht".[24] Die Erzählung handelt aber nicht von antijüdischen Vorurteilen, sondern von dem Versuch der jungen Titelheldin, die Klassenschranken zu überwinden.

In der Stadt findet sie eine Stelle „in einem sehr feinen Haus, bei dem ehrbaren Señor Fernando Martinez y Soto und seiner ehrbaren Gattin Consuelo Gonsalez" (S. 152) die zugleich in Vezas Lustspiel *Der Palankin* auftritt.[25] Vor allem erlebt Pastora in diesem Haus, was die meisten Dienstmädchen dieser Epoche bei ihren reichen Herrschaften durchmachten. Der aus Amerika zurückkehrende Sohn des Hauses, der noch dazu Don Anibal heißt, verführt sie aus bloßem Übermut. Doch im Unterschied zu den vielen anderen drangsalierten Mägden in der Literatur der Zeit ist Pastora von Anfang an in heftiger Liebe für diesen Mann entbrannt, obwohl sie weiß, daß er „kommen würde wie ein Unglück" (S. 153). Dieser schon früh mit gemischten Gefühlen angedeuteten Heimsuchung kann sie sich nicht entziehen. Einerseits ist sie von seiner Offenheit und Ungezwungenheit fasziniert, andererseits verstoßen diese gegen alle Sittlichkeit. In der Kathedrale bleibt Don Anibal in deutlicher Distanz zu der übrigen Familie, die sich dem katholischen Ritus – insbesondere vor einem Madonnenbild – in tiefer Frömmigkeit hingibt. Nach dem Gottesdienst preist er – mit unmissverständlichem Blick auf Pastora – die „Madonnen" (im Plural) als „das Schönste an der Kirche" (S. 155–156). Die pikante Bedrängung der Emilia Galotti durch den Prinzen Hettore Gonzaga mag der Vielleserin Veza Canetti dabei vor Augen gestanden haben.

Wie bei Lessing unterliegt das Verhältnis einer unüberbrückbaren Standesdifferenz und schlägt jäh in sexuelle Nötigung, wenn nicht Vergewaltigung um. Abends schwebt Pastora die Erinnerung an Anibal vor Augen, plötzlich sieht sie „das Gesicht leibhaftig vor sich, von dem sie träumte", der wilde „Knabenkopf" ist in ihrer Kammer und dringt „in ihre Brust" (S. 156). Im folgenden Handgemenge *fällt* symbolträchtig das unter dem Kopfkissen bewahrte Bild der heiligen Madonna – mit der sie zuvor verglichen wurde – zu Boden, ein „Frevel", der Pastora lediglich als ein verminderter Ausdruck ihres Gefühls erscheint, mit dem sie Don Anibals „Küsse wie schmutzige Flecken auf ihrem Körper" fühlt (S. 156–157). Pastora ist einerseits in ihrer Ehre gekränkt, lässt sich aber andererseits gerne von Don Anibal zu der anspruchsvolleren Aufgabe einer

---

[24] Canetti, Veza: Der Fund. Erzählungen und Stücke. München 2001, S. 150–189, hier S. 151. Nach dieser Ausgabe wird im folgenden Text mit nachgestellter Seitenzahl zitiert.

[25] Ebd., S. 205–306.

Privatsekretärin befördern. Und er besucht sie nachts offenbar noch häufiger, einmal „ließ er ein Päckchen Banknoten bei ihr zurück" (S. 166), das Pastora aus Stolz nicht annimmt ohne dadurch jedoch der unlösbaren Beziehungsparadoxie entgehen zu können. Als die ungleiche Geliebte und abhängige Assistentin des Sohnes ihrer Herrschaft tauscht sie zum einen ihre Freiheit ein, zum anderen lässt die ungewöhnliche Anerkennung durch die Kinder des Hauses sie alle sozialen Unterschiede und Rollen zeitweise vergessen:

> Die Schönheit unter Mägden unterscheidet sich von der Schönheit der Bürgerinnen nur in einem Punkt. Für wenig Geld gedungen und abgenützt, haben die Mägde so selten ihren Willen, ihre Freiheit, ja, selbst ihren eigenen Raum für sich, daß ihr Blick sich ziellos bewegt, immer einer Einschränkung gegenwärtig, eines Befehls, einer Ermahnung, – harte Hinweise auf ihre Besitzlosigkeit, Wurzellosigkeit, Weglosigkeit. Diese Unsicherheit des Blicks ist das Kainszeichen einer Magd, dieser unbehüteten Seele, die ihre große Genugtuung über die Herrin nicht kennt, weil sie die heimliche Werbung des Herrn als Demütigung ansieht und nicht als Triumph. (S. 158–159)

Pastora kommt dieser dienende Blick jedoch abhanden, und damit nimmt ihr Niedergang seinen Lauf. Zwar erfüllt sie noch Aufgaben einer Untergebenen, ihr innerer Stolz entfernt sie aber zunehmend davon, bis sie schließlich eine Anweisung trotzig missachtet und aus Selbstrespekt den Dienst quittiert, obgleich man ihr das Fehlverhalten bereits vergeben hat:

> Pastora vergaß alles, Pastora dachte vielmehr, daß sie keine Magd war, sie war nie zur Magd geboren, denn hatte sie nicht den reichsten Bauernburschen in Las Hermanas verschmäht? [...] Und ließ sie sich jetzt gnadenweise zurückbehalten, mußte das nicht gerade so aussehen, als wäre sie eine Magd? (S. 164)

Ihre Herrschaften gewähren ihr weiter Wohnrecht während der erfolglosen Suche nach einer neuen Stellung, doch Pastora verkümmert über dem unlösbaren Rollenkonflikt. In ihrem Gesicht sieht man wieder den längst überwundenen „demütigen Blick einer Magd, ihr Erschrecken und ihre Angst" (S. 168). Gerade in solchen leisen, leitmotivischen Verknüpfungen feiner körpersprachlicher Zeichen erweist sich Veza Canettis Beobachtungs- gabe und Charakterisierungskunst.

Als die ganze Familie der nach Amerika verheirateten Tochter nachreist, bleibt Pastora allein und gebrochen zurück. Auch als die Señora – diese „hohe Gestalt" mit der „strenge[n] Miene" (S. 186) – zurückkehrt, um das Haus zu verkaufen und Pastora mitzunehmen, weigert sich diese, ihr zu folgen. Dafür sorgt nur ein einziges Wort: „Aber dann kam der Satz. Ein

Satz, und er zerstörte alles" (S. 187). Don Anibal ist – so muss Pastora erfahren – in Amerika Vater geworden. Dieser Schlag treibt sie ins Kloster, wo ihr Hochmut noch lange nicht durch christliche Demut gebrochen wird. Das Geld, das Don Anibal bei seiner Abreise für sie zurückließ und das sie aus Stolz nie anrührte, ist ihre Mitgift zum Stand einer Nonne – „für die Pflege" (S. 189).

Im Unterschied zu den meisten anderen Dienergeschichten Veza Canettis erzählt *Pastora* nicht die brutale Ausbeutung und Verachtung einer Magd, sondern die subtilen sozialen Anstrengungen, eine durch Herkunft übernommene Rolle hinter sich zu lassen. Weder die Zeit noch die traditionelle katholische Gesellschaft in Spanien sind darauf vorbereitet. Pastora ist schön, klug und stolz, doch die erhoffte, letztlich aber unmögliche Überwindung des scheinbar so kleinen gesellschaftlichen Unterschieds, der sie von den oberen Schichten trennt, kann ihr nicht gelingen. Die Erzählung ist die Geschichte einer Desillusionierung, am Ende haben sich die von Anbeginn bestehenden Zweifel bestätigt: „wie sollte sie es je wagen, sich mit einem feinen Herrn zu treffen, sie war doch eine Magd, eine Magd, und sie schluchzte lange in ihrem kleinen Polster" (S. 153).

3. Ein drittes Textbeispiel aus dem englischen Exil illustriert Schwierigkeiten jüdischer Emigranten in einem bigotten christlichen Umfeld. Die Canettis waren während des *London blitz* – der deutschen Luftangriffe auf London – auf dem Land einquartiert. Zur Jahreswende 1940/41 zogen sie aus der Hauptstadt nach Amersham, wo sie noch zwei Jahre über das Kriegsende hinaus lebten. Die meiste Zeit verbrachten sie als ‚refugees' bei dem Ehepaar Mary und Robert Gordon Milburn in Chesham Bois.[26] Veza gestaltete diese bizarre Erfahrung in der sarkastischen Erzählung *Toogoods oder das Licht* (S. 197–204), Elias hingegen mit etwas milderem Blick in *Party im Blitz*. Aus Elias' Autobiographie erfährt man nähere Umstände dieser Vorkehrung: Nahm die Landbevölkerung die Flüchtlinge aus London nicht freiwillig auf, verfügten die Behörden deren Unterbringung. Zunächst erscheinen die Milburns gastfreundlich, der ehemalige Reverend und Missionar hatte, „[s]oweit es um Verfolgte ging, [...] ein christliches Herz".[27] Zudem rühmt sich der Hausherr eigener literarischer Ambitionen, die gemeinsame

---

[26] Vgl. Hanuschek (wie Anmerkung 2), S. 327–329. Bilder der vier Personen am Esstisch sowie eine Außenansicht des Hauses und ein Porträt Mary Milburns finden sich in: Elias Canetti. Bilder aus seinem Leben. Hrsg. von Kristian Wachinger. München 2005, S. 90.
[27] Canetti, Elias: Party im Blitz. Die englischen Jahre. München 2003, S. 45.

Lektüre von Gedichten Hölderlins etabliert sich als diskrete Zulage zu den Mietzahlungen. Gleich die Begrüßungsszene im Hause der Milburns führt zur Konfrontation zwischen dem spaniolischen Temperament Vezas und der puritanischen Verzagtheit der Pfarrfrau. Veza kann „das Feuer auf ihrem Gesicht nicht zügeln", als sie von den Luftangriffen berichtet, während die militante Antialkoholikerin Mary Milburn sie aufgrund dieser Hitze offenbar für angetrunken hält und den Krieg rundweg als nicht existent oder aber teuflisch leugnet: „Das Böse ist nicht wirklich", predigt sie mit sanfter Stimme, „das Böse ist eine Einbildung von uns. [...] Die Bomben bilden wir uns ein".[28] Zur Erhaltung dieser Realitätsverblendung und zur Besänftigung ihrer Angst – die Canettis geben der Frau den Spitznamen „Espenlaub"[29] – lassen die frommen Leute regelmäßig eine Prophetin kommen. Elias denkt bei ihrem Anblick an „Bilder von Schamanen" aus dem Norden Sibiriens.[30] Die Pointe ist aber, dass die Prophetin immer zuerst eine Stunde oben bei den Canettis verbringt, um die dort aufgeschnappten Einschätzungen zur Weltpolitik anschließend als prophetische Fabel in biblisch beschwörender Sprache in der unteren Stube weiterzuverkaufen.

Zentrales Charakteristikum in beiden Darstellungen ist der Geiz. Mr. Milburn, berichtet Elias, „war geizig in einem Maße, wie ich es früher oder später nie erlebt habe. Er gönnte sich nichts, aber auch niemand anderem".[31] Jeden Montag, wenn vormittags das Rote Kreuz Spendengelder einsammelte, war der Hausherr für Stunden unauffindbar. In einer Aufzeichnung fasst Elias solche kleinen Beobachtungen in einer bösen Charakterminiatur zusammen:

Leute, die *aus Geiz* Vegetarier, Antialkoholiker, Gesundbeter, Pazifisten, Militaristen und Christen, wenn nicht gar Sozialisten geworden sind. Man kann also aus Geiz schlechthin alles sein; man kann aus Geiz fromme Worte machen, aus Geiz für eine bessere Gesellschaftsordnung eintreten, aus Geiz eine Bombe werfen.[32]

Veza fügt dem noch „Kleptomanie" hinzu: „Er stiehlt nur Kleinigkeiten, Nägel, Öl aus deiner Ölbüchse, und auch nur ganz wenig. Aber er stiehlt".[33] Über Mary Milburn erzählt sie im gleichen Brief an Georges, wie sie

---

[28] Ebd., S. 46.
[29] Ebd., S. 58.
[30] Ebd., S. 48.
[31] Ebd., S. 51.
[32] Zitiert nach Hanuschek (wie Anmerkung 2), S. 328.
[33] Canetti und Canetti: Briefe an Georges (wie Anmerkung 17), S. 158 (27. November 1945).

morgens das noch lauwarme Restwasser aus ihrer Wärmflasche zum Teekochen verwendet, um Brennstoff zu sparen.

All diese Züge verstärken sich in Vezas Erzählung, deren Erscheinen „in einer Wiener Zeitung oder Anthologie" sie 1945 noch selbstverständlich voraussetzt.[34] Sie greift zum Teil die gleichen Szenen wie Elias auf, kreiert aber noch stärker „boshaft-humoristische Karikaturen aus dem Paar".[35] Die Spannung zwischen den christlichen Frömmlern und den jüdischen Flüchtlingen deutet sich im Text unaufhörlich an. In einem Brief an Georges urteilt Veza darüber noch deutlicher:

> [...] es sind fromme Leute, geradezu Heilige. So fromm, daß sie mich um den Verstand brachten, weil sie uns jede Woche sagten, wir würden ausziehen müssen, denn die Deutschen könnten einmarschieren, und dann würden sie umgebracht, weil sie Juden Obdach gaben.[36]

Für die Ich-Erzählerin und ihren Mann, der wohl in Anknüpfung an Andreas Kain, die Hauptfigur im Exilroman *Die Schildkröten*, kurz „A." heißt, wird das Leben im Hause der Toogoods (was entweder deutsch ausgesprochen „Tu' Gutes!" oder auf Englisch heuchlerische Gutmenschen bedeuten mag) rasch zur Farce.

Auch in der kleinen Welt der Erzählung dominiert der Geiz. Täglich kompostieren die Toogoods den „Schatz, der ihrem Leib entsprossen", um auf dem so bestellten Acker Karotten anzubauen. Die Erzählerstimme parodiert das in biblischer Diktion: „Denn sparsam sei der Mensch und vergeude nichts, auch nicht seine Exkremente, dann wird der Herr es ihm lohnen" (S. 197). Die zahlenden jüdischen Untermieter bekommen nur wässrigen Kohl und faulige Kartoffeln zu essen, während die Wirtsleute erst heimlich, dann völlig ungeniert schmackhaftere Vorräte genießen. Der christliche Segen „Go Bless thiss Food to our Health", erscheint so perfide wie der Rat gegen die Armut: „Betet [...] und es wird euch geholfen". Es ist der Erzählerin nicht zu verdenken, dass sie angesichts solchen Hohns lieber „keinen Segen auf dieser Kost und lieber keine Kost, als diesen Segen" empfangen will (S. 198–199).

Doch das Machtgefälle zwischen den Hausleuten und den abhängigen Flüchtlingen folgt nur dem Gebot der Stunde. Die jüdischen Emigranten können auf ihren einstigen Wohlstand zurückblicken, außerdem sind sie

---

[34] Vgl. ebd., S. 127 (6. Juni 1945).

[35] Hanuschek (wie Anmerkung 2), S. 328.

[36] Canetti und Canetti, Briefe an Georges (wie Anmerkung 17), S. 146 (21. September 1945).

kultiviert und gebildet. Als ein Löffel im Haus zu fehlen scheint, entnimmt die Erzählerin ihrem „Koffer die silbernen Löffel, ein Andenken an die Zeit, da ich meine Mägde nicht beschuldigte, wenn sie sie stahlen, und legte sie der Frau des Pastors hin" (S. 199). Solche Wendungen wirken wie eine Antwort auf *Die Schildkröten*, wo man die schrittweise Enteignung und Beraubung der aus Wien vertriebenen Juden verfolgen kann. Noch eklatanter verkehren sich die Verhältnisse zwischen Hausleuten und Abhängigen, als deutsche Bomben auch im Umland Londons niedergehen. Die Toogoods sind von Angst gepeinigt, plötzlich kredenzen sie „zum Lunch Omlette auf Käse gebacken, Gelée und Pudding", stellen mit nachlassendem Alarm solche Opfergaben aber schneller wieder ein als „die Juden nach dem Auszug aus Ägypten" (S. 201).

Die Hausgäste fürchten sich hingegen nicht vor den Bomben und dem Krieg, sie haben nichts zu verlieren. Die Erzählerin, die kam, um „den Auszug aus ihrer Heimat zu vergessen und den Krieg in London" (S. 199), beginnt sich endlich nach dieser schrecklicheren, aber ehrlicheren Realität zurückzusehnen. Sie verachtet den beschränkten Kleinmut der Toogoods, die aus der Not der Flüchtlinge Nutzen ziehen. Und sie genießt deren nackte Angst vor einer Wirklichkeit, die im christlichen Gutmenschentum keinen Platz findet und geleugnet wird. Plötzlich zeigt sich die Überlegenheit der Einquartierten, die –„verbombt vom Leben" (S. 203), so die Erzählerin – der physischen Gefahr trotzen, durchaus in der klassischen Tradition des Erhabenen: Wie Laokoon seine Kinder vor den herannahenden Seeungeheuern schützt, statt zu fliehen, so blickt das Emigrantenpaar der Kriegsrealität unverdrossen entgegen.

Eine Szene von unschlagbarer Kläglichkeit, die Elias Canetti in *Party im Blitz* schildert, lässt sich Veza Canetti in ihrem erzählerischen Pendant entgehen: Bei Luftalarm kauern die völlig verschreckten Pfarrleute unter dem Küchentisch, „mäuschenstill", damit kein „Pilot oben durch ihre Stimmen auf sie aufmerksam werden könnte", während die Canettis sie wie Hunde füttern.[37]

Der novellistische Reflex auf das Leben in Chesham Bois bietet dafür eine andere Pointe. Dem puritanisch-restriktiven Regiment im Hause der Toogoods steht ein Utopos im wörtlichen Sinne gegenüber, den die Pfarrleute mit Attributen der Sünde, des Verbotenen und Teuflischen belegen. Es ist ein kleines, verlassenes, von Efeu umranktes Gartenhäuschen auf dem Nachbargrundstück, das die Erzählerin und ihren Gatten A. gleichermaßen magisch anzieht. Diesen Gegenort erobert sich

---

[37] Canetti, Party im Blitz (wie Anmerkung 27), S. 59.

die Erzählerin zunächst durch Beobachtungen von außen, dann durch einen Einblick, den sie gegen den falschen Zauber der auch hier auftretenden visionären Hellseherin richtet. Der verbotene Gegenort entpuppt sich als ehemaliges „Lasterhaus" eines Nachbarn, der dort „in der Sünde" (S. 204) gestorben war. Dieser anrüchige Lusttempel – „es war wie eine Kirche" – gewährt den Vertriebenen endlich Zuflucht und „Frieden" (S. 204). Die erotischen Bilder belassen sie an den Wänden, aus Protest gegen den Zwangsterror der bösartigen Toogoods.

Die hier präsentierten Texte aus Veza Canettis Nachlass zeigen enge Verflechtungen von Faktum und Fiktion, von gelebter Realität und dichterischer Repräsentation, von kulturellen wie nationalen Identitäten. In allen drei Fällen erscheint Veza Canetti als sozial engagierte Schriftstellerin, die zugleich findet und erfindet. Ihre Briefreportagen über Wahnsinnsschübe ihres Mannes sind nicht frei von dramaturgischer Gestaltung, ebenso wie die Erzählungen *Geld – Geld – Geld*, *Pastora* und *Toogoods oder das Licht*. Die Beispiele stellen Veza als scharfe Beobachterin von zentralen Facetten ihrer Lebenswirklichkeiten vor: Erstens der äußerst komplizierten Ehe mit Elias; zweitens der Außenseiterrolle in einer sozial wie kulturell sehr heterogenen Gesellschaft, die sie in *Pastora* aus der jüdischen *Gelben Straße* in Wien ins erzkatholische Sevilla ihrer spaniolischen Ahnen verlagert; drittens schließlich der Exilsituation in und nahe London, die zwar Leben rettet, nicht aber frei ist von starken Vorbehalten gegenüber kultureller, sprachlicher und nationaler Verschiedenheit.

'It Will Never Be Again as It Once Was.'
Mascha Kaléko's Berlin and What Was Left of It

Sigrid Bauschinger

Mascha Kaléko's unmistakeable voice as a poet was moulded by the Berlin of the Weimar Republic. Using an ironical, distancing tone, her 'poems of everyday life', to quote the subtitle of her collection *Das lyrische Steno-grammheft*, describe the world of the white-collar workers, which she knew from her own experience. This paper investigates to what extent the poet, who was so closely connected with metropolitan Berlin culture, was able to transpose her art into exile in New York.

When the eleven year old Mascha Kaléko arrived in Berlin at the end of the war in 1918 it was, along with New York and London, one of the largest cities in the world. Mascha, who at that time still went by the name of her mother and was called Golda Malka Aufen (Offen), already had a little od-yssey behind her. She was born on 7 June 1907 in what was then the Aus-trian Chrzanow in the district of Katowicze, west of Krakow. At the age of seven, when war broke out, she was forced to leave her birthplace with her mother and sister. After that she spent two years in Frankfurt/Main and two years in Marburg/Lahn. Her father, Fischel Engel, was interned during the war as a Russian national.

Today we know much more about Mascha Kaléko's biography than she herself ever divulged, yet it is still not enough.[1] Why Frankfurt, why Mar-burg? Why did her parents only marry in 1922 in a civil ceremony? Simi-larly, we know very little about the family's income. Her father, Fischel Engel, was a merchant. He held the office of mashkiach in the orthodox Jewish community in Berlin, ensuring that the food laws were observed in kosher eateries and shops.

We do, however, know that Mascha went to the Jewish Girls' School be-tween 1918 and 1923. Her father, who was from a family of rabbis, did not want his children to go to school on the Sabbath. It was probably due to their economic situation that Mascha did not stay on at school after the age of sixteen. She had three younger siblings and her only brother was just a year old.

---

[1] von Tippelskirch, Karina: Mimikry als Erfolgsrezept. Mascha Kalékos Exil im Exil. In: Ästhetiken des Exils. Ed. by Helga Schreckenberger. Amsterdam 2003, pp. 157–171.

In 1924, now called Mascha Engel, she began an apprenticeship as an office clerk in the Arbeiterfürsorgeamt der jüdischen Organisationen Deutschlands (Workers Welfare Office of Jewish Organizations in Germany) in Berlin. An exceptionally smart young girl, she had already been writing poems at primary school. Now she was taking adult education classes at the Lessing-Hochschule and attending lectures on philosophy and psychology at the university. In this respect she had much in common with the daughters of the upper class Jewish families in Berlin, whom she herself described as belonging to 'German-Jewish high culture' and to whom she felt close.[2] These young girls did not have their *Abitur* either (that is why Mascha Kaléko always envied the male members of the bourgeoisie). They too were guest students at the Friedrich-Wilhelm University, or they set up private courses with their own money. They too were passionate readers.

In her essay 'Die jüdische „Neue Frau" des frühen 20. Jahrhunderts', Harriet Pass Freidenreich distinguishes between 'former Jewesses' and 'Jewish Jewesses', who could both become 'new Jewesses'.[3] 'Former Jewesses' were those who had broken away from Judaism, had become undenominational or had converted. They were Jewesses by birth but, according to Freidenreich, 'not out of choice'. The Jewish Jewess on the other hand was a practising Jew, ran a traditionally Jewish household and was perhaps a member of the 'League of Jewish Women' or even a Zionist. One example is Rahel Goitein Straus, a 'new Jewish superwoman' who did all of this and was also the mother of five children, a practising doctor and a public speaker much in demand.

Mascha Kaléko was neither one nor the other. She was a poet who wrote in, about and for Berlin and beyond, for she was read everywhere. She had Berlin to thank for her fame and she was not in the habit of addressing a specifically Jewish audience. It might be possible to add to the categories 'former' and 'Jewish Jewess' a third category, the 'private Jewess'. For the public Mascha Kaléko, outside the welfare office, her Judaism was a private matter. Both her marriages were to Jewish men and she gave her son a Hebrew name: Eviatar.

We can learn very little about her biography from the poet herself. In the poem 'Interview mit mir selbst' (Interview with Myself) she speaks of 'a

[2] Rosenkranz, Jutta: Mascha Kaléko. Biografie. Munich 2007, p. 25.
[3] Freidenreich, Harriet Pass: Die jüdische „Neue Frau" des frühen 20. Jahrhunderts. In: Deutsch-Jüdische Geschichte als Geschlechtergeschichte. Ed. by Kirsten Heimsohn and Stefanie Schüler-Springorum. Göttingen 2006, pp. 123–132.

small gossipy' birthplace with a church, but no synagogue is mentioned,[4] never mind Galicia. In 'Agota' (LS, p. 124) she describes 'our old nanny', a pious Catholic woman. This is surprising only to those who do not know that Christian domestic servants liked working for Jewish families because they were treated well there. Only her school-leaving, which 'leider' (unfortunately) resulted in her starting her office work, is mentioned in 'Interview mit mir selbst'.

Although it was unfortunate that she had to leave school early, her office role must have been a kind of liberation for Mascha Engel. Later on she said that she had 'enough spare time' to dedicate herself to writing 'to my heart's desire'. 'I would say, rather, that the atmosphere at the office was quite stimulating for my writing, that I owe some of my best prose and poetry to the intimate knowledge of this environment'.[5] On completion of her apprenticeship she was employed at the same Jewish Arbeiterfürsorgeamt for thirteen years.

By now she was called Mascha Kaléko, having married Saul Kaléko, ten years her senior, at the age of twenty-one. He was a doctor of economics from Russia and he became well-known for his textbook for modern Hebrew. It was as Mascha Kaléko that she appeared in public with her poems in an ironically distanced Kaléko-tone that could have only come from Berlin. Her subject matter was everyday life among white-collar workers, at work as well as during their modest leisure activities in the evenings and at weekends. The subheadings in her first collection, *Das lyrische Stenogrammheft* (Poetic Stenographer's Pad) from 1933, characterize her thematic strands: 'From Monday Morning until Weekend' subsumes the poems about the working environment. 'Red Numbers in the Calendar' denote public and private holidays. Everyone has experienced 'Pale Days' and in Mascha Kaléko's poetry these are mostly rainy days. It is noticeable how often it rains in her poems. The rain falls, as in Verlaine, in the heart and on the town. Rain is a metaphor for being alone, mostly after leave-taking and separation. That is why longing is such an important motif in Kaléko – longing for a person but also for a place and, already in the early poetry, for childhood and nature. The role of nature in Mascha Kaléko's poems has not yet been given due consideration.

Those who are longing for companionship and a home live alone in miserably furnished rooms as subtenants. The last subheading of *Das lyrische Stenogrammheft* plays on this, 'Plush Couch and Sideboard', referring to

---

[4] Kaléko, Mascha: Das lyrische Stenogrammheft. Hamburg 1974, p. 8. Henceforth referred to as LS.
[5] Rosenkranz (see note 2), p. 111.

the ugly furniture of those lodgings. Before parting, individuals were part of a pair. This – sometimes very brief – period ends without sentimentality. Irene Wellershoff, the author of the first dissertation on Mascha Kaléko, describes the changes in the relationship between the sexes in the 1920s.[6] They are also reflected in Kaléko's poems, e.g. 'Großstadtliebe' (Love in the Big City) (LS, p. 20).

Love in the city has taken on the lightness of New Objectivity. It extends from companionship in a paddle boat, to flirting, to a frequently brief love affair and is described with ironic condescension, never with sentimentality.

Kaléko achieves this through her poetic style. The everyday, the banal and the trivial cannot be spoken in an elevated tone. Kaléko's 'light' and easily accessible lines do without decorative elements. Andreas Nolte discovered a wealth of proverbs and sayings in her work.[7] In her four-line stanzas each line often forms one sentence. Enjambement is rare. Mascha Kaléko has resisted the pull of the often imitated Rilke, master of enjambement. She uses Berlin dialect and introduces foreign words, brand names, place and company names into her text. She likes to break off the last line of a stanza, as in the poem 'Kleine Auseinandersetzung' (Little Argument):

Du hast mir ein kleines Wort gesagt,
Und Worte kann man leider nicht radieren,
Nun geht das kleine Wort mit mir spazieren
Und nagt... (LS, p. 55)

(You said a little word to me
alas, words cannot be erased,
Now the little word walks along with me
And gnaws...)

The effect is striking. There is no complete line, no stanza naming the 'little word' that could better express this 'gnawing'.

All her protagonists in her poems have one thing in common: lack of money. Kaléko protests against social injustice. This protest is not loud, it does not call for class war. That is probably the reason why her poetry

---

[6] Wellershoff, Irene: Vertreibung aus dem 'Kleinen Glück'. Das lyrische Werk der Mascha Kaléko. Dissertation. Aachen 1982.
[7] Nolte, Andreas: 'Mir ist zuweilen so als ob das Herz mir brach.' Leben und Werk Mascha Kalékos im Spiegel ihrer sprichwörtlichen Dichtung. Berne 2003.

found so many readers who could identify with her and her poetry of the everyday. Either they themselves belonged to those with so little money, or they saw these people on the streets of Berlin, in the trains or the department stores. Every day they came to the Arbeiterfürsorgeamt to ask for help and in the process inspired the office clerk Mascha Kaléko's poetic shorthand. Her poems about the world of the department store are among her best. 'Mannequins' (LS, p. 10) wear silk dresses in 'dernier cri' and know that 'we will never own them'. In his elevator a liftboy (LS, p. 18) philosophizes about the similarity between human life and riding a lift:

- Wer Geld hat, kann rauf bis zum Dachgarten schweben,
  Wer keins hat, muß meist schon im Zwischenstock raus.
  Und immer heißts: 'Abwärts!' nach einigen Jahren...

(Those with money can go up to the roof garden terrace,
  Those without must get off at the mezzanine.
  And after some years it's always "going down!")

Mascha Kaléko explained her astounding output in her 1956 speech 'Die paar leuchtenden Jahre' (The Few Luminous Years). In 1929 she had sent, for the first time, two poems to the magazine *Der Querschnitt* and these were promptly printed. Significantly they were the dialect poems 'Piefkes Frühlingserwachen' (Piefke's Spring Awakening) and 'Tratsch im Treppenflur' (Gossip on the Staircase) (LS, pp. 65–67). In this way Mascha Kaléko presented herself from the outset as a real Berliner. The most important Berlin daily papers, the *Berliner Tageblatt* and the *Vossische Zeitung*, soon also published Kaléko's poems. The editors of the large publishing houses Ullstein and Mosse could not believe their eyes when the twenty-three year old turned up at their door. 'But you are still so very young', they said and asked for more of her poems. Eventually the *Montagspost* gave her a contract, obliging her to send them a poem every Monday. Franz Hessel, a friend of Walter Benjamin and reader for Rowohlt, had been cutting Mascha Kaléko's poems out of the newspapers for years. He suggested she publish a book. This is how her first collection of poems came to be published by Rowohlt in 1933, *Das lyrische Stenogrammheft. Verse vom Alltag* (The Poetic Shorthand Pad. Poems of Every Day Life). It was followed in 1935 by *Das kleine Lesebuch für Große* (Little Textbook for Grownups). It does not differ from her first book in terms of the language, but it does in terms of content. Socially critical poems like 'Kassen-Patienten' (Patients with State Health Insurance) (LS, p. 26) and political poems like 'Der Chor der Kriegswaisen' (Chorus of War Orphans) (LS, p. 71) are missing for obvious reasons, as we will see.

Attention should be drawn to Mascha Kaléko's influences: these were her contemporaries Erich Kästner, Walter Mehring and Kurt Tucholsky. But she differentiates herself clearly from her male colleagues. She does not possess the same political acerbity, radicalism and aggression. Kaléko's female readers in particular have thanked her for this in their many letters to the poet. Her publisher, Rowohlt Verlag, quotes several of her women readers in a flyer: for example, Edith K. from Köln-Braunsfeld states that she finds life more bearable after reading Kaléko. Realizing that others have the same problems as herself, 'dann ist alles nur noch halb so schlimm' (everything is only half as bad). Margot L., a student of pharmacy, and a nineteen year old Gymnasium student, both from Berlin, give proof of admiration for Kaléko among the young generation[8]. The mixture of sadness and melancholy of the lonely and disadvantaged, who nevertheless show a 'stiff upper lip' in Kaléko's poems became a model for these women.

Even National Socialist censors had no idea that Mascha Kaléko's poems were those of a Jewish poet. At the most they thought they were written by a decadent woman of letters. That is how the anonymous reviewer of *Das Schwarze Korps*, the weekly newspaper of the SS, imagined her. In the New Year's Eve issue in 1936 he triumphantly establishes that Kaléko is a Russian word meaning 'cripple'. He assumes that the writer has adopted it as a pseudonym. He quotes exclusively from *Das lyrische Stenogrammheft* and has to admit that it contains 'technisch nicht unebene Werke' (technically not uneven works).[9] But the people who appear in it, the exploited proletarians, the little white-collar workers without any prospects, the patients with state health insurance, bereft of all hope, do not belong in the 'new times' and that is why 'little Mary Cripple' should be banned. And so it happened. Nine days later Mascha Kaléko's name appeared on the list of 'harmful and undesirable writings'. Her publisher had in fact insisted that her poems referred 'certainly not to today's Germany but to that of the past'. But this was of no use.

Mascha Kaléko left Germany late in the day. Berlin detained her, for private reasons too: her relationship with the Warsaw-born musician and music scholar Chemjo Vinaver, the birth of their son in 1936, the divorce from Saul Kaléko in 1938 and 8 days later her second marriage to Chemjo

---

[8] Taken from a 6-page booklet issued by the Rowohlt-Verlag. No author and no date.

[9] Anon.: Verboten. In: Das Schwarze Korps. Organ der Reichsführung SS. Zeitung der Schutzstaffeln der NSDAP, 31 December 1936.

Vinaver. Of course the loss of her readership was probably the main reason for her silence. During the 'few luminous years' her poems were literally wrenched from her hands. They were performed in Berlin cabarets and sung by such famous *diseuses* as Claire Waldoff. Now she was writing advertising texts.

In March 1938 Mascha Kaléko visited her parents, brother and sisters in Tel Aviv. They had emigrated to Palestine five years prior to that. But Mascha and her family did not follow them. America held better prospects for Chemjo Vinaver's work as a choral director. A musician friend of his became his guarantor. In September 1938 Mascha Kaléko moved with her husband and child to New York.

'Das wird nie wieder wie es war' (It will never be again as it once was), says the poem 'Emigranten-Monolog' (Emigrés' Monologue).[10] That is what anyone who was forced into exile must have thought, wherever they ended up. Even if they had come from Berlin to New York, the latter resembling the former in so many ways. The similarities began with demographic consistencies – of the more than 4.5 million Jewish inhabitants of America the majority lived in New York. Of the nearly 500,000 Jews in the German Reich almost a third – 180,000 – lived in Berlin. Likewise, the two cities were very similar in their cultural diversity. When in 1999 the Jewish Museum in New York held an exhibition on the contribution of Jews to art and culture in Berlin at the turn of the 20th century,[11] Robert Muschamp wrote in the *New York Times* that every New Yorker had to see the exhibition in order to understand their own city.[12]

Mascha Kaléko was lucky to be able to get to New York. But the family was in a financially precarious situation. *Der Aufbau*, a German-language newspaper established by and for emigrés, was no substitute for the many Berlin publications, particularly as Mascha Kaléko was not the only one submitting poems. Chemjo Vinaver established the first professional choir in America that dedicated itself to Jewish, and primarily religious, music. His wife now had to take on the role of interpreter, agent and promoter, putting her writing on hold. Moreover, Vinaver was working on the *Anthology of Jewish Music* for which he became famous.

---

[10] Kaléko, Mascha: Verse für Zeitgenossen. Reinbek 1953. Henceforth referred to as VfZ.

[11] Cf. the exhibition catalogue, Berlin Metropolis. Ed. by Emily D. Bilski. New Haven 1994.

[12] Muschamp, Robert: Berlin's Cosmopolitan Dawn. Before the Darkness Fell. In: New York Times, 12 November 1999.

Nonetheless in 1945 Mascha Kaléko succeeded in compiling the collection *Verse für Zeitgenossen* (Poems for Contemporaries), made up of old and new poems. It was published by Schoenhof in Cambridge, Massachusetts, which was also an emigré venture.

Particular themes from the Berlin poetry were now transported into the New York exile poems. The themes of parting and longing are present again, however, they refer no longer to a person but to a country.

> Einmal möcht ich es noch sehen, jenes Land,
> Das in fremde Welten mich verbannt.
> Durch die wohlbekannten Gassen gehen,
> Vor den Trümmern meiner Jugend stehen –
> Heimlich, ungebeten, unerkannt... (VfZ, p. 48)

> (I want to see it once again, that land
> That exiled me into a strange world:
> I want to go through well known streets,
> I want to stand before my ruined youth,
> Secretly, uninvited, unrecognized...)

To quote the 'Emigranten-Monolog' once more: 'Das wird nie wieder, wie es war, wenn es auch anders wird' (It will never be again as it once was, / though it will be different). Mascha Kaléko also became different. In Berlin after 1933 she had not written a word about what was happening around her. At the same time and in the same city Gertrud Kolmar wrote the cycle *Das Wort der Stummen* (The Word of the Mute), an outcry against the brutal terror. Now, after the outbreak of war and moved by the news from Poland, Kaléko writes the poem 'Kaddisch':

> Rot schreit der Mohn auf Polens grünen Feldern,
> In Polens schwarzen Wäldern lauert Tod. (VfZ, p. 46)

> (The poppies scream red in Poland's green fields,
> In Poland's black woods lurks death.)

With this Kaddish she says her prayer for the dead, pious Jews from whom she originated and whom she remembers from her childhood. She reverses the roles of the one who says the prayer and of the prayer itself: Kaddish is traditionally said only by men as it is only men who attend traditional funerals; Kaddish is also a prayer in praise of God while Kaléko's poem is a lament. In the last stanza Kaléko says:

Wer wird in diesem Jahr den Schofar blasen
Den stummen Betern unterm fahlen Rasen,
Den Hunderttausend, die kein Grabstein nennt.

(Who will blow the shofar horn this year
For those praying silently under pale grass,
For the hundred thousands whose names are on no gravestone.)

In the poem 'Hoere Teutschland' she speaks out for the Jewish victims like a prophet, accusing and threatening the perpetrators. It is the only poem that was published in English during Kaléko's lifetime. 'Hear, Germany' appeared on 14 March 1943 in the *New York Times Magazine*, anonymously translated but with the preliminary remark: 'On reading the pogrom documents'.[13] In the German version the preliminary remark says: 'In memoriam Maidanek und Buchenwald'.

Hear, Germany!
The day will come, it is not far ahead,
When you will hang upon your crooked cross,
And not a living soul will mourn your loss,
And not a dog will howl his master, dead.[14]

The poem builds to a finale like no other in Mascha Kaléko's work:

Upon your brow the angry mark screams red.
Oh, be the sword of Germany accursed
Forever! How I hate your oaks, that fed
On corpses, hate your earth, that quenched its thirst
And bloomed upon the drops my brothers bled.

The misery of the emigrés was felt everywhere in New York. When it was announced in a newspaper that a refugee had taken his life, 'reason unknown', Mascha Kaléko was moved to write one of her darkest poems. What had been melancholy in Berlin had now become desperation. It was

---

[13] New York Times Magazine, 14 March 1943, p. 38.
[14] The poem does not appear in the 1956 edition of the *Verse für Zeitgenossen*. It appears in the original edition, Cambridge, MA 1945, p. 76.

in Berlin that she wrote the poem 'Wenn man nachts nicht schlafen kann...'
(When one cannot sleep at night) (LS, p. 12), about the kind of sleepless
night everyone experiences at some time. The poem 'New York, halb drei'
(New York, two thirty) (VfZ, p.18) on the other hand expresses solidarity with
fellow sufferers: 'Wie ich vor dem Fenster, so stehn / Allerorten wohl nächtliche
Brüder' (As I am standing at the window, / Many of my brothers stand at
night) (VfZ, p. 18). There is a notable shift from the impersonal 'man' in
the Berlin poems to the 'ich' in many of the poems written in New York.

Even the brash tone of Kaléko's Berlin poems resonates in the New
York poems, but now has a sharper edge. Those long-established in New
York as well as the immigrants or refugees provoked her satire. We do not
have exact dates for the poems, but it would not be surprising to find that
the satirical 'New Yorker Sonntagskantate' (New York Sunday Cantata)
(VfZ, pp. 64–65) or the 'Verse für ein amerikanisches Bankbuch' (Poem for
an American Bank-Book) (VfZ, p. 66) were written at the beginning of her
exile. They are full of the usual clichés attached to the USA and Americans
by Europeans. Mascha Kaléko is however conscious of her prejudices
when she calls herself 'hopelessly continental' in the 'Sonntagskantate'.

Nor do her contemporaries from the old Europe escape her satirical eye.
She targets those who have quickly adapted and now show off their second-
hand English. She shows no mercy with 'Wendriner in Manhattan'.[15] She
transports Tucholsky's figure to New York, where he's ('toi, toi, toi') doing just as well as he was in Berlin. 'Wos mer gut geht, da bin ich zuhause'
(Where I'm well off, that's where I'm at home), he says. Accordingly he
has also already Americanized his name. 'Sehnse nach im Telefonbuch,
unter V. – VAN DRYNER, MILTON, das bin ICH' (Look me up in the
telephone book, under V. – VAN DRYNER, MILTON, that is ME).

Mascha Kaléko did not only bring a biting, satirical point of view from
Berlin – she also brought a social conscience. This is given particularly
clear expression in a New York poem. 'Einer Negerin im Harlem Express'
(To a Negress in the Harlem Express) was published in November 1946 in
Aufbau.[16] The second stanza reads:

Immer möchte ich dich leise fragen,
Weißt du, daß wir heimlich Schwestern sind?
Du, des Kongo dunkelbraune Tochter,

---

[15] Quoted in Wellershoff (see note 6), p. 15.
[16] Reprinted in: Kaléko, Mascha: Die paar leuchtenden Jahre. Ed. by Gisela Zoch-
Westphal. Munich 2003, pp. 66–67.

Ich, Europas blasses Judenkind.

(I always want to quietly ask you,
We're secret sisters, don't you realize?
You, you're Congo's dark brown daughter,
Me, I'm Europe's pallid Jew-child.)

But then Kaléko recognizes a distinct difference between herself and her secret sister:

Vor der Schmach, die Abkunft zu verstecken,
Schützt dich, allen sichtbar, deine Haut,
- Vor der andern Haß, da sie entdecken,
Daß sie dir 'versehentlich' getraut.

(Your skin's explicit, there's no need
to hide your origins and feel the shame
when others hate you as they come to see
they trusted in you 'by mistake'.)

Mascha Kaléko knew what it meant to belong to a minority. She had experienced racism at its worst. It was quite a shock for many refugees from Germany and Austria to encounter segregation and discrimination of blacks in America. This is why she can identify with her 'secret sister' on the New York subway. She displays great insight when she compares the experience of blacks who are not able to hide their origin with that of whites who were declared of a different 'race' but who were not recognizable as such. The latter, when recognized, often met with racial hatred. She had never forgotten the anti-Semitic disdain of those who 'by mistake' took the pale Jewish child for a gentile and almost seems to envy 'Congo's dark brown daughter' for not needing to conceal her origin because it cannot be concealed. It is important to note that Kaléko was spared wearing the Jewish star due to her leaving Germany 1938. It would have been the equivalent of having black skin.

In New York she eventually wrote poems which expressed an affection for her country of exile. She loves it, but it remains foreign to her. 'Liebes fremdes Land. Heimat du, wievielte' (Dear foreign country, homeland you, after how many others) begins the 'Frühlingslied für Zugereiste' (Spring Song for Immigrants) (VfZ, p. 51). If Mascha Kaléko felt anywhere at home in America it was in New York's Greenwich Village where the Vinaver family lived until 1960, having occupied several different quarters in Manhattan and spent several unsuccessful months in 1940 in Hollywood. Mascha Kaléko wrote two poems to streets on which she had lived: Bleibtreustraße in Berlin and Minetta Street (cf. VfZ, pp. 58–59) in Greenwich Village. She associates her former address in Berlin with happiness – the birth of her child –, and with distress – their visitation by the Gestapo. In the dedicatory poem 'Einem kleinen Emigranten' (For a Little Emigrant) Mascha Kaléko reminds her son that his first tooth had just appeared when the persecution of the family began; 'die bittre Medizin: sie hieß Berlin' (The bitter medicine, / it was Berlin) (VfZ, p. 39).

There was no shadow cast over Minetta Sreet. It is there that she lived 'mit Mann und Kind' (with husband and child) (VfZ, p. 59). Her family was Mascha Kaléko's great happiness. When her son died in 1968 and five years later her husband died as well, this loss was her great catastrophe. Her most beautiful poems include those to her son, such as 'Einem kleinen Emigranten', and to Chemjo Vinaver (cf. VfZ, p. 51).

We can infer from her few prose texts about New York that Mascha Kaléko settled in in spite of her sense of being foreign and in spite of her sustained homesickness. She acquired the language very quickly and soon started writing advertising texts here too. In the 1960s she published some prose pieces about New York.[17] They are travel guides that take the reader through the more exotic parts of town, such as the Lower East Side and, of course, Greenwich Village with Little Italy. But her genre was, and remained, poetry.

New York offered the poet another great advantage. During her difficult years in exile, when she was unable to write much, she did however read a lot, in particular the works of Heine. Her love for Heine and her identification with him are expressed in the long poem 'Deutschland, ein Kindermärchen' (Germany, a Children's Tale), inspired by Heine's *Deutschland, ein Wintermärchen* (Germany, a Winter's Tale).[18] She wrote this poem in Heine's centenary year, 1956, on her first trip back to Germany after her emigration. On her earlier trip to Europe in 1952 she had not visited Germany, but had visited Paris. In the 'Kindermärchen' Kaléko enters into a poetic marriage with Heine, with his love for, and his suffering on account

---

[17] Kaléko, Mascha: Der Gott der kleinen Webefehler. Spaziergänge durch New Yorks Lower Eastside und Greenwich Village. Düsseldorf 1977.

[18] Kaléko, Mascha: Deutschland, ein Kindermärchen. In: Kaléko, M.: Verse für Zeitgenossen. Hamburg 1980, pp. 54–57. This is a later edition of *Verse für Zeitgenossen* than otherwise quoted in this paper.

of, Germany, combined with a deep mistrust of Germany that Kaléko herself never managed to overcome.

A comparison with her final dwelling place, Jerusalem, shows that New York really had been a stroke of luck for Kaléko. In 1960 she moved to Israel with her husband, for Vinaver wanted to complete his anthology of religious Hassidic music there. In New York Kaléko had had little contact with other exiled authors. In Israel there was considerable German-speaking literary activity. There was even an association of German-speaking authors.[19] She could have enjoyed her reputation among the German-speakers in Israel but it seems that she preferred her self-imposed isolation. New York had already inspired Mascha Kaléko much less than Berlin. She felt that she received no more new stimulation from Jerusalem.

In 1956, when Kaléko came back to Germany for the first time, her letters to her husband indicate that her return was almost a victory tour. A new combined edition of *Das lyrische Stenogrammheft* and *Lesebuch für Große* appeared as a rororo paperback. There were readings, interviews and meetings with editors and authors lined up from Hamburg to Berlin and Munich. Older readers had not forgotten the poet and younger ones were at least curious about her. After one reading even Martin Heidegger, so impressed by the poem 'Abschied' (Farewell), wrote three letters to the poet and asked for her photograph. 'Abschied' (LS, p. 11) contains all the ingredients of her Berlin poetry: separation as the train departs, the lyrical 'I' drinking weak coffee alone in a furnished room while it's raining.

In 1960 Kaléko refused the Fontane Prize because a jury member, Hans Egon Holthusen, had been in the SS from 1933 to 1937. She had undoubtedly not forgotten the propaganda article in *Das Schwarze Korps*. But sales of the paperback were increasing. In 1974, one year before the poet's death, the 100,000th copy was printed. Now over 200,000 have been sold.

Mascha Kaléko's twenty years in Berlin are to thank for this sustained success. She came to the city as an eleven year old and had to leave when she was thirty-one. She lived there longer than she lived anywhere else. Berlin gave her enough poetic energy to write poems in New York. They are not inferior to her Berlin poetry, even though they are beset by dark shadows. But she never produced anything comparable to the poetry of her few luminous years. After the death of her son and her husband, nothing was ever the same again.

---

[19] Pazi, Margarita: Staub und Sterne. Deutschschreibende Autorinnen in Erez Israel und Israel. In: Staub und Sterne. Aufsätze zur deutschsprachigen jüdischen Literatur. Ed. by Sigrid Bauschinger and Paul Michael Lützeler. Göttingen 2001, pp. 280–298.

Neither was Berlin. Mascha Kaléko returned several times to the city after her first post-war visit in 1956, sometimes for months. But Berlin was divided and, to a great extent, destroyed. In her poem 'Wiedersehen mit Berlin' she describes herself wandering, dreamlike, in streets where only a street sign is still standing. 'Und alles fragt, wie ich Berlin denn finde? / – Wie ich es finde? Ach, ich such es noch.' (Everyone asks me how I find Berlin. / How I find it? Alas, I am still looking for it.)[20]

That is why Mascha Kaléko did not give in to the efforts of her writer friend, Horst Krüger, to persuade her to return to the city, as he accompanied her through Berlin in 1974. 'Come back here', he said to her. 'Why are you wandering about in America? What do you want now, alone, in Jerusalem?' He believed that we are most content in the place where we have spent our childhood and youth and that where 'a few people love us', 'that's where we are at home'.[21] Soon after, her physical condition worsened and she could not return to Jerusalem. Mascha Kaléko died in 1975 in the emigré city of Zurich.

Longing had been a leitmotif in Kaléko's Berlin poems. There she described the longing of 'little people' for a little happiness. Her poems written in New York are full of longing for Berlin. Seeing the city again she realized that it had vanished, as had the people in her poems or they had changed. Hearing a greeting in her beloved Berlin dialect, she nearly thinks she has found the past again, but looking into the faces that show 'eine neue Härte' (a new hardness).[22] She can only mourn what is lost and bemoan her own longing for a time and a place. Longing for Berlin was all that was left of it.

Translated from German by Marielle Sutherland

---

[20] Kaléko, Die paar leuchtenden Jahre (see note 17), p. 44.
[21] Krüger, Horst: Erinnerungen an Mascha Kaléko. In: Neue Rundschau 86 (1975), pp. 743–746.
[22] Kaléko, Die paar leuchtenden Jahre (see note 17), p. 44.

Mascha Kaléko Advertises the New Jewish Woman

Kerry Wallach

Beginning with her first publications in newspapers in 1929, Mascha Kaléko fashioned herself as a representative *neue Frau*: an independent working woman with non-traditional values; Jewish identity did not at first appear to play a significant role in the development of her career. However, after her writings were banned by the Nazi government in August 1935, Kaléko joined the Jewish literary scene and established numerous strong affiliations to the Jewish community of interwar Berlin. Kaléko's promotion of the image of the *neue Frau* is influenced by her professional training and experience in the field of advertising as well as by the publication context of many of her poems. By conjoining and partially merging the authorial and the literary subject, Kaléko markets the 'new Jewish woman' as someone who tailors her Jewish identity to fit the mould of the modern woman.

Like many works composed by Jewish writers in interwar Germany, Mascha Kaléko's early poetry and prose do not reveal her Jewishness. Beginning with her first publications in newspapers such as *Der Querschnitt* in 1929 and the *Vossische Zeitung* and *Berliner Tageblatt* in 1930, Kaléko fashioned herself as a representative new woman writing for the secular masses. This new woman was an independent working woman with non-traditional values; Jewish identity did not appear to play a significant role in the development of her career. In fact, no explicit reference to Kaléko's Jewishness or Jewish topics appears in her first two collections of poetry and prose published in 1933 and 1934. Nevertheless, Kaléko joined the Jewish literary scene in the mid-1930s after being banned by the Nazi government in August 1935: She published her own poems, as well as translations of Yiddish and Hebrew poems, in Jewish periodicals such as the *Jüdische Rundschau* in late 1935, 1936 and 1937.[1] Beginning in 1939, her

---

[1] Cf. Kaléko, Mascha: Joseph. In: Jüdische Rundschau, 21 February 1936; Kaléko, Mascha: Unterwegs. In: Jüdische Rundschau, 20 April 1937 (a version of this poem, entitled 'Überfahrt', was later included in her 1945 volume *Verse für Zeitgenossen*. Cambridge, MA 1945, p. 15. Kaléko also published German translations of a number of Yiddish and Hebrew poems and songs in 1935 and 1936. In the 'Chanukkah-Blatt' of December 1935, her German translations followed the original transliterated Yiddish song text: 'Wir geben nachstehend zu den im vorstehenden Aufsatz enthaltenen

poems published in the exile newspaper *Aufbau* often referenced Jewish topics.[2] Kaléko's life outside of publishing reveals additional strong affiliations to the Jewish community of interwar Berlin.

Eager to join the ranks of other *Neue Sachlichkeit* poets, Kaléko first created a publishing persona that was not overtly Jewish. The careful employment of marketing strategies enabled her to reach a wide readership of both Jews and non-Jews. Through close examination of the publication context of her earlier poems, and in light of her professional training and experience in the field of advertising, I will show that Kaléko's early publications promote the image of a new woman. Yet Kaléko's new woman is a particular variant of the modern woman[3]: Kaléko's inclusion of an image of herself, both as part of her public performances and on the covers of her first two volumes, suggests a partial merger of the authorial and the literary subject. By conjoining the two, Kaléko markets the new Jewish woman as someone like herself who tailors her Jewish identity to fit the mould of the new woman. Further exploration of the interplay between Jewish identity and new womanhood will illuminate the reasons why Kaléko and her literary subjects should be considered under the rubric of the new Jewish woman.

From Golda Malka Aufen to Marcia Vinaver: Creating a Persona for the Press

Although she adapted her identity over the years to reflect varying degrees of public visibility as a Jew, Kaléko's personal life existed within a

---

jiddischen Liedertexten eine von Mascha Kaléko verfaßte deutsche Uebersetzung'. See Werner, Eric: Volks-Musik zu Chanukkah. In: Jüdische Rundschau, 20 December 1935. For Kaléko's translations of Hebrew poems, see Arlosoroff, Chajim: 'Dann weiss ich's'. Uebertragungen aus dem 6. Bande der hebräischen Schriften Arlosoroffs von Mascha Kaléko. In: Jüdische Rundschau, 12 June 1936. Her translation of a Hebrew children's poem about dreidels appeared in the Chanukkah edition of the 'Kinder-Rundschau' in 1936: Kipnis, Levin: Hat'harut: Wettkampf der Trendel. In deutsche Reime gebracht von Mascha Kaléko. In: Jüdische Rundschau, 8 December 1936. Jutta Rosenkranz reports that, at the request of the Palästina-Amt Berlin, Mascha Kaléko also wrote a review entitled 'Rundgang durch die Berliner Palästina-Ausstellung 1935/36 im Logenhaus in der Kleiststraße', which can be found in her *Nachlass* (Presse-Mappe). Rosenkranz, Jutta: Mascha Kaléko: Biografie. Munich 2007, p. 59; p. 268 note 27.

[2] For example, Kaléko's poems 'Jom Kippur' and 'Enkel Hiobs' were published in *Aufbau* on 15 September 1939 and 5 January 1940, respectively. Versions of these poems, along with other poems on Jewish topics, were later published in Kaléko's *Verse für Zeitgenossen*.

[3] The terms 'new woman' and 'modern woman' are interchangeable for the purposes of this study.

strongly Jewish framework. Yet identification with the German-language culture of Weimar Berlin supplanted ties to her Galician roots, and her name changed accordingly. Her arrival in New York in 1938 led her to make further alterations to her pen name in an American context. As Hebrew was never a primary language of publication for Kaléko, she refrained from modifying her nom de plume after relocating to Israel. In Jerusalem, the name 'Mascha' instead acquired new depth of meaning.

Kaléko was born Golda Malka Aufen, the first child of Austrian Rozalia Chaja Reisel Aufen and Russian businessman Fischel Engel. Along with approximately 100,000 other East European Jews, Kaléko and her family left Galicia and headed westward following the outbreak of the First World War in 1914. Though Yiddish was their first language, Kaléko and her younger siblings, Lea, Rachel and Haim, were raised in Germany and quickly learned German. In 1918, the family moved to Berlin's Scheunenviertel, a district which was then home to scores of East European Jewish immigrants. After attending the girls' school of the Jewish community in Berlin, Mascha was employed as an office clerk in the Arbeiterfürsorgeamt der jüdischen Organisationen Deutschlands for ten years, from 1924 to 1934. That Kaléko worked in a Jewish community office, both before she was published and later to supplement her income as a writer, suggests that monetary need prevailed over any apprehension about displaying her Jewishness in the public sphere.

Both Kaléko's first and second husbands were prominent members of the Jewish community; in fact, Saul Kaléko and Chemjo Vinaver also published in the bi-weekly periodical *Jüdische Rundschau*.[4] Her first husband Saul Kaléko offered Hebrew correspondence courses in the *Jüdische Rundschau* and edited the 'Hebräische Beilage der Jüdischen Rundschau'; this newspaper would compile and publish his Hebrew courses in the two-volume *Hebräisch für Jedermann* (*Ivrit l'kol ish*), the second volume of which appeared in 1935.[5] Written for adult learners, this work attempts to assuage difficulties experienced by the ever-growing number of German-speaking students of Hebrew vocabulary and grammar.

The adoption of various names played an important role in the creation of Mascha Kaléko's authorial persona. The Russian name Mascha, which

---

[4] There were even occasions when Mascha, Saul and Chemjo all published in the same issue of the *Jüdische Rundschau*; each of them published in the 12 June 1936 issue.
[5] Saul Kaléko also edited the volume *Mikraot: Lesestücke f. Schule und Selbstunterricht*. Berlin 1936. According to one advertisement featured in the Jüdische Rundschau on 31 March 1936, the '[h]eute erschienen[e]' book contains an 'Auslese aus der Hebräischen Beilage der Jüdischen Rundschau 5695–5696'.

might be used as a nickname for 'Maria', was only a slight variation on her Hebrew middle name, Malka. She also took Saul Kaléko's
last name in place of the last name Engel, which she had received in 1922
after her parents' civil marriage legitimized her and her sisters according to
German law. Not only did Mascha use the last name Kaléko for her pen
name, but it is also very likely that she was partly responsible for adding
the French accent *aigu* to the letter 'e' in 'Kaléko'. Both Mascha and Saul
appear to have changed the spelling of their last name sometime in the
early 1930s; Mascha's last name acquired an accent practically overnight in
the *Vossische Zeitung* (from June to July 1930) and in the *Berliner Tageblatt* (from December 1930 to January 1931).[6] Despite the fact that the
name 'Kaleko' has a pronunciation similar to that of the word for 'cripple'
in Russian and Yiddish, the French accent makes the name 'Kaléko' seem
romantic and West European to the untrained eye.

Mascha and Saul divorced in 1937, and on 28 January 1938 she married
Chemjo (Nehemiah) Vinaver, the founder and conductor of the 'Hanigun'
choir in Berlin.[7] This choir, composed of 30 Jewish singers who had been
dismissed from German operas, performed only Jewish music. Born into a
prominent Chassidic family in Warsaw, Chemjo's passion was Chassidic
music: While still in Berlin, he regularly published texts, musical scores
and explications of Chassidic and other songs in the 'Singblatt der
Jüdischen Rundschau'.[8] In one instance in 1936, Mascha's German translation of a Hebrew children's song appears alongside Chemjo's score.[9]

---

[6] Mascha's husband Saul published his dissertation, *Die Agrarverhältnisse in
Weissrussland vor und nach der Umwälzung im Jahre 1917* (published 1929), under the
name 'Saul Kaleko'. However, the name associated with the second volume of his
Hebräisch für Jedermann (1935) displays an added accent: 'Saul Kaléko'. Likewise, the
name 'Kaleko' associated with Mascha's first poems published in *Der Querschnitt* in
1929 is accent-free, though *Der Querschnitt* printed other diacritical marks. Her first
poems in the *Vossische Zeitung*, published in May and June 1930, bear the name
'Kaleko', whereas her poem 'In einer fremden Stadt', first published on 29 July 1930 in
the *Vossische* Zeitung, is suddenly attributed to 'Mascha Kaléko'. Similarly, her poem
'Sehnsucht nach einer kleinen Stadt' was published in the 12 December 1930 edition of
the *Berliner Tageblatt* under the accent-free 'Kaleko', yet 'Abschied', printed in the
Tageblatt only six weeks later on 24 January 1931, is the work of 'Mascha Kaléko'. I
am grateful to Karina von Tippelskirch for calling this to my attention.
[7] The marriage of Mascha and Saul Kaléko was dissolved according to Jewish law on 4
October 1937; however, their civil divorce was not issued until 22 January 1938. See
Rosenkranz (see note 1), pp. 62–64.
[8] From November 1935–March 1937, Vinaver published 'jüdisch-deutsche', Hebrew
and other Jewish songs in the *Jüdische Rundschau* on a monthly or bi-monthly basis.
See, for example, Winawer, Chemjo: Etwas über den chassidischen 'Nigun'. In:

In September 1938, Mascha Kaléko emigrated to New York with Chemjo and their son Evjatar Alexander Michael, who was born in December 1936 (prior to Mascha's divorce from Saul) and was also called Avitar or Avitarele, and later Steven. Kaléko's biographer Jutta Rosenkranz reports that among Kaléko's treasured possessions lost in transit from Berlin to New York were the heirlooms typical of a Jewish family: an antique menorah, a silver Seder plate, silver candlesticks, a Bible and other religious Jewish books.[10] Also in 1938, Kaléko began a diary for Avitar written in a kind of Judeo-German: The first part of this memoir is written in German using Hebrew letters, with some Yiddish spelling patterns and Yiddish expressions interspersed throughout. Kaléko's use of the Hebrew alphabet in a private text supposedly intended for her son suggests that she expected her son to gain proficiency in reading Hebrew and Yiddish, though she did not necessarily presume knowledge of many Hebrew-based Yiddish components. Her choice of Judeo-German aligns Kaléko with a tradition of Jewish women's private writing: Rahel Varnhagen and Regina Frohberg, for example, sometimes used Yiddish as a secret language in correspondence.

Soon after moving to New York, Kaléko wrote advertising copy under the Anglicized name 'Marcia Vinaver'. The adoption of the first name 'Marcia' suggests that for Kaléko, the process of adapting her pen name to her environment was ongoing. Chemjo Vinaver founded the Vinaver Choir, the first professional choir in New York City. This choir, for which Kaléko served as promoter and personal manager, had the support of Leonard Bernstein and Marc Chagall.[11] Kaléko noted that her literary productivity suffered because of the hours she devoted to her husband's choir. In addition to managing the choir, she also did a great deal of interpreting for her husband, who was much slower to learn English. In 1955, Vinaver's *Anthology of Jewish Music* was published in New York with a cover illustration by Marc Chagall; this collection included a few of Vinaver's own compositions as well as one by Arnold Schönberg.[12] Vinaver's second vol-

---

Jüdische Rundschau, 29 November 1935. See also Winawer, Chemjo: Chassidischer Tanz: Sehr populär bei den polnischen Chassidim. In: Jüdische Rundschau, 3 January 1936.

[9] See Winawer, Chemjo: Kinderlied: In den palästinensischen Kwuzoth viel gesungen, mitgeteilt von A. Harzfeld; Deutsche Übertragung von Mascha Kaléko. In: Jüdische Rundschau, 16 October 1936, p. 14.

[10] Cf. Rosenkranz (see note 1), p. 69.

[11] On Kaléko's involvement in the choir, cf. Rosenkranz (see note 1), p. 78. The Vinaver Choir was active from 1939 to 1950.

[12] Vinaver, Chemjo: Anthology of Jewish Music. New York 1955.

ume, *Anthology of Hassidic Music*, was published posthumously as a result of Kaléko's efforts.[13]

After living in New York with Vinaver for over 20 years (1938–1959), Mascha Kaléko spent the final years of her life in Israel, which had been home to her parents and her siblings Rachel and Haim since 1935.[14] Though she lived in Jerusalem until shortly before her death in 1975, Mascha Kaléko's command of Hebrew never rivalled her knowledge of German and English. According to Gisela Zoch-Westphal, Mascha's comprehension of spoken Hebrew was mediocre at best, as illustrated by the following anecdote: When Mascha was approached on the street in Israel and asked if she knew the time (in Hebrew: 'Ma hasha'a?'), she thought she was simply being addressed by her first name.[15]

Marketing Strategies: Stylized Images of the Poet

Effectively discovered while sitting in the Romanisches Café, Mascha Kaléko is not only an author but also a literary icon of the Weimar era.[16] Public appearances in Berlin cafés, cabarets and on the radio enabled Kaléko to stylize herself as a typical new woman. In conjunction with her editors and publishers, Kaléko linked her own image to that of the new women described in poems such as 'Großstadtliebe': A drawing of a woman paddling a canoe labelled 'Mascha' as well as Kaléko's silhouette

---

[13] Vinaver, Chemjo: Anthology of Hassidic Music. Ed. with introductions and annotations by Eliyahu Schleifer. Jerusalem 1985. Chassidism later became an interest of Kaléko's; she corresponded with Martin Buber in 1957 after reading his *Chassidische Geschichten*.

[14] Mascha's other sister, Lea, remained in Germany when Mascha's parents and other siblings emigrated to Tel Aviv (via Paris) in 1933. Mascha first reconnected with Lea in Berlin in 1956. Cf. Rosenkranz (see note 1) pp. 66; 140.

[15] Gisela Zoch-Westphal told this anecdote about Mascha's weak spoken Hebrew skills at the conference held on the occasion of Mascha Kaléko's 100th birthday at New York University's Deutsches Haus on 9 June 2007. A version of this story can also be found in Rosenkranz (see note 1), p. 184.

[16] In a radio interview with Alfred Joachim Fischer in 1974, Kaléko explained that a friend of Franz Hessel's first introduced himself to her in the Romanisches Café; it was through Franz Hessel that Kaléko met her publisher Ernst Rowohlt. For Kaléko's radio account of this anecdote, see Augustin, Michael: 'Wie vieles seh' ich, das ich nicht mehr seh'…!' Mascha Kaléko im Original-Ton. In: 'Ich stimme für Minetta Street': Festschrift aus Anlass des 100. Geburtstags von Mascha Kaléko. Ed. by Andreas Nolte. Burlington, VT 2007, pp. 63–92, here pp. 73–74. See also a slightly different version of this story in Kaléko, Mascha: Hat alles seine zwei Schattenseiten. Sinn- und Unsinngedichte und der Kasseler Vortrag 'Die paar leuchtenden Jahre'. Ed. and with an afterword by Gisela Zoch-Westphal. Berlin 1983, p. 26.

adorn the covers of her first two volumes of poetry. The deliberate packaging of Kaléko's authorial persona together with her poems helped market both to prospective readers.

Like many other regulars at the Romanisches Café, Kaléko was a Berlin celebrity. In the interest of self-promotion, this 'junge rassige Dame' energetically inserted herself into discussions with the literati who frequented the Romanisches Café.[17] Photographs of Kaléko in the early 1930s depict a coquettish, heavily made-up, almost childlike slip of a young girl. Her self-styling functioned as part of a marketing campaign to link a visual image of Kaléko with her work. To this end, Kaléko advertised both her image and her work through public performances. She gave readings on the radio and in the 'Kü-Ka' or 'Künstler-Kabarett', the literary cabaret on Budapester Straße.[18] According to Kaléko, one photograph of her doing a radio show with the broadcaster Edlef Köppen even appeared in a newspaper.[19]

Editors and publishers helped Kaléko capitalize on her own popularity by translating the imagery of Kaléko's lyrics into visual representations of the new woman and her environment. Images on the book covers of the two volumes published prior to her departure from Germany in 1938 essentially serve to illustrate Kaléko's poems about new women. In fact, both the best-selling *Das lyrische Stenogrammheft: Verse vom Alltag* (1933)[20] and *Kleines Lesebuch für Große* (December 1934) include a likeness of the poet. A close examination of one poem highlights some of the common attributes of the new woman embodied both by the illustrations and by Kaléko's literary subjects.

---

[17] See Wellershoff, Irene: Vertreibung aus dem 'Kleinen Glück'. Das lyrische Werk der Mascha Kaléko. Dissertation. Aachen 1982, p. 239.

[18] Kaléko explained that because of her stage fright, she preferred to write poems and chansons for others to perform. Rosa Valetti, Annemarie Hase and Claire Waldoff, among others, performed Kaléko's work in 'Kü-Ka' and 'Die Katakombe'. According to Kaléko, she composed poems such as 'Tratsch im Treppenflur' in the Berlin dialect specifically for Waldoff. Cf. Kaléko, Hat alles seine zwei Schattenseiten (see note 16), pp. 21–23. On Claire Waldoff's performance of 'Tratsch im Treppenflur', see Stein, Roger: Das deutsche Dirnenlied: Literarisches Kabarett von Bruant bis Brecht. Cologne 2006, p. 276.

[19] During a poetry reading on the radio in 1956, Kaléko comments that she found this photograph from the 1930s among her papers. See excerpt of this reading in Augustin (see note 16), pp. 76–77.

[20] Jutta Rosenkranz reports that 11,000 copies of *Das lyrische Stenogrammheft* were printed between 1933 and the end of 1936. Rosenkranz (see note 1), p. 55. See also Nolte, Andreas: 'Mir ist zuweilen so als ob das Herz in mir zerbrach': Leben und Werk Mascha Kalékos im Spiegel ihrer sprichwörtlichen Dichtung. Berne 2003, p. 39.

'Großstadtliebe' is one of many poems in *Das lyrische Stenogrammheft* that exemplify Kaléko's usage of the detached *Neue Sachlichkeit* style and skill at situating her work in an urban environment. First published on May 2, 1932 in the weekly newspaper *Die Welt am Montag: Unabhängige Zeitung für Politik und Kultur*, 'Großstadtliebe' was included among short articles about Berlin's theatre, music and literary scenes. In the early 1930s, *Die Welt am Montag* was a republican-democratic newspaper consisting primarily of satirical reports, critiques and cartoons about current political events.[21] Kaléko's contract with *Die Welt am Montag* to publish a new poem every Monday resulted in the publication of seventeen poems from December 1931-May 1932. Fourteen of these debuted in *Die Welt am Montag* and were likely penned shortly before being published, indicating that the subject matter of the poems also serves as a reflection of Berlin's cultural milieu in the 1930s.

Though *Die Welt am Montag* used the Fraktur font for the majority of its articles, poems were printed in the distinctive Antiqua font. Aside from its typeface, Kaléko's poem 'Großstadtliebe' blends in such that it is almost indistinguishable from the announcements and reviews in surrounding columns. The poem laconically describes a love affair conducted with the honesty and frankness indigenous to the metropolis. Certain traits of the new woman also come to light: like the new woman, the couple in this poem embraces a straightforward non-traditional attitude toward sex and relationships.

Quickly, a couple is introduced and switches to using the informal form of address: 'Beim zweiten Himbeereis sagt man sich "du."' The prevalence of the pronoun 'man' lends an objective, journalistic quality to the poem: Neither party is identified by name or gender; it is only their concrete actions that matter. From strolling through the streets of the metropolis, to kissing on park benches or in canoes, to reserving love (or, in a later version of this poem, eroticism) for Sunday, the pair in 'Großstadtliebe' eschews emotion in favour of blunt contact with one another. The two communicate using modern technology, via telephone or in the midst of 'das Gewirr vom Lärm und Autorasen'. Their exchanges are forthright and without pretence, as expressed in the line: 'Man spricht konkret und wird nur selten rot'. Living as boarders in furnished apartments makes it difficult for them to meet at home. Everyday stress triumphs over now-antiquated romantic gifts of flowers. Finally, when the couple has had enough of 'Weekendfahrt

---

[21] On the political affiliations of *Die Welt am Montag*, see de Mendelssohn, Peter: Zeitungsstadt Berlin: Menschen und Mächte in der Geschichte der deutschen Presse. Berlin 1959, p. 307.

und Küssen', they communicate the end of their relationship via a formal letter which includes only one type-written word: 'Aus!'.[22]

The fact that a typewriter is used to create this impersonal break-up medium reminds the reader that the couple lives in a fast-paced, technology savvy world. Typewriters and stenographers who typed up dictated notes abound in the literary and visual culture of the Weimar Republic. An increasing number of women entered the work force and took jobs as white-collar office employees; it was likely this phenomenon which served as inspiration for the title of *Das lyrische Stenogrammheft.*[23] This self-reflexive title also recalls Kaléko's position as an office worker for Berlin's Jewish community, while playfully suggesting that her poems are hurriedly recorded observations. Kaléko later commented to her publisher that people who were unfamiliar with the book's title would assume that it contained the memoirs of a stenographer.[24]

The cover of the first edition of *Das lyrische Stenogrammheft* (Berlin: Rowohlt 1933) also employs a design which intimates to the reader that it contains scribbling, doodling and whimsical notations taken in a poet's shorthand. With these images, Kaléko's publishers reinforce the connection between Kaléko and hectic urban life. Depictions of coffee and an alarm clock speak to the worker who must get up early. The quotidian image of a man shaving in his long underwear calls to mind the private acts undertaken to prepare one's body for the public sphere. Other images illustrate the poems contained in this so-called 'stenographic notebook': A heart shot through with cupid's arrow sheds tears over a lover, which could be the tears alluded to in a number of poems, including 'Abschied'. A man and woman paddling a canoe clearly labelled with the name 'Mascha' may depict the lovers from 'Großstadtliebe'.

The use of Kaléko's first name here provides additional evidence of Kaléko's subtle insertion of herself into the volume. Kaléko uses her name and reputation to advance a synthesis of lyrical voice and lyrics, of Jewish writer with her seemingly secular work. These cover images, as well as the

---

[22] Kaléko, Mascha: 'Großstadtliebe'. In: Die Welt am Montag: Unabhängige Zeitung für Politik und Kultur, 2 May 1932. See also the modified version of this poem which references 'Erotik' in lieu of 'Liebe' in Kaléko, Mascha: Das lyrische Stenogrammheft: Verse vom Alltag. Berlin 1933, p. 24.

[23] See, for example, the secretary Flämmchen in Baum, Vicki: Menschen im Hotel. Berlin 1929, or Kracauer, Siegfried: Die Angestellten: Aus dem neuesten Deutschland. Frankfurt am Main 1930.

[24] Kaléko wrote this in a letter dated 24 May 1956 to Ernst Rowohlt's son Heinrich Maria Ledig-Rowohlt. Cited in Rosenkranz (see note 1), p. 150.

word-images of Kaléko's poems (including one entitled 'Interview mit mir selbst'), are hardly distinguishable from more conventional advertisements that market specific products. Personal identity is strategically manipulated to sell certain experiences to be had in Berlin. This first edition bears the dedication 'Dir!', indicating that the reader has already become a part of the commercialization of these experiences merely by opening this book.[25] As the experiences described in the poems unfold, the reader evolves into a consumer desiring to recreate these scenes in his or her own life.

Many of the 6,000 copies from the initial print runs of Kaléko's volume of poetry and prose vignettes, *Kleines Lesebuch für Große* (Berlin: Rowohlt 1934–1936), were confiscated after printing but prior to distribution. In August 1935, the Reichsschrifttumskammer became aware of Kaléko's Jewishness and added her to the list of authors who were forbidden to write and publish in Germany. However, hand-copied versions of *Das lyrische Stenogrammheft* and *Kleines Lesebuch* continued to circulate. In her second volume, Kaléko offers additional snapshots of Berlin life in the 1930s. A silhouette of Kaléko appears on both the cover of the first edition, and on the page offered in lieu of a dedication.[26] In a poem for her publisher Ernst Rowohlt which bears Kaléko's signature, she unites her silhouette with both her name and her lyrical voice: 'Hier nahe ich, geschwärzten Angesichts'. Like the printed text on the page, Kaléko's black-faced images invite interpretation. The invocation of Kaléko's image recalls the woman behind the poems; the ambiguous nature of her silhouette enables the viewer to read this image as a representation of Kaléko's character. First popularized in 18th-century Germany by Johann Caspar Lavater, the science of physiognomy examines silhouettes and other images to reveal an alphabet of a person's soul. According to Lavater, each silhouette can be divided into nine horizontal parts to produce a kind of 'truth'

---

[25] Kaléko dedicated the 1956 edition of *Das lyrische Stenogrammheft* to Franz Hessel: 'Dem "heiligen Franziskus" vom Rowohlt Verlag anno dazumal'. This dedication can also be found in subsequent editions, including more recent editions (Hamburg 2004 and 2007).

[26] Kaléko's silhouette also appears on a postcard that Mascha sent to Saul Kaléko in Berlin from Paris, which is dated 1 September 1932. It is probable that her silhouette was drawn by a street vendor in Paris. See Kaléko, Mascha: Die paar leuchtenden Jahre, with an essay by Horst Krüger. Edited and with the biography 'Aus den sechs Leben der Mascha Kaléko' by Gisela Zoch-Westphal. Munich 2003, p. 245. I am indebted to Sigrid Bauschinger for sharing her hypothesis about the drawing's origin.

about the subject.[27] So too can Kaléko's silhouette be deciphered to uncover more about the woman behind it.

The act of connecting Kaléko's profile with her poems services a broader dissemination of the notion that a Jewish woman is consonant with the traits of the new woman described in many of Kaléko's poems. Yet Kaléko's image is open to a range of interpretations: her short, boyish haircut serves as a nod to the androgynous *Bubikopf* hairstyle popular among flappers. At the same time, pouty lips and feminine eyelashes hide demurely behind a tendril of unruly hair. The scarf worn by the figure in silhouette is reminiscent of the one Kaléko wears in some photographs from the 1930s, although it could also be part of the uniform of an office worker, a young schoolgirl or even an adolescent boy. As the title of the book suggests, though this slim volume may seem as if it is intended for young people, it explicitly targets a more mature audience.

Kaléko's Advertising Career

Kaléko's earliest poetic advertisements prefigure the trajectory of her veritable advertising career, which is traceable from 1933. Demonstrated success in Germany and convincing ad copy composed in English in the 1940s mark the pinnacle of this career. The text of her ads reveals her skill at drawing on personal experience to market products to women. Able to combine her talent for composing poetry with her knack for selling products, Kaléko's advertisements reinvent traditional products for patriotic and fashion-conscious American new women.

From 1933–1935, Kaléko received formal professional training in designing advertisements and publicity at the Reimann-Schule in Berlin. At that time, she wrote ad spots for the Deutsche Grammophon Gesellschaft. One of her slogans, 'Der gute Ton auf Grammophon', was printed over a million times and distributed widely.[28]

While living in New York, Kaléko wrote ad copy, presumably for a commercial advertising agency. Among her papers are drafts of eight undated ads which bear the name Marcia Vinaver and the address 1 Minetta Street, where Kaléko lived from 1942 to 1959. Whereas there is no evidence that any of the ad spots in Kaléko's *Nachlass* received final approval to be printed, it is possible that they are simply unused drafts not submitted for publication, or those rejected by ad agencies or their clients. There is

---

[27] On Lavater, see Moore, Evelyn K.: Goethe and Lavater: A Specular Friendship. In: The Enlightened Eye: Goethe and Visual Culture. Ed. by Evelyn K. Moore and Patricia Anne Simpson. Amsterdam 2007, pp. 165–191, here p. 177.
[28] See Rosenkranz (see note 1), p. 52.

also a chance, though it seems unlikely, that Kaléko wrote ad copy for her own amusement and was never employed by an agency. Regardless of whether her ad spots were printed, Kaléko's decision to compose commercial advertisements reveals a sense of connectedness to the mind of the American consumer. Kaléko's choice of work also indicates that her training and English-language skills qualified her for a job in advertising.

These ads attest to Kaléko's ability to persuade her readers to buy either the idea or the literal product she is selling, both in German and in English. She quickly transitioned from writing about Berlin to voicing appreciation for her American citizenship, which she received in November 1944. Whereas the poems in *Das lyrische Stenogrammheft* and *Kleines Lesebuch für Große* frequently reference Berlin, the ads written in New York express a patriotic affinity for American products.

Advertisements printed in American women's magazines in the mid-1940s are generally text-heavy, though they display at least one image of the product. Nearly every issue contains ads for multiple beauty products such as face lotion, lipstick, nail polish and perfume; practical household goods such as Kleenex, Windex and home appliances appear on a regular basis. Advertisements for food, cigarettes and cars also constitute a large percentage of ads.

Fashion-conscious American women hoping to enhance their appearance or their homes are the target audience of Kaléko's ads. From the content of a few ads found among Kaléko's papers, it can be inferred that she composed them in the mid-1940s.[29] Half-page colour ads for Risqué, a women's perfume also featured in one of Kaléko's ads, appeared in magazines in February 1945 and again in November 1945.[30] Air-wick deodorizer and household freshener was first patented in 1943; magazine ads for air-wick began appearing regularly in 1946.[31] Further, Kaléko's ad for Cannon-Mills-Products (sheets, towels and stockings) markets a 'Cannon' item as a 'secret weapon a woman needs in war and peace', both while the battle is being fought on the home front as well as 'for "stepping out" in days to

---

[29] If Kaléko did indeed receive payment for her work writing advertisements in New York, then it is even more likely that her ads were written prior to 1949: Kaléko reportedly had no income between 1949 and 1955. See Rosenkranz (see note 1), p. 101.
[30] Ladies' Home Journal, February 1945, p. 90, and November 1945, p. 142.
[31] A full-page ad for air-wick appears on page 145 in the December 1945 issue of *Ladies' Home Journal*. This ad states that air-wick is protected by U.S. Patent No. 2,326,672, which was issued on 10 August 1943. It seems implausible that Kaléko would have been commissioned to write ad spots for air-wick prior to 1944. Air-wick's marketing campaign was in full swing by 1946 and 1947, when air-wick ads appeared in nearly every monthly edition of *Ladies' Home Journal*.

come'.[32] Editors of women's magazines positioned ads for Cannon Towels, Cannon Sheets and Cannon Hosiery in some of the most prominent locations within each magazine issue: *Ladies' Home Journal* generally published Cannon advertisements on 'Cover 2', the inside of its front cover.[33] If Kaléko had perused magazines for exemplary ads on which to model her own, she would not have been able to overlook Cannon's long-standing advertising campaign.

In one of her ads, Kaléko markets Risqué perfume to American women who are 'out for "daring" romance'. In contrast to the image-based ads for Risqué which appeared in 1945, Kaléko's ad is text-heavy and reveals an attempt to poeticize Risqué's advertising slogan: 'Risqué –for the daring'. In this ad, Kaléko draws on her limited knowledge of American culture: 'YOU know that heady fragrance –/ its glamor [*sic*] drifting towards you from many a Hollywood-beauty/ rushing away into her car.../ your nose recognized its bewitching boldness inside the mirrored/ powder rooms of the debutantes....'.[34] In 1940 and 1941, Kaléko spent time in Hollywood so that Vinaver could try to earn money by composing film scores. Her experiences in California make Kaléko a first-hand witness of the sophisticated woman's obsession with the power of beauty products. Kaléko markets 'Risqué' as a secret trick that women everywhere must wheedle out of their 'best friend' in order to remain en vogue. As she does in the lyrics of 'Großstadtliebe', Kaléko skilfully links risky romantic encounters to urban trends.

Able to feign assimilation to the point that she could offer 'insider' tips in the form of secret tricks, Kaléko's ad spots for air-wick employ a rhyming slogan: 'Remember: It is the wick that does the trick'.[35] That Kaléko wrote a number of air-wick ads suggests that she had been hired by air-wick's ad agency, though her rhyming jingle is nowhere to be found in print. Kaléko cleverly packages even this unlikely product such that it appeals to her target audience of young women. Air-wick ads were generally

---

[32] Cannon-Mills-Products, Advertisement, Deutsches Literaturarchiv Marbach, Mascha Kaléko Nachlass, Nr. D 86.640.
[33] See, for example, Ladies' Home Journal from January 1942 to December 1945.
[34] RISQUÉ, an 'American Perfume', Advertisement, Deutsches Literaturarchiv Marbach, Mascha Kaléko Nachlass, Nr. D 86.640.
[35] Air-wick, Advertisement, Deutsches Literaturarchiv Marbach, Mascha Kaléko Nachlass, Nr. D 86.640.

directed at women who cook fish, cabbage and onions; Kaléko describes these as 'foods you love to eat but hate to smell'.[36]

Interestingly, the aromatic foods referenced in Kaléko's air-wick ads are all key ingredients for Jewish and East European cuisine. Heinrich Heine links pungent ingredients such as garlic to Polish Jews in his 1823 essay 'Über Polen'; Kaléko reaffirms this connection in an essay about New York's Lower East Side in which she discusses pickles and herring: 'Der jüdischen Nase ist dieses Aroma nicht unwillkommen, sondern appetitanregend'.[37] According to one of Kaléko's air-wick ads, even the all-American woman is guilty of not using these foods because of their smell. The narrator of the ad explains: 'It all started with Mary refusing to serve fish or cabbage. Next, onions were put on the blacklist. And so – till most of my favorite dishes had quietly disappeared'. By addressing her reader in the first-person, Kaléko enters into a dialogue with her reader. The incorporation of at least the guise of autobiographical experience lends a degree of authenticity to Kaléko's promotion of products and ideas.

Kaléko hereby exemplifies her talent for advertising to young female readers in the United States, not unlike she had done in Berlin newspapers. Kaléko reassures her American audience, which likely includes some women of Jewish origin, that women need not be hindered by religious guidelines or traditional foodways. The new Jewish woman is able to participate in modernity to the same extent that non-Jews can: in this case, by literally concealing the smells of her cuisine.

Theorizing the New Jewish Woman

Understanding Mascha Kaléko with regard to the phenomenon of the new Jewish woman first requires an exploration of the concept of the 'new woman', as well as the way in which Jewish identity shapes classificatory distinctions between the new woman and the new Jewish woman. For Claudia Prestel, the new Jewish woman is a new woman with any kind of Jewish identity. As an addendum to Prestel's definition, I propose that the new Jewish woman combined modern freedoms with those elements of traditional Judaism that she deemed unrestrictive. In a manner typical of the new Jewish woman, Kaléko structured her relationship to Jewishness around the demands of her career and personal life.

---

[36] For comments on Kaléko's use of proverbs in one of her air-wick ads, see Nolte (see note 20), p. 123.

[37] Kaléko, Mascha: Von Heiratsvermittlern, Schmaltz-Herring und ähnlichen Spezialitäten. In: Kaléko, Die paar leuchtenden Jahre (see note 16), pp. 75–77, here p. 76.

The term 'new woman' commonly refers to the international phenomenon of the modern woman in the late 19th and early 20th centuries. This woman supplanted the patriarchal notion of woman as wife, mother and home-maker with an image of a more independent woman who could also partake in modern luxuries and progressive interpretations of family life. Her emancipated behaviour and imitation of a more masculine lifestyle differ-entiated her from her less liberal forerunners: the new woman was finan-cially self-sufficient and unconstrained by societal mores vis-à-vis female sexuality. She rejected traditional values in favour of an athletic body-type, short hair, make-up and public cigarette smoking; she embraced clothing trends such as silk stockings and fur coats, often inspired by films or other media. In her twenties, she worked in office or factory jobs and in some cases even obtained a university education.[38] Though not necessarily op-posed to marriage, the new woman possessed a straightforward attitude to-ward sex, be it premarital, extramarital, or within the context of a mar-riage.[39]

In 1918, German women received the right to vote; this newfound politi-cal power, alongside new developments in birth control methods and abor-tion rights, empowered women with the ability to view sex as more than an act of procreation, and as something over which they had some legal con-trol. Accordingly, the birth rate in Germany declined significantly during the first three decades of the 20th century.[40] Some women married later in life or not at all; others had fewer children. Motherhood was a lower prior-ity for many career-oriented new women. The notion of free love, as de-picted in numerous women's periodicals and UfA films, was popular among younger women subject to the influence of the media-obsessed cul-ture of the metropolis.[41] Indeed, it was the illustrated press in Germany that gave the new woman her legendary status, conflating the American concept

---

[38] In 1925, there were nearly three million women working in industry in Germany. By the summer of 1933, there were 19,000 women enrolled at German universities (18.9 % of all students). See Usborne, Cornelie: The Politics of the Body in Weimar Germany: Women's Reproductive Rights and Duties. Ann Arbor, MI 1992, p. 45 and p. 85.

[39] See Grossmann, Atina: The New Woman, the New Family and the Rationalization of Sexuality: The Sex Reform Movement in Germany 1928 to 1933. Dissertation. New Brunswick, NJ 1984, p. 37.

[40] The birth rate in Germany reached an all-time high in 1880 when it hit 39.3 per thou-sand members of the population. In 1900, the birth rate was at 36.0; it fell to 17.9 by 1920, and to 16.5 by 1935. Birth rate statistics taken from Knodel, John: The Decline of Fertility in Germany, 1871–1939, as cited in Usborne (see note 38), p. 2.

[41] See Usborne (see note 38), p. 88.

of the athletic 'girl' figure with the working woman.[42] Contemporary studies such as Fritz Giese's *Girlkultur* (1925) highlight the importance of American athleticism for the evolution of the new woman in Germany.[43] In short, the German new woman existed partly as a response to an American foil, the flapper, best known for her decadent adventures and not for her work ethic.

Unable to completely eliminate the image of woman as mother and homemaker, the German new woman simply took on the additional duties of the workplace. In addition to gaining new freedoms, she faced the dilemmas posed by extra responsibilities. Atina Grossmann and Richard McCormick point out that the new woman was confronted with the double workload of home life and work life, as well as burdened with the many opportunities and choices presented to her.[44] However, Grossmann also proposes that scholarship begin to look at the new woman 'as producer and not only consumer, as an agent constructing a new identity'.[45] Katharina von Ankum's study on women in the metropolis shows precisely this. Ankum defines the portrayal of women in this collection of essays not as 'mere objects of male-made policies and discourses but as active participants in the construction of their own modernity'.[46]

Parallel to the increase in women's rights were evolving notions of Judaism and Jewish observance in Germany. Many changes made to traditional Jewish customs encouraged equal treatment of men and women in Jewish life. With the establishment of the Beer Temple in Berlin in the second decade of the 19th century, women began to enjoy privileges previously reserved for men, such as a confirmation ceremony for two girls held in 1817.[47] By the end of the 19th century, the more egalitarian Reform move-

---

[42] On the influence of the American 'girl', see McCormick, Richard W.: Gender and Sexuality in Weimar Modernity: Film, Literature, and 'New Objectivity'. New York 2001, pp. 2–3.

[43] See Giese, Fritz: Girlkultur. Vergleiche zwischen amerikanischem und europäischem Rhythmus und Lebensgefühl. Munich 1925, p. 139.

[44] See Grossmann, The New Woman (see note 39), p. 3; and McCormick (see note 42) p. 3.

[45] Grossmann, Atina: '*Girlkultur* or Thoroughly Rationalized Female: A New Woman in Weimar Germany?'. In: Women in Culture and Politics: A Century of Change. Ed. by Judith Friedlander, Blanche Wiesen Cook, Alice Kessler-Harris and Carroll Smith-Rosenberg. Bloomington, IN 1986, pp. 62–80, here p. 64.

[46] von Ankum, Katharina: Introduction. In: Women in the Metropolis: Gender and Modernity in Weimar Culture. Ed by K. von Ankum. Berkeley, CA 1997, p. 7.

[47] See Meyer, Michael A.: Response to Modernity: A History of the Reform Movement in Judaism. New York 1988, p. 50.

ment had become the predominant Jewish affiliation in Germany. The Reform movement, along with the Emancipation Law of 1871 which abolished all restrictions on civil and political rights derived from 'religious difference', led many German Jews to rediscover and reshape their Jewish identities, both at home and within the community.

The literal removal of the *mechitza*, the partition between men and women in some synagogues, extended to all aspects of life for nontraditional Jews in a symbolic way, including what is commonly termed 'sex reform'. Already in the second half of the 19th century, Jews practiced birth control earlier than non-Jews.[48] By the early 20th century, many Jewish women also supported innovative approaches to relationships, including companionate marriage, non-heterosexual unions,[49] and intermarriage between Jews and non-Jews.[50]

Whereas much has been written about the image of the new woman in literature, film and the visual arts, only a few studies to date explicitly discuss the new Jewish woman.[51] The phenomenon of the new Jewish woman is rarely defined in the same way. Historian Harriet Pass Freidenreich believes that a strong identification with Jewishness was necessary to constitute a new Jewish woman; Claudia Prestel, on the other hand, argues that the new Jewish woman could have had either a more observant or a secular Jewish identity. Though I agree with Prestel, I would add that the new Jewish woman also adapted her Jewish identity to accommodate modern trends.

In a recent article, Freidenreich argues that among married women, new Jewish women were the exception to the rule. She explains that many Jewish women who aspired to be new women in fact adhered to the standards

---

[48] See Prestel, Claudia T.: The 'New Jewish Woman' in Weimar Germany. In: Jüdisches Leben in der Weimarer Republik / Jews in the Weimar Republic. Ed. by Wolfgang Benz, Arnold Paucker and Peter Pulzer. Tübingen 1998, pp. 135–156, here p. 137.
[49] Prestel cites Rahel Straus as one example of a woman who took part in a companionate marriage; Charlotte Wolff was a well-known Jewish lesbian who propagated equal rights for non-heterosexual partnerships. Cf. Prestel (see note 48), p. 142 and p. 149.
[50] In 1915, the intermarriage rate for Jews in Germany reached a high of 34.2%. By 1933, it had fallen to 28%. See Lowenstein, Steven M.: Jewish Intermarriage in Germany and Austria. In: Modern Judaism 25 (2005), No. 1, pp. 23–61, here p. 26.
[51] Less explicitly, Barbara Hahn touches upon both the idea of the 'moderne Jüdin' and the 'jüdischer Frauentypus' in her study Die Jüdin Pallas Athene. Auch eine Theorie der Moderne. Berlin 2002. Additionally, Livia Wittmann offers a reading of a Hungarian novel by Margit Kaffka. See Wittmann, Livia Z.: Jüdische Aspekte in der Subjektwerdung der *neuen Frau*. In: Jüdische Kultur und Weiblichkeit in der Moderne. Ed. by Inge Stephan, Sabine Schilling and Sigrid Weigel. Cologne 1994, pp. 143–157.

of middle-class Jewish gender roles, insofar as they continued to have children and fulfil their roles as wives and mothers.[52] By her definition, the new Jewish woman was a modern woman with a strong Jewish identity who took part in social activism or who pursued a university education. Based on her study of 460 educated Jewish women in Central Europe in the late 19th and early 20th centuries, Freidenreich concludes that the phenomenon of the new Jewish woman had 'scarcely begun to emerge' at the conclusion of the Weimar Republic.[53] Freidenreich distinguishes between three types of women who approached their Jewish identities with different levels of enthusiasm: 'Former Jews', whose parents were Jewish but who converted or were baptized; 'Just Jews', who accepted Judaism as a fact of life and who may have associated primarily with Jews due to social ostracism; and 'Jewish Jews', who affirmed their Jewishness either in the home, via Jewish organizations, or by associating with a Jewish national identity. Applying what she calls an eight-level 'ascending ladder of Jewish consciousness', Freidenreich assesses the 'Jewishness' of the women in her study.[54] Only a woman such as Rahel Goitein Straus, who fits the model of a new woman and who qualifies as a 'Jewish Jew', can be described as a new Jewish woman (or even as a 'new Jewish superwoman'; Freidenreich's term).[55]

In contrast to Freidenreich, Claudia Prestel, who argues that there were many new Jewish women in Weimar Germany, does not see a woman's level of Jewishness as a defining characteristic of the new Jewish woman. Prestel defines the new Jewish woman as 'a "new woman" with a Jewish identity, understood in a broad sense. The "new Jewish woman" is one who possessed either a secular or a religious Jewish identity'.[56] According to Prestel, the new Jewish woman served as the bridge between generations of Jews; motherhood served as an opportunity to play a role in the continuation of the Jewish people.

I propose that the new Jewish woman was a woman who embraced modernity and found a way to synthesize some attributes of the modern woman

---

[52] Freidenreich, Harriet Pass: Die jüdische 'Neue Frau' des frühen 20. Jahrhunderts. In: Deutsch-jüdische Geschichte als Geschlechtergeschichte: Studien zum 19. und 20. Jahrhundert. Ed. by Kirsten Heinsohn and Stefanie Schüler-Springorum. Göttingen 2006, pp. 123–132, here pp. 126–128.

[53] Freidenreich, Harriet Pass: Jewish Identity and the 'New Woman': Central European Jewish University Women in the Early Twentieth Century. In: Gender and Judaism. Ed. by Tamar Rudavsky. New York 1995, pp. 113–122, here p. 120.

[54] Freidenreich, Jewish Identity and the 'New Woman' (see note 53), p. 115.

[55] Freidenreich, Die jüdische 'Neue Frau' (see note 52), p. 130.

[56] Prestel (see note 48), p. 135.

with values corresponding to a still-evolving acculturated Jewish identity. The nexus of 19th- and early 20th-century reforms in Judaism and women's rights emancipated Jewish women from the restrictions of traditional Judaism, including the dietary laws of kashrut, the inability to work on Shabbat and the pressure to raise a large family. To be sure, there were some religious Jewish women who successfully integrated relatively innocuous aspects of modernity into their lifestyles by working to earn a living wage or engaging in activism within the Jewish community. However, the prototypical new Jewish woman viewed certain traditional Jewish values and customs as conservative or outmoded, and therefore incompatible with the progressiveness of the early 20th century. Whether or not she had been raised in a religious home, the new Jewish woman was willing to reject or modify any restrictive aspect of Judaism that might have prevented her from living a life comparable to that of a non-Jewish woman. On the other hand, Jewish values which remained essentially compatible with those of the modern woman were not eradicated, but rather incorporated as cultural aspects of the modern Jewish woman's life.

The adoption of new roles in the public sphere triggered a refashioning by Jewish women with respect to the way they appeared to society, regardless of the religiosity they practiced at home. If the new Jewish woman so desired, she became indistinguishable from her non-Jewish counterpart, both in public life and in her physical appearance. That is not to say that she apostatized or assimilated entirely; instead, religious aspects were frequently relegated to the private realm in keeping with the Haskalah poet Judah Leib Gordon's assertion that Jews should be men on the street and Jews at home. Marion Kaplan has argued that German-Jewish women continued to relate to religion privately and personally even after their civil emancipation.[57] The fact that Jewish life existed mainly within the private sphere indicates that Judaism itself was further feminized as the new Jewish woman left the home to seek employment.

Mascha Kaléko was one such woman who, prior to being prohibited from publishing by the Nazi government, chose to separate her Jewish identity from her career as a writer. Karina von Tippelskirch suggests that Kaléko used her early poems as a means toward creating the identity of a typical *Berlinerin*.[58] Indeed, Kaléko's readers in Berlin did not know her as

---

[57] Kaplan, Marion: The Making of the Jewish Middle Class: Women, Family, and Identity in Imperial Germany. Oxford 1991, p. 66.
[58] von Tippelskirch, Karina: Mimikry als Erfolgsrezept: Mascha Kalékos Exil im Exil. In: Ästhetiken des Exils. Ed. by Helga Schreckenberger. Amsterdam 2003, pp. 157–171, here p. 167.

a Jewish woman, but simply as a young, modish writer who publicly exhibited an aura of sexual emancipation and independence; even the Nazi regime did not become aware of Kaléko's Jewishness until 1935. Choosing to overlook Kaléko's employment with the Jewish community, Sigrid Bauschinger recently proposed that Mascha Kaléko could be described as a 'private Jewess'.[59]

Yet Kaléko's Jewishness pervasively affected multiple realms of her life, public and private. Though she styled herself as a representative new woman living in Weimar Berlin for her readers, Kaléko nevertheless sustained an ongoing relationship to Jewish life in her private life, at her office job and via the Jewish press. Because of her employment with a Jewish organization in Berlin, it may even be possible to characterize Kaléko as one of Freidenreich's 'Jewish Jews'. It was Kaléko's experiences at the Arbeiterfürsorgeamt der jüdischen Organisationen Deutschlands which provided her with inspiration for her poems about the working woman, indicating that Kaléko's early writing career is actually inseparable from her tenure as an employee of the Jewish community of Berlin. As it happens, Kaléko's ten years of working for the Jewish community also provided her with a basis for arguing that she should receive restitution from the German Federal Ministry responsible for former employees of Jewish communities. In her correspondence with German bureaucratic offices, Kaléko explained that many writers, including Goethe, Kafka and Döblin, held other jobs in addition to being writers. One letter includes Kaléko's comment that 'die Büro-Atmosphäre sich sehr anregend auf meine schriftstellerische Arbeit auswirkte'.[60]

Kaléko's ability to universalize her experiences in her early poems and advertisements, popularizing them for both non-Jewish and Jewish readers, demonstrates that she actualized the values of a new Jewish woman. Until it became the distinguishing mark which designated the publication and distribution of her work illegal, Kaléko's Jewishness was subsumed within an authorial identity outwardly characterized by her choice of a non-Jewish language and nonreligious subject matter. Writing in German about the working woman who embraces free love in the metropolis, Mascha Kaléko offers a literary glimpse into the liberal approach to sexuality taken by many women in interwar Germany, some of them Jewish. Her advertisements in English offer similar insight into the lives and purchasing habits of American woman.

---

[59] See Bauschinger's contribution in this volume.
[60] Cited in Rosenkranz (see note 1), p. 111. This line appeared in a letter from Kaléko to the Bundesstelle für Verwaltungsangelegenheiten in Köln, dated 1 November 1958.

The overt disclosure of Kaléko's Jewishness in many of her writings in and after 1935 reflects a readjustment of her attitude toward her Jewish identity. Having been labelled and persecuted as a Jew, Kaléko did not hesitate to publicize and politicize her Jewishness. Her poems and translations published in the *Jüdische Rundschau* and in other Jewish periodicals from 1935 to 1937 speak to the additional appeal of her rhymes for a Jewish readership. This young Berlin personality and later émigré to the United States and Israel not only embraced the liberal tendencies of the new Jewish woman in her private life, but she also repeatedly inserted images of herself into her publications. In her contributions to mass culture, Kaléko valorizes and promotes the new Jewish woman to non-Jewish and Jewish readers alike.[61]

[61] A shorter version of this article was published under the title 'Literary Shorthand: Mascha Kaléko and the World of Journalism' in 'Ich stimme für Minetta Street' (see note 16), pp. 139–159.

I would like to thank Liliane Weissberg for her comments on drafts of this article. The Phillip E. Goldfein Scholarship Fund Award for Summer Research in Germany (Jewish Studies Program, University of Pennsylvania) and the Jusserand Travel Fund (Department of Germanic Languages and Literatures, University of Pennsylvania) made the research for this article possible. I am also grateful to Bob Walther and Stephen Lehmann at Van Pelt Library (University of Pennsylvania), to Gisela Zoch-Westphal and to the personnel of the Deutsches Literaturarchiv Marbach for their generous assistance.

„in hartes grau verwandelt ist das grün".
Ruth Landshoff-Yorck: Jüdin, Deutsche, Berlinerin[1]

Ursula Krechel

In diesem Beitrag gehe ich – in Anknüpfung an meine These vom Vergessen weiblicher Kulturleistungen – den Spuren der Schriftstellerin Ruth
Landshoff-Yorck zwischen Berlin und New York nach. Mein Interesse gilt
dem Leben und Schreiben einer Autorin, der in ihrer Jugend im Berlin der
20er Jahre alles zugeflogen war, deren Privilegien ihrer Kindheit sich jedoch in der amerikanischen Emigration in Nachteile verkehrten, als das
Überleben der nun auf Englisch schreibenden Schriftstellerin schwierig
wurde. Meine Beobachtungen stützen sich unter anderem auf Ruth Landshoff-Yorcks unveröffentlichten Briefwechsel aus der Nachkriegszeit mit
deutschen Schriftstellern, mit Alfred Andersch und Johannes Bobrowski,
und ein zwanzig Briefe umfassendes Konvolut von Briefen an den ehema-
ligen Direktor des Deutschen Literaturarchivs Marbach, Prof. Bernhard
Zeller.

Es gibt eine jugendliche androgyne Schönheit, die Menschen jeden Geschlechts und Alters anzieht. Der mädchenhafte Knabe: das knabenhafte
Mädchen. Die Person, die da ist wie ein Versprechen. Gleichzeitig weckt
sie die Vorstellung von einer Person des anderen Geschlechts. Und es gibt
die Moden der Travestie, ein Kokettieren mit den Geschlechterrollen sowie
die bewusste Überschreitung der jeweils zeitgenössischen kulturellen Normen. In der erotischen Vorstellung ist die Potentialität häufig stärker als das
Einzulösende. Das Einzulösende ist schon Versprechen gewesen, ist in der
Gegenwart schon zukünftige Vergangenheit. Aber das Flirrende, Ungewis-
se... Ein Reiz, der flüchtig ist, aber intensiv. Photographen haben sich stets
diesem Reiz geöffnet, ihn für eine Dauer festgehalten. Ruth Landshoff-
Yorck ist eine solche anziehende Person, vielfach photographiert, kein Ob-
jekt für die Kamera, sondern ein Subjekt, das der Kamera entweder ihre
Masken zur Anschauung bringt oder Mut zur verstörenden Nähe des
Objektivs hat.

---

[1] Bei diesem Beitrag handelt es sich um eine leicht veränderte und erweiterte Version
des im Internet unter demselben Titel zugänglichen Manuskripts eines Radio-Features.
URL: www.dradio.de/download/3648.

Ein Photo. Da lehnt die schmale Person zwischen zwei hoch aufgerichteten Kissen. Die Weichheit der Kissen lässt die Züge, den Mädchenkörper noch straffer, noch strenger erscheinen. Sie sieht ernst und bleich in die Kamera, fast hochmütig. Sie hat es nicht nötig, sich photographieren zu lassen. Sie lässt es zu, dass sie photographiert wird. Dunkel und lockig der Bubikopf. Das Kleid der Abgebildeten ist orientalisch gemustert, hochgeschlossen am Hals, doch lässt es die Achseln und ein Stück unter den Achseln frei bis zum Brustansatz, der sich nur erahnen lässt. Ihre rechte Hand ist offen, eine gewölbte Schale. Eine Hand, die nehmen kann, die geben kann. Der Photograph ist Umbo, ein Pionier der neuen Photographie, er arbeitet mit Großaufnahmen und ungewöhnlichen Bildausschnitten, Anschnitten in strengen Kontrasten.[2] Die Photographin Marianne Breslauer, auch bekannt unter ihrem Ehenamen Marianne Feilchenfeldt, erinnert sich an Ruth Landshoff:

> Rut ging mit meiner älteren Schwester in die Klasse, und ich kannte sie schon als Mädchen, als sie von geradezu berückender Schönheit war. Ich glaube, dass der Höhepunkt ihrer Schönheit zwischen 16 und 18 lag. Da fing auch ihr Ruhm in Berlin an.[3]

Ruth Landshoff-Yorck erfuhr frühe Förderung, Tanz- und Ballettunterricht waren selbstverständlich, sie schrieb und pflegte zahllose Freundschaften. Sie wuchs mit zwei Brüdern in Berlin-Karlshorst auf, später zog die Familie in die Lützowstraße – in den Berliner Westen, das „Industriegebiet der Intelligenz".[4] Noch im Lyzeum entdeckte sie F.W. Murnau für seinen Film *Nosferatu*. Sie spielt das schöne Opfer des Vampirs Lucy. Die Opferrolle ist ihr ganz und gar nicht auf den Leib geschrieben. Oskar

---

[2] „Umbo schuf in den ersten Monaten des Jahres 1927 ungefähr ein Dutzend Porträts von Ruth Landshoff. Photos, deren abstrahierende Sehweise ihnen in der Künstlerbohème sofort einen Namen verschaffte. Auch mit seinem neuen Modell scheint er zunächst die Wirkung der filmischen Einstellung der Großaufnahme erprobt zu haben. In der Tat glaubt man bei den einen oder anderen Landshoff-Porträts ein Standbild aus einem Film vor sich zu haben. [...] Großflächige abstrakte, synthetische Formwirkungen traten an die Stelle des Detailrealismus der Nahaufnahme." Zivier, Georg: Das Romanische Café. Berlin 1968, S. 36. Die Photographie wurde zunächst in der Zeitschrift *Der Querschnitt* veröffentlicht.
[3] Zitiert nach Rheinsberg, Anna: Rut Landshoff. 1904–1966. In: A. Rheinsberg: Wie bunt entfaltet sich mein Anderssein. Lyrikerinnen der zwanziger Jahre. Gedichte und Portraits. Mannheim 1993, S. 87–98, hier S. 87.
[4] Vgl. Industriegebiet der Intelligenz. Literatur im neuen Berliner Westen der 20er und 30er Jahre. Ausstellungsbuch mit Beiträgen von Ursula Krechel, Helmut Lethen, Klaus Strohmeyer. Hrsg. von Ernest Wichner und Herbert Wiesner. Berlin 1990 (Texte aus dem Literaturhaus Berlin; 5).

Kokoschka hat das kleine Mädchen Ruth Levy, aus dem die Schriftstellerin Ruth Landshoff-Yorck wurde, lithographiert: ein dunkler, kräftiger Bubikopf im Halbprofil, kräftige Augenbrauen in einer schönen Wölbung und ein großer, trotziger, leicht geöffneter Mund. Fast ein Zigeunerköpfchen. Da ist sie noch ein Kind.

Sie zieht Projektionen auf sich und spiegelt sie nicht zurück. Sie wirbelt im Rausch der zwanziger Jahre, in der überhitzten Konjunktur, im Flitter. Sie ist wie Erika Mann, wie Annemarie Schwarzenbach eine begeisterte frühe Autofahrerin. Carl Sternheims Tochter Thea, im Familienjargon Mopsa genannt, vergöttert Ruth Landshoff-Yorck und nannte das zeitweilige Zusammenleben mit ihr eine „Ehe", sehr zum Leidwesen von Mopsas damals noch streng katholischer Mutter Thea Sternheim, wie man aus deren Tagebuch entnehmen kann.[5] Die Lebensweise ist instabil, die Körper mobilisieren sich, die Geschlechterrollen werden mobil, der neusachliche Jargon mit seinen schnellen Vernetzungen steht hoch im Kurs. Die Schnörkel der Einrichtungen sind démodé, die langen Haare fallen – wie die Illusionen, die Körper erschlanken, werden sportlich gestählt. Die junge Schriftstellerin legt das End-H ihres Vornamens ab, ein überflüssiger Schnörkel. Einer großstädtisch geprägten jungen Generation steht eine Welt offen, die sich in der Stadt Berlin zu fokussieren scheint.

Das wehrhafte Mädchen. Konventionen kennt es nicht. Alles steht ihm offen. Die Künste changieren, ebenso die Geschlechterrollen. Geboren wurde die Schriftstellerin Ruth Landshoff-Yorck als Ruth Levy am 7. Januar 1904. Ihre Mutter ist Opernsängerin, ihr Vater Ingenieur. Im Haus ihres Onkels,[6] des Verlegers Samuel Fischer, lernt sie früh Intellektuelle und Künstler kennen, auch Thomas Mann und Gerhart Hauptmann. In sozialen Hierarchien zu denken, ist ihr grundsätzlich fremd.[7] Ihr Cousin ist der spätere Exil-Verleger Fritz Landshoff. Bereits als junges Mädchen nimmt sie den Namen ihrer Mutter an. Man kann diese Geste auf zweierlei Art interpretieren; als einen Akt der Assimilation vom erkennbar jüdischen Namen (wie Rahel Levin durch Eheschließung den Namen Rahel

---

[5] Sternheim, Thea: Tagebücher 1903–1971. Hrsg. von Thomas Ehrsam und Regula Wyss. Band II: 1925–1936. Göttingen 2002, S. 131 (6. Januar 1928) und S. 143 (8. Februar 1928).

[6] „Ein Onkel, den man häufig sieht, ist selbstverständlich wie ein Baum im Garten." Landshoff-Yorck, Ruth: Klatsch, Ruhm und kleine Feuer. Hrsg. und mit einem Vorwort von Claudia Schoppmann. Frankfurt am Main 1997, S. 66.

[7] „Wir wurden früh an Berühmtheit gewöhnt. Berühmt sein war einfach eine Eigenschaft, wie nett und klug, und eine Tatsache, die nichts an unserem Benehmen änderte. Vor berühmten Toten wie Goethe und Beethoven hatte man Ehrfurcht. Vor berühmten Lebenden nicht." Landshoff-Yorck, Klatsch, Ruhm (wie Anmerkung 6), S. 69.

Varnhagen annahm) und zweitens: als eine erklärte Indienstnahme einer mütterlichen, matrilinearen Tradition. In ihrer unvollendet gebliebenen Autobiographie schreibt sie: „Ich war bestimmt ein glückliches Kind. [...] Ich war übermäßig stolz auf dreierlei: Jüdin zu sein, Deutsche zu sein, Berlinerin zu sein. All das war später eher ein Nachteil".[8]

Vorerst sind die Vorteile ganz auf ihrer Seite, alles fliegt ihr zu, der Kreis der Berliner Bohème mit seinen wilden Kindern hat sie auf Anhieb aufgenommen mit ihrem angeborenen androgynen Adel. Die erste Jugendkultur wirbelt. Das Stakkato der Begegnungen ebbt nicht ab, Hochkultur und Alltagskultur sind im Berlin der 20er Jahre noch untrennbar verschränkt. Das Berlin jener Jahre hat einen unverkennbaren Typus von Frauen hervorgebracht, dem Franz Hessel in *Spazieren in Berlin* von 1929 ein luftiges Denkmal setzt:

> Noch ist Berlin, vom Standpunkt der Gesellschaft aus betrachtet, klein und die Eleganz der Dame ein Produkt aus zweiter Hand. Aber schon kommt ein neuer Frauentyp auf, der den Sieg davonträgt über die, deren Schneider und Putzmacherin am Tiergarten wohnen, die junge Avant-Garde, die Nachkriegsberlinerin. Um 1910 müssen ein paar besonders gute Jahrgänge gewesen sein. Sie haben Mädchen hervorgebracht mit leicht athletischen Schultern. Sie gehen so hübsch in ihren Kleidern ohne Gewicht, herrlich ist ihre Haut, die von der Schminke wie erleuchtet scheint, erfrischend das Lachen um die gesunden Zähne und die Selbstsicherheit, mit der sie paarweise durch das nachmittägliche Gewühl der Tauentzienstraße und des Kurfürstendammes treiben; nein, treiben ist nicht das richtige Wort. Sie machen *crawl*, wenn die anderen Brustschwimmen machen. Scharf und glatt steuern sie an die Schaufenster heran.[9]

Ruth Landshoff-Yorck ist eine Pionierin dieses Typus. Und Franz Hessel, ein geborener Voyeur, sucht ihre Nähe und lässt sich gerne von den tüchtigen jungen Autofahrerinnen chauffieren. Im Dezember 1930 hat Ruth Landshoff, wie sie es ausdrückt, „nur Liebe [empfunden], als ich einen Jungen heiratete, der einen historischen Namen trug":[10] Es ist Graf Friedrich David Yorck von Wartenburg. Mit ihm reist sie viel, zu der angebeteten Fürstin Polignac, zu Karl Vollmoeller, der ein Haus in Venedig besitzt. Die Ehe mit dem Grafen Yorck wird 1937 geschieden.

Eine weitere Projektion. Im Tagebuch von Klaus Mann findet sich am 31. März 1932 die Stelle:

---

[8] Ebd., S. 65.
[9] Hessel, Franz: Spazieren in Berlin. Leipzig 1929, S. 37–38.
[10] Landshoff-Yorck, Klatsch, Ruhm (wie Anmerkung 6), S. 61.

Geträumt, dass Ruth Landshoff feierlich hingerichtet würde – oder wegen unheilbarer Krankheit den Giftbecher trinken musste – während ihr Grab daneben hergerichtet wurde. Ich stand bei ihr und sollte dann Sohni trösten.[11]

„Sohni" ist vermutlich der Ehemann David Graf Yorck zu Wartenburg, die Bezeichnung lässt auf ein Beziehungsgefälle schließen. Auffällig an dieser Eintragung sind auch zwei verräterische Silben: hin und her, „hingerichtet" und „hergerichtet". Hin und her und rundherum und tollkühn durcheinander, hingezogen und abgestoßen: so ist die zentripetale Berliner Avant-Garde dieser Jahre. Ruth Landshoff-Yorck beginnt, für Zeitschriften zu schreiben, für *Die Dame*, den *Querschnitt, Tempo*. Sie veröffentlicht (in einem bibliophilen Druck bei Hoboken) einen ersten Gedichtband mit etwas zittrigen, zaghaften Zeichnungen. Er ist auf der Rückseite der kühlen Eleganz, auf dem Antipoden-Kontinent der Verletzbarkeit, der Aufgabe der klugen Beherrschtheit, angesiedelt. Der Band ist in 100 Exemplaren aufgelegt und optisch ausgesprochen schön gestaltet, elfenbein und mintgrün, ein schlanker, moderner Schriftgrad.

„Für Lally   Rut" – heißt die schnörkellose Widmung in einer kräftigen Schrift mit Blaustift in meinem Exemplar Nr. 45.

nördlich

die wiesen wölben sich nicht mehr so sacht
stolz trägt kein spitzer berg mehr hohe säulen
und nirgends schmaler bäume armen schatten
(auf trocknem gras verzittert nicht die luft)

am rand der flüsse träumt kein dunkler garten
mit straffen wipfeln um ein weißes haus
kein roter sonnenstrahl fängt sich im glanz
(der hohen fenster und verschlungenen gitter)

in hartes grau verwandelt ist das grün
der weichen hänge an den berg geschmiegt
kein turm bewacht den rand des horizonts
(emporgereckt in fließend süße weite)

---

[11] Mann, Klaus: Tagebücher 1931–1933. Hrsg. von Joachim Heimannsberg, Peter Laemmle und Wilfried F. Schoeller. München 1989, S. 47.

im rücken bleicht mir das verlassene land
und blauer kummer trägt sich nicht so leicht
wie leichtes blau des himmels den ich ließ[12]

Äußerst melodisch und melancholisch wirkt diese nördliche Landschaft aus Formen und Farben. Sie bleibt eine Abstraktion. Das verlassene Land in diesem Gedicht von 1927: Es klingt heute wie eine Vorahnung des künftigen Lebens. Lauter Verneinungen, „nicht mehr", „nirgends", „keiner". Die offene reimlose Form ist so gegliedert, dass der Hörer, der Leser den Reim erwartet, aber er bleibt aus. Es steht in der besten Tradition des Naturgedichtes – und ist doch architektonisch gesehen, nahezu „kubisch" mit Säulen, einem spitzen Berg, dem weißen Haus. Eine zweite, gestaltete, kalte Natur. L'ordre froid – wie man in Frankreich die Neue Sachlichkeit nennt.

Sie schreibt einen kleinen eleganten Roman *Die Vielen und der Eine* mit französischen Einsprengseln, einer Episode unter Oxford-Studenten und New Yorker Sehnsuchtsphantasien, angesiedelt zwischen reichen, natürlich spleenigen Leuten und schrägen Vögeln. Der Roman taucht tief und kenntnisreich in die männliche homosexuelle Szene. Der Rowohlt Verlag hat ihn 1930 herausgebracht. Die Umschlagzeichnung – ein nackter schlanker Mädchenkörper und ein sehr behaarter Hund – ist vermutlich wieder von der Hand der Autorin.

Annette Kolb bemerkte weise in der *Literarischen Welt* anlässlich des Erscheinens von Ruth Landshoff-Yorcks Romanerstling: „[...] sie hat eine große und liebenswürdige Eigenschaft, sie schreibt nicht langweilig. Aber sie hat einen weiten Weg und wird sich gehörig entsnoben müssen".[13] Fast gleichzeitig schreiben die Geschwister Erika und Klaus Mann ein kleines Buch *Riviera – Was nicht im Baedeker steht*. Die mit ihnen eng befreundete Annemarie Schwarzenbach reist in den Orient und schreibt darüber. Ruth Landshoff-Yorck traut sich zu, die Welt auch von einem Aeroplan aus zu beschreiben. Ihr Heldin bekundet: „Ich werde nie wieder zu Fuß gehen. Von der Luft getragen zu werden, ist viel sicherer als von nur zwei dünnen Beinen".[14]

Rasch entsteht ein weiterer Roman, mondän und gleichzeitig verdüstert; er hat eine reale Person zur Vorlage, Lena Amsel, eine junge Tänzerin, die bei einem Autounfall zu Tode kommt. Der Roman sollte 1933 bei Rowohlt, betreut von Franz Hessel, erscheinen. Ruth Landshoff-Yorck hat die

---

[12] Landshoff, Rut: Das wehrhafte Mädchen. Berlin 1929, S. 5.
[13] Kolb, Annette: Die Vielen und der Eine. In: Die Literarische Welt 7 (1931), Nr. 4, S. 5.
[14] Landshoff-Yorck, Ruth: Die Vielen und der Eine. Berlin 1930, S. 212.

Fahnen in ihre Emigration mitgenommen; sein Erscheinen war unmöglich geworden. Auch Annemarie Schwarzenbach hat den tragischen Tod dieses lebensdurstigen Tänzerin zum Stoff eines Buches gemacht: Es heißt *Pariser Novelle*. Unveröffentlicht ist auch ihr kleiner gutgelaunter Roman *Die Schatzsucher von Venedig* geblieben, zu Landshoff-Yorcks 100. Geburtstag sind beide Bücher im Aviva Verlag erschienen. Es ist zu vermuten, daß der Rowohlt Verlag mit der munteren, produktiven Ruth Landshoff-Yorck eine jüngere, temporeichere Unterhaltungsschriftstellerin aufbauen wollte, eine Alternative zu der höchst erfolgreichen Vicki Baum im Ullstein Verlag. „Aber es machte dann doch Spaß, mit Vicky [!] Baum zu konkurrieren",[15] äußerte sich Ruth Landshoff-Yorck. Dann ist das Reisen, das eine Freiheit, eine luftige nomadisierende Lebensform war, solange es den Massentourismus noch nicht gab, eine Notwendigkeit geworden. Nahezu all die eleganten jungen, lebenslustigen Menschen sind Antifaschisten der ersten Stunde. Nichts hält sie in einem Deutschland, das ihre offene Lebensweise verhöhnt, an die Wand drängt, vernichtet. Das „Entsnoben", das Annette Kolb so dringlich anmahnte, erledigt die Geschichte. Noch einmal veröffentlicht sie in Privatdrucken Gedichte, doch die Leser sind in alle Winde zerstoben, wechseln die Adressen wie die Autorin. Paris, Venedig, steht neben der Datierung ihrer Gedichte. Als sie in Paris auftaucht, bei Mopsa Sternheim und ihrer Mutter, notiert Thea Sternheim im Tagebuch: „Ruth Landshoff-Yorck lebensstrotzend, sympathisch, sich wie ein nassgewordener Pudel unter den deutschen Peinlichkeiten schüttelnd ...".[16] Im Jahr 1937 hat sie das seltene Glück, ein Affidavit in die USA zu bekommen. Sie trifft ihren Bruder Werner wieder, während ihr Bruder Hermann mit den Eltern nach England emigrierte; David Yorck, Ruths Ehemann, hatte ihnen dazu verholfen. Verblüffend rasch gelingt es ihr, Englisch zu schreiben. Sie nutzt das Privileg des angelsächsisch anmutenden Ehenamens und schreibt für verschiedene Zeitschriften: über die prägende Erfahrung des Nationalsozialismus, über die zurückgelassenen Freundschaften. „The immigrant hears his lost language" heißt eines ihrer Gedichte aus dieser Zeit. Aus dem rasanten jungen Mädchen, der weltläufig Reisenden, ist eine gradlinige Gegnerin des Nationalsozialismus geworden. 1942 stellt sie – wie eine ganze Reihe deutscher Emigranten – dem Office of War Information ihre Arbeitskraft

---

[15] Landshoff-Yorck, Ruth: Brief an Dr. Baum vom 7. Februar 1956. Zitiert nach Fähnders, Walter: Zum literarischen Werk von Ruth Landshoff-Yorck. Mit einer Bibliographie von Walter Fähnders und Christine Pendl. In: Zeitschrift für Germanistik, Neue Folge 12 (2002), H. 3, S. 629.

[16] Sternheim (wie Anmerkung 5), Band II, S. 584–585 (2. Juni 1934).

zur Verfügung. Später spricht sie auch Nachrichten für die Voice of America, die die deutsche Bevölkerung über die Aussichtslosigkeit des deutschen Angriffskrieges informierte. Sie schreibt zusammen mit D.S. Jennings und D. Malcolmson einen Roman *The Man who Killed Hitler*, der 1939 ein Eklat ist. Das kleine Buch, das nicht einmal 100 Seiten hat, erscheint anonym, doch ist es keinesfalls ein Pamphlet, wie der Titel vermuten lässt. Der Attentäter, ein Wiener Psychiater, entschließt sich, nachdem seine jüdische Frau auf offener Straße totgeschlagen wurde, Rache zu üben. Der erste überzeugte Nazi, der als Patient in seine Klinik kommt, provoziert den Arzt – und verliert sein Leben im Kampf mit ihm. Der Arzt nimmt die Identität dieses SS-Mannes an und reist nach Berlin. Als identitätsgestörtes Mitglied einer SS-Sonderstaffel dringt er – unheimlicherweise – in das Zentrum der Macht vor. Das Buch versucht, das Archetypische des autoritären, zu missbrauchenden Charakters herauszuarbeiten. SS-Mann und Hitler-Gegner verschwimmen, werden ununterscheidbar. Um in Hitlers Nähe zu kommen, erklärt sich der Arzt bereit, bei Frau Göring einen Blumenstrauß abzugeben. Doch er muß vorher Waffe und Messer abliefern. Die Scham, hineingerissen zu werden in die Gewalttätigkeit des Systems, wirkt in diesem Buch wesentlich stärker als der *thrill* der Handlung. Claudia Schoppmann schreibt zu diesem Buch:

Wenn man dem Umschlagtext der amerikanischen Ausgabe Glauben schenken kann, hat dieser anonym erschienene Bestseller [...] für Furore gesorgt. Der amerikanische Verleger Putman erhielt anonyme Briefe, in denen ihm gedroht wurde, falls er die Publikation des Buches nicht stoppen werde. Zur Bekräftigung lag ein durchschossenes Exemplar des Buches bei. Putman, der auf die Drohung nicht reagierte, wurde daraufhin in Hollywood von zwei deutschsprachigen Männern entführt, konnte aber bald wieder befreit werden.[17]

Ruth Landshoff-Yorck kann solche kecken, wunderbar schnoddrigen Sätze schreiben wie:

‚Ich glaube nicht, daß die Italiener nur wegrennen, wenn sie müssen‘, sagte Darling. ‚Sie mögen einfach keinen Krieg.‘ [...]
‚Oh, ich vergaß, Sie waren ja die ganze Zeit *drin*.‘

---

[17] Schoppmann, Claudia: Vorwort. In: Landshoff-Yorck, Klatsch, Ruhm (wie Anmerkung 6), S. 14.

Drin bedeutete bei ihnen Konzentrationslager oder Gefängnis. Einige hatten das Lager eine Zeitlang *Konzert* genannt, aber der Ausdruck war aus der Mode gekommen.[18]

Solche Sätze finden sich in dem Roman *Sixty to Go*, den sie 1944 in New York veröffentlichte. Ihr Englisch ist eine Sprache des common sense, der Einverständnis-Suche, eine Sprache der Vermittlung, die die europäische Eleganz und Weltläufigkeit, die multipel changierenden Kulturen und Extravaganzen, die europäische Tragödie der 30er Jahre für amerikanische Verhältnisse gradlinig erzählerisch erfassbar macht. ‚Romanhaft' liest sich das Buch, als handele es *auch* von einem Abenteuer in der fernen europäischen Welt. Eine Umgangs-Sprache, die um ganz andere Sprach- und Lebenserfahrungen herumgeht und sie nicht preisgeben kann. *Sixty to Go* ist eine Verarbeitung der Fluchthilfe in Südfrankreich, der stillen internationalen Gruppe um Varian Fry, die gefährdeten Emigranten half, die Pyrenäen zu überqueren und eine Einreisegenehmigung für die USA zu erhalten. Sein Held, Johannes Tarner, ist von der deutschen Muttersprache abgestoßen und kann sie nur noch als die Sprache der Mörder begreifen: „That language is dead or hibernating perhaps. You can't talk or print lies every day without imperilling the very life of the tongue you use".[19]

Im Dezember 1946 vermeldet Thea Sternheim die Neuigkeit unter den Pariser Emigranten, „Ruth Landshoff, ehemals Gräfin York sei von Amerika gekommen. Sie sei nicht mehr schön".[20] Im Jahr 1952 erscheint in Alfred Anderschs Reihe Studio Frankfurt der Frankfurter Verlagsanstalt ein kleiner Band von Ruth Landshoff-Yorck mit dem Titel *das ungeheuer zärtlichkeit*. Die Autorin hat jetzt eine trockene, spröde, dabei höchst dynamische Schreibweise. Kein Wort zu viel, keine Gefühle, keine Erklärungen:

Spät in derselben Nacht tötete dieser Joe, wie hieß er doch gleich, den Peetor Lauffert. Er hatte eine Axt gefunden, mächtig, flach und scharf von einer Eisscholle abgelöst, aus blauem hartem tödlich kaltem Eis. Und damit schlug er Peetor auf den Kopf. Es klang, als ob Eis auseinanderbarst, und dabei war es doch der Kopf des Eisvermessers der zerbrach.[21]

---

[18] Yorck, Ruth L.: Sixty to Go. New York 1944. Zitiert nach: Im Fluchtgepäck die Sprache. Deutsche Schriftstellerinnen im Exil. Hrsg. von Claudia Schoppmann. Frankfurt am Main 1995, S. 70–83, hier S. 78–79 (Übersetzung: Claudia Schoppmann)
[19] Ebd., S. 75.
[20] Sternheim (wie Anmerkung 5), Band III: 1936–1951, S. 502 (22. Dezember 1946).
[21] Landshoff-Yorck, Ruth: das ungeheuer zärtlichkeit. Frankfurt am Main 1952, S. 13.

„Die Autorin schreibt sowohl englisch wie auch deutsch. Die Geschichten dieses Bandes sind im Urtext deutsch",[22] so heißt es in der Verlagsankündigung. Kein Wort in diesem Text über die Ursache dieser Zweisprachigkeit, kein Wort über die Emigration, kein Wort über das Überleben unter schwierigsten Verhältnissen. Die frühen fünfziger Jahre wollen nach vorne blicken. Sie wollen den Anschluss an die westliche Welt. Sie wollen sich positionieren im Rücken der Vergangenheit, die literarischen Techniken, von denen die Kulturpolitik des Faschismus abgeschnitten hat, erlernen. Viele Lektionen sind zu lernen und sie werden in West-Deutschland begierig gelernt. Der Anschluss an die Welt wird musterschülerhaft vollzogen, bedenkenlos wird nach vorn gesehen; die Umerziehungscamps der amerikanischen Befreier vom Faschismus wurden eine Keimzeile der deutschen Literatur. Sicher unbeabsichtigt arbeitet der Verlagstext der ehrenwerten Frankfurter Verlagsanstalt der Reaktion in die Hände. Es gab genug Stimmen im Nachkriegsdeutschland, die behaupteten, die Emigranten hätten sich an kalifornischen Stränden gebräunt, während auf deutsche Städte Bomben fielen.

Ganz anders als der deutsche Verlag geht der amerikanische Verlag Harper and Brothers mit der biografischen Situation seiner neu gewonnenen Autorin Ruth Landshoff-Yorck um, als er 1948 ihren Roman *So Cold the Night* veröffentlicht. Er wirbt schier mit ihrer politischen Haltung – und ihrer Fähigkeit zur Integration. Jeder Leser, jeder Kritiker kann nachrechnen, dass hier eine Autorin schreibt, deren Muttersprache nicht Englisch ist, dass sie gerade elf Jahre Zeit hatte, die neue Sprache zu ihrer Literatursprache zu machen, dass sie politischen und moralischen Kredit verdient. „She came to America in 1937 and has had three anti-Nazi books published here",[23] so heißt der Verlagstext. An Alfred Andersch schreibt Ruth Landshoff-Yorck in einem undatierten Brief, vermutlich um die Zeit der Zusammenarbeit für den Band: „Wer hat mir meine Sprache geklaut? Ich habe sie doch nicht aus Nachlässigkeit verloren?".[24]

1945 war Ruth Landshoff-Yorcks fiktives Tagebuch einer Frau in Deutschland erschienen, die langsam begreift, dass sie gegen die Nazis kämpfen muss: *Lili Marlene*. Teile davon wurden nach Kriegsende im deutschen Rundfunk gesendet, eine Art von Aufklärungsliteratur in den Trümmern und Scherben des nicht mehr Aufzuklärenden. Ruth Landshoff-Yorck kommt zu Vortragsreisen nach Deutschland, kritisiert unermüdlich

---

[22] Ebd., Verlagstext auf dem rückwärtigen Umschlag.
[23] Yorck, Ruth: So Cold the Night. New York 1948, Klappentext.
[24] Unveröffentlicht. Konvolut Ruth Landshoff-Yorck im Deutschen Literaturarchiv Marbach (Nachlass Alfred Andersch).

die Haltung der Deutschen zur NS-Vergangenheit. Sie versucht, amerikanische Literatur in Deutschland bekannt zu machen und jungen deutschen Autoren in den USA Türen zu öffnen. Ihre Kontaktpersonen sind Alfred Andersch, „Tutti", die Tochter von Samuel Fischer, Brigitte Bermann Fischer, die ihre Kusine ist, Hans Magnus Enzensberger und Professor Bernhard Zeller. Sie versucht, einen Verlag für einen Roman zu finden. Am 11. August 1960 schreibt sie, auf den Roman bezogen, in einem Brief an Andersch:

> Wenn ich nur nicht zuviel aendern muss aendern kann ich schlecht das hat mir schon bei Rowohlt der liebsanfte Hessel abgenommen.
> Ich setzte mich hierher um zu schreiben und entwickele ein Trauma über die Vergangenheit anstatt in ihr zu schwimmen. Und ein anderes Trauma ueber den Mercedes den die Mercedesleute hier in Grund und Boden reparieren der suesse Wagen unverstanden in der Fremde. Er sollte mich und einen geborgten Windhund an den Strand fahren und was tut er er tut es nicht.[25]

Da ist sie wieder, die stupende Leichtigkeit der begabten Berlinerin, die ein Projekt in die Luft wirft, das nicht übermäßig viel Arbeit machen soll, aber eigentlich ist sie schon mit den Freuden des Lebens beschäftigt, dem standesgemäßen Auto und dem standesgemäßen Hund. War da nicht noch etwas? Ein Trauma? Schnell und elegant wird darüber hinweggetänzelt. In einem anderen Brief schreibt sie an Andersch am 18. September 1961: „Ich bin Ihnen sehr dankbar. Ob ich schreiben kann steht dahin aber verkaufen kann ich meine Sache nicht. Oder nicht gut".[26] Und zwei Monate später bricht das Hochgemute, Elegant-Weltläufige plötzlich zusammen in einer Mitleid erregenden, auch Hilfe erhoffenden Geste:

> Und ich hoff so enorm auf die Annahme des Buches. Schon damit ich nach Europa MUSS wohin ich so gerne moechte vor allem da ich hier gerade strindbergische qualen erlebe mit Haeusern um mich herum abgerissen seit monaten kriegerische detonationen und dauernd Bohrmaschine Krach von vier elektrischen Maschinen vorn und drei rechts. Der Krach ueberwaeltigend. Und dazu muss in der Kueche hinter der Wand eine sehr kranke Ratte wohnen [...]. So kaempf ich gegen meine Wohnung. Und such eine neue was langweilig ist und was gar nicht geht weil ich immerzu von hier weg aufs Land flieh und dann nicht hier erreichbar bin. Ein Genuss die kleinen Plagen des Lebens wenn man sie an den grossen Tragoedien misst. Aber die gibt es ja auch nur redet man davon nicht. Alles Liebe Ihre Ruth[27]

---

[25] Ebd.
[26] Ebd.

Sie arbeitete als Übersetzerin und Autorin für Rundfunk, Fernsehen und Theater. Einige gesellschaftskritische Stücke von ihr wurden an Off-Broadway-Theatern aufgeführt. Und sie hat ein großartiges Projekt, das sie mit weiträumigen Lettern und in ihrer krausen Orthographie und Zeichensetzung ankündigt. Schauspieler sollen in einem Theater avantgardistische Gedichte lesen, die von Frank O'Hara, John Ashberry, ihre eigenen. „Revolting Poets", heißt der Plan. Sie schreibt für das La Mama Theatre und gilt in den USA immer noch als eine neue, avantgardistische, folglich unverkäufliche Autorin: „Ich bin ja gespannt in welcher hohen Altersstufe ich aus dem Avantgarde empor reife?".[28] So schreibt sie in einem Brief ohne Datum an Manfred George. Sie befreundet sich mit dem eigenwilligen Harry Mathews, einem experimentellen Autor, ganz ungewöhnlich für die Zeit. Harry Mathews wird später das einzige amerikanische Mitglied der französischen Schriftstellergemeinschaft Oulipo, deren einziges deutsches Mitglied wiederum Oskar Pastior wird. Vieles von Ruth Landshoff-Yorck blieb ungedruckt. Das Nachlassverzeichnis[29] ist lang. Am 6. September 1962 schrieb sie in einem Stoßseufzer an Alfred Andersch:

> Wenn ich mich von hier wegsehne weil die GUTEN so bierernst sind und schoene Regungen immer sterbenslangweilig herauskommen, dann denk ich an Sie im Ticino und Enzensberger in Norwegen. Hilft das? Viele Leute sind so well intentioned dass es mitleiderregend ist. Wenn sie nur niemals das Wort ABER gelernt hätten. Das macht alle Glauben kaputt. Und wenn sie nicht but sagen, dann sagen sie however.
> Alles Liebe mittlerweile
> Ihre Ruth[30]

Es gibt ein Photo von Ruth Landshoff-Yorck, da sitzt sie, mit einer großen, dunklen Brille und einem großgemusterten Kleid, an einem überfüllten Schreibtisch. Sie lacht, sie wirkt wie eine professionell tüchtige Frau. Sie

---

[27] Ebd.
[28] Ebd.
[29] Der Nachlass befindet sich in der Mugar Memorial Library der Boston University.
[30] Unveröffentlicht. Konvolut Ruth Landshoff-Yorck im Deutschen Literaturarchiv Marbach a.N. (Nachlass Alfred Andersch).

Die Zitate aus den unveröffentlichten Briefen an Alfred Andersch und Manfred George sind mit freundlicher Erlaubnis des Deutschen Literaturarchivs Marbach wiedergegeben.

könnte eine Galeristin sein, eine Agentin. Hinter ihr auf dem Kaminsims eine alte Uhr und ein Blumenstrauß. Vermutlich ist das Bild in ihrer New Yorker Wohnung aufgenommen worden. 819, Second Street, New York 17. Über dem Kamin hängt die Lithographie von Oskar Kokoschka. Das Bildnis des kleinen, wilden Mädchens aus den Berliner Jahren.

Am 19. Januar 1966 starb Ruth Landshoff-Yorck überraschend, fast wie in einer literarischen Erfindung. Sie starb während einer Theatermatinée an einem Herzschlag. Sie wollte sich das Stück eines anderen Emigranten ansehen: Peter Weiss' *Marat* im Martin Beck Theatre in New York. Aus der Allüre ist bitterer, lebenslänglicher Ernst geworden.

Authors in this Volume

Sigrid Bauschinger was Professor of German Literature at the University of Massachusetts until 2000. Among her publications on German-Jewish literature and German-American cultural interrelations are: *The Trumpet of Reform. German Literature in 19th Century New England* (1989) and *Else Lasker-Schüler. Biographie* (2004).

Gabriele von Glasenapp is Akademische Rätin at the Institut für Jugendbuchforschung of the J.W. Goethe-Universität, Frankfurt/Main. She received her PhD from the University of Aachen for a dissertation on German-language Jewish ghetto literature of the 19th and early 20th centuries. Her main research interests are the theory and history of children's and youth literature of the 19th and 20th centuries, historical narratives and German-Jewish literature of the 18th to the 20th century. Her publications include: *Das jüdische Jugendbuch. Von der Aufklärung bis zum Dritten Reich* (co-author, 1996) and *Ghettoliteratur. Eine Dokumentation zur deutsch-jüdischen Literaturgeschichte des 19. und 20. Jahrhunderts* (co-author, 3 vols., 2005).

Andrea Hammel is a Research Fellow at the Centre for German-Jewish Studies and Tutorial Fellow in German history and culture, both at the University of Sussex. She has published on women's exile writing, German-speaking refugees in Great Britain and autobiographical writing. She is currently working on a project on motherhood in 20th- and 21st-century German culture.

Alexander Košenina is Professor of German Literature at the University of Hannover. He has published widely in the field of cultural and literary history of the 17th to the 20th century, especially on the anthropology of the Enlightenment period, the 'Gelehrtensatire', Berlin Enlightenment and Austrian Modernism (Beer-Hofmann, Canetti, Hofmannsthal). Most recently: *Karl Philipp Moritz. Literarische Experimente auf dem Weg zum psychologischen Roman* (2006) and *Literarische Anthropologie. Die Neuentdeckung des Menschen* (2008).

Andreas Kramer is Reader in German and Comparative Literature at Goldsmiths College, University of London. He is the author of a number of books and articles on German modernist and contemporary literature, especially in the areas of Expressionism, the historical avant-garde and beat-

and pop literature. His research interests also include the international contexts of German 20th-century literature. His latest monograph is *Regionalismus und Moderne. Studien zur deutschen Literatur 1900–1933* (2006).

Ursula Krechel is an academic, a poet and a prose writer. She completed her studies of German, Theatre Studies and History of Art with a PhD in German literature. Her publications include twelve volumes of poetry as well as a number of volumes of prose, essays and plays. She has held guest lecturer- and professorships at the Universities of Vienna, Essen, Leipzig, the Washington University in St. Louis (USA) and the Universität der Künste in Berlin. Among her most recent books are the long poems *Stimmen aus dem harten Kern* (2005) and *Mittelwärts* (2006). She was awarded the Rheingau literature prize for her novel *Shanghai fern von wo* (2008), an epitaph for the Jewish refugees in Shanghai.

Florian Krobb is Professor of German at the National University of Ireland, Maynooth. Among his main publications are *Die schöne Jüdin. Jüdische Frauengestalten in der deutschsprachigen Erzählliteratur vom 17. Jahrhundert bis zum Ersten Weltkrieg* (1993); *Selbstdarstellungen. Untersuchungen zur deutsch-jüdischen Erzählliteratur im 19. Jahrhundert* (2000); *Wunschautobiographien Kollektivautobiographien. Marranenschicksal in der deutsch-jüdischen historischen Literatur* (2002); *Jüdische Geschichtsbilder aus Böhmen. Kommentierte Edition der historischen Erzählungen von Salomon Kohn* (co-editor, 2005). He is currently working on a monograph with the working title 'Erkundungen im Überseeischen: Wilhelm Raabe und die Füllung der Welt'.

Martina Lüke received her PhD from the University of Hamburg in 2006 and is currently completing her second dissertation at the University of Connecticut. Her research and teaching interests include German Romanticism and Modernism, German language education and the German cinema. Her publications focus on the Expressionist woman writer El Hor/El Ha, the use of Prussian History for propaganda purposes in the Weimar Republic and in National Socialism, as well as the representations of warfare in the works of Friedrich and Wilhelm Schlegel, Hölderlin and Novalis. In 2007, she published her monograph *Zwischen Tradition und Aufbruch. Deutschunterricht und Lesebuch im Deutschen Kaiserreich.*

Christina Pareigis is Wissenschaftliche Mitarbeiterin at the Zentrum für Literatur- und Kulturforschung in Berlin. She is responsible for the cataloguing and editing of the writings left in the estate of the philosopher and writer Susan Taubes. For her doctoral dissertation *'trogt zikh a gezang'. Jiddische Liedlyrik aus den Jahren 1939–1945: Kadye Molodovsky, Yitzhak Katzenelson, Mordechaj Gebirtig* (published in 2003), she was awarded the Joseph Carlebach prize by the University of Hamburg. Further publications include articles on Susan Taubes and on modern European Jewish literature.

Monika Shafi is Elias Ahuja Professor of German and Director of Women's Studies at the University of Delaware, USA. She is the author of *Utopische Entwürfe in der Literatur von Frauen* (1989); *Gertrud Kolmar: Eine Einführung in das Werk* (1995); *Balancing Acts: Intercultural Encounters in Contemporary German and Austrian Literature* (2001) as well as articles on 19th and 20th-century German literature. Her research interests include women writers, travel literature, postcolonial writing and cultural studies. Her edition of Günter Grass's *The Tin Drum* for the MLA-series Teaching World Literature is forthcoming in 2008.

Bettina Spoerri concluded her studies of literature, music and philosophy with a PhD in literary studies in 1999. She has been teaching at various Swiss universities since. Her research is focused on modern German-Jewish literature and on transnational writing in the German-speaking area. She is currently working on a monograph in this field. For further activities and publications see: www.seismograf.ch

Kerry Wallach is a doctoral candidate in the Department of Germanic Languages and Literatures at the University of Pennsylvania. She is a Leo Baeck Fellow for the academic year 2008–2009. Her dissertation examines German and Yiddish-language periodicals aimed at a Jewish readership in Weimar Germany, focusing particularly on the construction of Jewish and gender identity.

Godela Weiss-Sussex is Senior Lecturer in Modern German Literature at the Institute of Germanic & Romance Studies, University of London. Her main research interests lie in the culture and literature of the 19th and 20th centuries, in particular: the works of German-Jewish writers and the representation of the city in literature and the visual arts. Her publications include: *Metropolitan Chronicles. Georg Hermann's Berlin Novels*

1897 to 1912 (2000); *Georg Hermann. Deutsch-jüdischer Schriftsteller und Journalist, 1871–1943* (editor, 2004); *Berlin. Kultur und Metropole in den zwanziger und seit den neunziger Jahren* (co-editor, 2007) and *'Verwisch die Spuren!'. Bertolt Brecht's Work and Legacy. A Reassessment* (co-editor, 2008).

Index

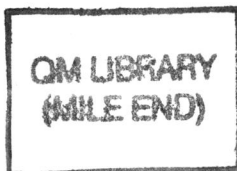

Neuerscheinungen zur Literaturwissenschaft:

Il Demone e il Barbiere
Grottesco e Monologo in Isaac Bashevis Singer e Edgar Hilsenrath
(Interkulturelle Begegnungen. Studien zum Literatur- und Kulturtransfer 1)
Von Veronica Pellicano
2008, 306 Seiten, Hardcover, Euro 54,90/95,50 CHF, ISBN 978-3-89975-114-7

Mit Singer und Hilsenrath werden in diesem Buch erstmals zwei Autoren literaturwissenschaftlich gegenübergestellt, die sich in ihrer Verschiedenheit nicht ähnlicher sein könnten: märchenhaft jiddisch-dämonisch, skandalös bizarr-grotesk.

Wanderer in den Morgen
Louis Fürnberg und Arnold Zweig
(Colloquia Baltica 4)
Hg. von Rüdiger Bernhardt
2005, 168 Seiten, Paperback, Euro 19,90/34,60 CHF, ISBN 978-3-89975-527-5

„Der lesenswerte Band wird hoffentlich dazu führen, beide Autoren für Leser(innen) und Germanist(inn)en neu zu entdecken." (ABDOS-Mitteilungen)

Exterritorialität
Landlosigkeit in der deutschsprachigen Literatur
(Kontext 2)
Hg. von Carsten Jakobi
2006, 252 Seiten, Paperback, Euro 36,90/62,00 CHF, ISBN 978-3-89975-061-4

Der Begriff „Exterritorialität" wird in diesem Sammelband unter einem literaturwissenschaftlich-philosophischen Blickwinkel hinsichtlich seiner theoretischen Produktivität gesichtet. Exterritorialität wird als Freisetzung von den Verbindlichkeiten kulturell-ideeller und materieller Inklusion transparent gemacht. In Fallstudien – u. a. bei Moses Mendelssohn und Paul Celan – wird die literarische Produktivität von Landlosigkeit ebenso aufgezeigt wie die Versuche, ihrer literarisch Herr zu werden.

Ihr Wissenschaftsverlag. Kompetent und unabhängig.

Martin Meidenbauer »

Verlagsbuchhandlung GmbH & Co. KG
Erhardtstr. 8 • 80469 München
Tel. (089) 20 23 86 -03 • Fax -04
info@m-verlag.net • www.m-verlag.net